Wolfram Weimer
Geschichte des Geldes

Eine Chronik
mit Texten und Bildern

Insel Verlag

Erste Auflage 1992

Satz und Druck: Friedrich Pustet, Regensburg
Printed in Germany

Inhaltsverzeichnis

GELD, GEIST UND GESCHICHTE

Nichts bringt die Menschen schneller um den Verstand als die Liebe und das Geld. Geld ist etwas Hochabstraktes und Knallkonkretes zugleich, unveränderlich und laufend anders, ein Maßstab und doch gleichzeitig meßbar. Geld hat die Aura des Magisch-Mythischen und zugleich etwas Platt-Profanes, es wird mit aller Inbrunst verteufelt und voller Leidenschaft vergötzt, es ist ungeheuer praktisch und doch hochkompliziert. Geld verkleidet sich als Sache, als Funktion, als Instrument, als Vorstellung, als (Rechts-)Anspruch, als Mittel oder gar als Symbol – es bleibt ein kniffliges Paradoxon. Volkswirte nennen es Zahlungsmittel, Historiker einen Spiegel der Zeiten, Soziologen ein Mittel sozialer Differenzierung, für Moraltheologen ist es die Inkarnation des Diesseitigen, für Juristen ein Rechtsanspruch, für Ethnologen ein Kultobjekt, für Merkantile das Blut des Handels, für Futurologen ein Motor der Evolution, für Literaten eine Chiffre der Habgier.

Die heutigen Lehrbücher der Ökonomie definieren Geld zumeist über seine Funktionen – als Zahlungsmittel, Tauschmittel, Recheneinheit, Wertaufbewahrungsmittel und Wertmesser. Dabei kommt die funktionale Perspektive nicht von ungefähr, ist Geld im Laufe der Geschichte doch immer stoffloser und unsichtbarer geworden. Aus schmückenden Muscheln, glitzernden Münzen, knisternden Noten, kurz aus der »dritten Ware« früherer Zeiten entpuppte sich in den jüngsten Dekaden eine reine Rechengröße – anstatt mit Münzen zu klimpern, läßt man im Zeitalter des Giralgeldes die Finanzströme zu allergrößten Teilen lautlos über Buchungsvorgänge und auf elektronischen Pfaden fließen. An die Stelle der Sache ist das Zeichen, an die Stelle des Konkreten das Abstrakte, an die Stelle des Wertes die Funktion getreten. Ein Blick in heutige Computerbörsen oder moderne Bank-

Rechenzentren zeigt, daß der sachgebundene Tausch von hochabstrakten Wertbewegungen ins Abseits verbannt worden ist.

Die klassischen Nationalökonomen glaubten noch, daß das Geld nur wie ein Schleier über der Warenwelt liege und »nichts weiter ist als der Stellvertreter von Waren und bloß ein Mittler, selbige zu schätzen und zu vergleichen« (David Hume). Für Adam Smith war Geld immerhin »das große Schwungrad im Wirtschaftskreislauf und ein großartiges Hilfsmittel im Handel«. Aber bis ins 19. Jahrhundert galt im Prinzip, daß Produkte gegen Produkte getauscht werden und Geld gleichsam neutral bleibe. Spätestens mit den bitteren Erfahrungen der großen Inflationen nach dem Ersten Weltkrieg dämmerte den Ökonomen, daß die Geldordnung ganz eigene Wirkmächte entfalten kann. Geld selbst wurde immer mehr zur Ware, die Kreditsysteme entfalteten sich in ungeahnte Dimensionen und die Verflechtungen von Waren- und Geldwirtschaft komplizierten sich zu einem filigranen Mechanismus wechselseitiger Abhängigkeiten. Außerdem wurde das Geld als »ein Geschöpf der Rechtsordnung« (Georg Friedrich Knapp) erkannt. Nicht die Substanz oder die Eigenschaft, sondern der Annahmebefehl des Staates bestimmt neuzeitliches Geld als Geld. Aus dem bloßen Tauschmittel wurde so ein Alles-Äquivalent, das zugleich aber seiner Materie beraubt und entstofflicht wurde. Mit dem Finanzphilosophen Günter Schmölders kann behauptet werden: Geld ist alles, was gilt.

Die atemberaubende Karriere des Geldes von der schnöden Vogelfeder zum elektronischen Super-Medium hat letztlich nur einen einzigen Grund: Geld ist ungeheuer praktisch. Es erleichtert Tausch- und Handelsgeschäfte immens, es rationalisiert Transaktionen aller Art, es ermöglicht verblüffende Transformationen über Zeiten und Räume hinweg, es macht Dinge und Dienstleistungen genau vergleichbar, es vereinfacht alle Arten der Akkumulation und mobilisiert Reserven, kurz: es macht eine komplexere arbeitsteilige Wirtschaft überhaupt erst möglich.

In der neuzeitlichen Marktgesellschaft – dem zum System gewordenen Pragmatismus – konnte das praktische Geld daher zum absoluten Mittel aufsteigen, in dem sich alle Zwecke verkörpern können. Alle Güter, alle Dienstleistungen, nahezu alles, worauf Menschen Zugriff haben können, sind zu vergleichbaren Waren geworden und haben im Tauschakt eine rein quantitative Einschätzung erfahren. Das Schlagwort von der »Monetarisierung aller Lebensbereiche« heißt nichts anderes, als daß alles seinen Preis bekommen hat: Brot, Boden und Bäume, Wasser, Wissen und Waren, Arbeitszeit, Adelstitel und Anspruchsrechte, Ideen, Informationen und Inseln. Auch soziale und familiäre Dienste wie die Alten- und Krankenpflege, die über Jahrtausende im doppelten Sinne unbezahlbar waren, sind plötzlich vergeldlicht. Sogar die Schwangerschaft als Urmythos des Schenkens hat in der modernen Leihmutterschaft ein Geldäquivalent erhalten.

Indem das Geld immer weiter in alle Lebensbereiche eindringt, holt es die Dinge, Leistungen und Menschen aber auch aus der Isolation heraus und an einen Kreislauf heran. Geld hat etwas unglaublich Verbindendes, Kollektivierendes. Als Grundbedingung und Movens einer arbeitsteiligen Tauschwirtschaft wird der einzelne durch eine ausgereifte Geldwirtschaft im positiven Sinne vergesellschaftet. Das Geld schafft sogar ein Forum der formalen Gleichheit aller Wirtschaftssubjekte im Tauschverkehr. Es integriert somit das Marktverhalten der Wirtschaftssubjekte zum Nutzenausgleich aller, auch wenn die individuellen Zielsetzungen auseinanderlaufen. Man sieht es dem Geld eben nicht an, woher es kommt – und damit überbrückt es die Standesunterschiede. Geld braust insofern als Apostel der Demokratie und der Gleichheit durch die Welt – wo es auf das Geld ankommt, verlieren alle religiösen, politischen, sozialen, nationalen Vorurteile und Gegensätze ihre Wirkung.

Die Karriere des Geldes erklärt sich auch aus seinem dynamischen Wesen. Geld wird erst zu Geld, wenn es zirkuliert, wenn es einen Kreislauf gibt, es ist wie das Blut im Organismus. Geld beschleunigt die Wirtschaftsvorgänge, indem es den Gütertransfer erleichtert und den Einsatz wirtschaftlicher Mittel über räumliche und zeitliche Grenzen hinweg ermöglicht. Auch bei der »sozialen Dynamisierung« von der Feudalgesellschaft in die moderne Wirtschaftsgemeinschaft hat das Geld eine überragende Rolle gespielt, indem es auch als Emanzipationsinstrument sozial gebundener Schichten diente. Geldliche Sozialbeziehungen traten an die Stelle herrschaftlicher Strukturen. Leibeigene konnten sich die Freiheit durch Geldzahlungen erkaufen, Adelspatente und Ämter bekamen Geldäquivalente, Frauen konnten sich mittels geldlicher Verdienste emanzipieren, und das Bürgertum entdeckte im Geld ein Instrument der ganz eigenen sozialen Behauptung. Der Begriff vom Kapitalismus ist in diesem Sinne völlig zutreffend für die moderne auf Geldbeziehungen basierende Wirtschaftsordnung.

Trotz aller Vorzüge und Nützlichkeit hat das Finanz-Faszinosum die Menschen zu allen Zeiten aber auch zum heftigen Widerspruch herausgefordert. So ist für Dostojewski Geld zwar geprägte Freiheit, für Tolstoi dagegen die neue Form der Sklaverei. Die Erfindung des Geldes wird in der Frühneuzeit als »göttliches Manna«, »Triumph der menschlichen Vernunft« und »Mutter der arbeitsteiligen Gesellschaft« gefeiert, zugleich aber als Teufelswerk und Sündenwerk verdammt. Kaum eine menschliche Erfindung ist derart verketzert worden wie das Geld: griechische Philosophen forderten seine Abschaffung, römische Ratgeber warnten vor der Silber-Schlange, mittelalterliche Scholastiker brandmarkten es als Diabolie, und Marxisten des 20. Jahrhunderts sahen im Geld das Instrument zur Entfremdung des Menschen von sich und seiner Welt. Geld galt zu allen Zeiten als etwas Böses, als Symbol menschlicher Besitzgier und Habsucht. Im Geld fanden der Egoismus, Materialismus, Geiz und Raffsucht des Menschen ein greifbares Objekt. Die Verbote für Geld- und Zinsgeschäfte verschiedener Kulturen sind dafür ein Beleg.

Die tiefsitzende Kulturtradition moralischer Ablehnung des Geldes ist auch durch die kulturhistorische Erfahrung gespeist, daß das moderne Geldwesen wesentlich durch soziale Randgruppen vorangetrieben wurde. Die Geldgeschäfte lagen bei vielen Völkern des abendländischen Mittelalters in der Hand reisender, fremder Händler, bestimmter religiöser Minderheiten wie Juden und Araber oder abgeschlossener Eliten (Handelsmagnate und Patrizier) – Geld hat so in Europa ein esoterisches Flair erhalten, zumal Geldgeschäfte im Mittelalter sichtbar nur zum Erwerb von Luxus dienten. Für die religiöse Glaubenswelt verkörperte der schnöde Mammon zudem immer das diesseitig-rationale Prinzip. Die »Macht des Geldes über die Menschen« wurde aus dieser Perspektive als Antipode der Göttermacht kritisiert. Bis in die frühe Neuzeit hinein durften daher in vielen Christengemeinden Europas Geldhändler nicht am Abendmahl teilnehmen. Nur mit Widerwillen hat sich das Abendland also auf das Abenteuer Geld eingelassen und dem angeblichen Teufelszeug zum beispiellosen Triumphzug verholfen.

So alt wie das Geld ist der Streit um seine Anfänge. Für Adam Smith ist Geld aus dem Handel entstanden, für Bernhard Laum aus religiösen Motiven, für John Locke aus Bedürfnissen der Wertaufbewahrung, für Wilhelm Gerloff aus Prestigedrang, für Karl Marx aus dem Zwang, Werte zu messen, für Aristoteles aus dem Zahlungsmittelbedarf, für Georg Friedrich Knapp aus staatsrechtlicher Konvention. In Wahrheit weiß man weder warum, noch wann, wo und wie Geld auf die

Erde kam. Man weiß nur, daß Geld in vorhistorischer Zeit schon sehr viele Gesichter hatte: Kühe und Käse, Perlen und Pelze, Muscheln und Metalle, Waffen und Weiber, Salz und Sklaven.

Der Wechsel von den primitiven Sach-Geldformen zum Metallgeld war ein Prozeß von Jahrtausenden. Langsam aber sicher verdrängten die Metalle Gold, Silber, Kupfer und die Legierungen alle anderen Geldformen. Dies hatte sechs Gründe. Erstens sind Metalle haltbarer als viele andere Geldarten. Zweitens ist Metallgeld aus gleichartigem Substrat und damit gut vergleichbar. Drittens ist Metall reproduzier- und in der Form veränderbar. Viertens gibt es in allen Erdteilen Metallvorkommen. Fünftens hat metallischer Glanz eine magische Komponente. Und sechstens ist es selten genug, um als Wertäquivalent akzeptiert zu werden, und zugleich häufig genug, um allgemeines Tauschmittel für Millionen zu sein.

Das Metallgeldzeitalter reicht in seiner kultivierten (Münz-)Form vom 7. Jahrhundert v. Chr. bis weit in die Neuzeit hinein, im Vergleich zur Phase des Naturalgelds eine kurze Spanne, verglichen mit der Papiergeldära dagegen lange. Denn das sichtbarste Element der zeitgeschichtlichen Geldentwicklung ist der Aufstieg immaterieller Geldarten. Das 20. Jahrhundert wird vermutlich als das Papiergeldjahrhundert in die Geschichte eingehen. In diesem Jahrhundert folgte auf eine ungeahnte Blüte des Papiergeldsystems binnen kürzester Zeit seine Verdrängung. Zahlungsmittelgeschichtlich stehen wir heute schon wieder am Ende des kurzen Papiergeldzeitalters.

Friedrich der Große war noch überzeugt, daß die Quelle des englischen Wohlstands aus der Notenpresse der Bank of England sprudelte. In Preußen wollte der König deshalb mit einer eigenen Notenbank den gleichen Effekt erzielen. Die Kaufmannschaften des Königreiches sahen das allerdings ganz anders und sperrten sich über Jahre hinweg lautstark gegen alle königlichen »Zettelpläne«. Am 17. Juni 1765 war Friedrich es endlich leid: er erließ das »Edikt und Reglement der Königlichen Giro- und Lehn-Banco«. Damit war kurzerhand die erste Notenbank der deutschen Geschichte und zugleich die direkte Vorgängerin der Reichs- und Bundesbank aus der Taufe gehoben. In einer Mitteilung an seinen Etatminister von Schlabrendorff stellte der entschlußkräftige König klar: »Es soll Euch zur Nachricht dienen, daß ich dieserhalb von keinen Oppositionen oder Schwierigkeiten Eurer Seits das allergeringste wissen will.« Seinen Geheimen Etatminister Graf von Reuß ernannte Friedrich überraschend zum Direktor der neuen Bank. Der verblüffte Graf antwortete dem hilfesuchenden Kollegen von Schlabrendorff, er sei zum Präsidium gelangt »recht wie jener zur Ohrfeige«. Er wisse nicht das allergeringste von der Einrichtung, Natur und Beschaffenheit der Sache: »Ich muß also gehorsam alles thun, was mit befohlen werden wird und umso weniger kann ich für den weiteren Erfolg responsabel sein, weil seine königliche Majästät alles immediate angeben und befehlen.« Trotz der königlichen Direkteingriffe blieben die Kaufleute Berlins und Breslaus bei ihrem Urteil, daß eine »Zettel-Banco« schädlich und »gehässig« sei. Besonders das neuartige Papiergeld namens »Banco-Pfund« stieß bei ihnen auf wenig Gegenliebe. Ein stiller Boykott der Berliner Wirtschaft zwang schließlich das Institut schon nach einem Jahr zur völligen Umwandlung in eine Depositenbank mit unbedeutender Notenemission.

Dieser Auftakt zur deutschen Papiergeldgeschichte ist symptomatisch. Nur im historischen Zeitlupentempo finden die »Zettel«, wie sie anfangs genannt werden, ihren Weg in deutsche Geldbeutel, Kontore und Markthallen. Alle Noten bis weit ins 19. Jahrhundert sind gar einzeln handsigniert. Erst an der Schwelle zum 20. Jahrhundert avancieren die Papiere zum echten Massen-Zahlungsmittel. Umfaßte die erste Notenemission des preußischen Banco-Pfund gerade ein Bündel Scheine, so bedruckt die Deutsche Bundesbank heute alljährlich rund 700 Tonnen Papier – über 1700 Millionen »Zettel« laufen als D-Mark-Noten um. Friedrich der Große wäre ob dieser Zahlen sicher vor Neid schier blaß geworden – und doch neigt sich die junge deutsche Notenhistorie schon wieder ihrem Ende entgegen. Denn Schecks, Überweisungen, Buchgelder, Kreditkarten und elektronische Zahlungssysteme degradieren die bunt bedruckten Papiere inzwischen zu monetären Anachronismen. Im gesamten Zahlungsverkehr der Bundesrepublik Deutschland entfallen nach einschlägigen Schätzungen schon heute dem Wert nach nur noch rund 5 Prozent auf Bartransaktionen. Und dabei gilt Deutschland im internationalen Vergleich bestenfalls als Schwellenland in Sachen Zahlungsmittelmodernität. In den Vereinigten Staaten werden auch die Privateinkäufe bereits zu 90 Prozent mit »Plastikgeld« oder per Scheck bezahlt. »Cash« ist an Amerikas Kassen zur Ausnahme geworden. Hierzulande dominiert dagegen noch immer mit weitem Abstand das Bargeld beim Einkauf. Die große Zurückhaltung der Deutschen gegenüber Kreditkarten und die Treue zum Bargeld erinnern dabei an die Ablehnung gegenüber dem Banco-Pfund vor zweihundert Jahren.

Sobald es ums Geld geht, mobilisieren sich Modernisierungswiderstände – das hat in Deutschland Tradition. Beim aufstrebenden Bürgertum des 18. Jahrhunderts waren die neu-modischen Noten als unbotmäßiges Kreditinstrument zur Finanzierung von Staatsausgaben diskreditiert. Das schlechte Vorbild »Jan Wellems« reichte zumeist als Argument gegen die neuen Zettel. Kurfürst Johann Wilhelm von der Pfalz hatte 1706 seine Stände dazu gezwungen, die Zettelbank »Banco di gyro d'affrancatione« in Köln zu gründen, um dem Staat und seiner barocken Prunkliebe eine Finanzquelle zu erschließen. Diese Noten waren auf Namen

ausgestellt, stellten Quittungen für Steuerleistungen dar, waren durch Indossament übertragbar und damit kein echtes Papiergeld. Trotzdem galt das inflationäre »fliegende Geld« Jan Wellems fortan als Inbegriff für die Schlechtigkeit der Zettel überhaupt.
Auch die Tatsache, daß in China schon zur Tang-Dynastie (618–907) erste Noten kursierten, steigerte das Mißtrauen in Mitteleuropa eher, als es zu dämpfen. Marco Polo, der am Ende des 13. Jahrhunderts zwanzig Jahre am Pekinger Hof des Chans Kublai lebte, hatte schon früh über die Herstellung und den Gebrauch des für damalige europäische Verhältnisse unverständlichen Geldes berichtet. In Europa wollte man den Berichten des venezianischen Abenteurers und anderer Reisender keinen Glauben schenken, daß »in China das gewöhnliche Geld ein Papier aus Baumwolle ist«. Europäer hielten Papiergeld bis weit in die Neuzeit hinein für ein exotisches Kuriosum, da man sich Geld ohne realen Wert kaum vorstellen konnte. Marco Polo, der ahnte, daß man ihm nicht glauben würde, schickte seiner Beschreibung des Papiergeldes daher die Bemerkung voraus, daß der mongolische Herrscher Kublai Chan »die Alchimie perfekt beherrscht«.
Mit Zauberei, Alchimie und Hexerei verbanden weite Teile der deutschen Bevölkerung bis ins 19. Jahrhundert die papiernen Scheine. Noch Goethe verspottet im Faust II die wundersame Geldvermehrung durch Zettel als mephistophelische Denkgeburt. Den ruinösen Ruf erwarb sich das neue Medium auch von den schwedischen »Credityf-Zedlars« von 1661, des ersten »richtigen« Papiergeldes Europas, und den Schuldverschreibungen John Laws in Frankreich. Beide frühen Notenemissionen hatten mit Inflation und Skandal geendet. Nach den Vorstellungen der Zeitgenossen konnte es sich mit dem Banco-Pfund Friedrich des Großen kaum anders verhalten, obwohl die meisten europäischen Staaten schon langjährige Erfahrungen mit Papiergeld hatten. In England kursierten die

Goldsmith's Notes, Hinterlegungsscheine der Londoner Goldschmiede, schon im 17. Jahrhundert als Geld, bevor mit der Gründung der Bank of England 1694 sogar systematisch Notengeld ausgegeben wurde. Auch in Frankreich, Italien, Norwegen und selbst in den nordamerikanischen Kolonien zahlten die Menschen schon mit Papiergeld, als in Deutschland die Zettel noch Zorn erzeugten.

Hierzulande entfachte jeder Versuch zur Einführung eines neuen Papiergeldes einen Sturm der Entrüstung. In Streitschriften wurde oft polemisch gegen das »Teufelsgeld« angeschrieben, so in einem 1822 anonym erschienenen Buch mit dem Titel »Ein Blick in die Geschichte der Zettelbanken in Europa und auf die Errichtung einer Nationalbank in Baiern«. Der Autor schließt sein Werk mit den Worten: »Gott schütze unsern König und sein königliches Haus! Er bewahre unser Land vor Krieg, Seuchen und Mißwachs, Er erhalte uns die sparsamen Gold- und Silberstücke, welche uns der Krieg und die Teuerungsjahre übrig gelassen haben. Er verderbe in unserem von der Papierpest noch freyen glücklichen Lande allen Samen, aus dem dieses tausendjährig wuchernde Unkraut kommt!«

Die »Papierpest« blieb in Deutschland tatsächlich nur wenig ansteckend. Erst in den vierziger Jahren des 19. Jahrhunderts wurden zaghafte Papiergeldausgaben gewagt, zu einer Zeit, als sich in Frankreich und England die Banknote schon längst durchgesetzt hatte. Deutschland blieb nicht nur ökonomisch und monetär ein europäisches Entwicklungsland, vor allem litt es an der politischen Zersplitterung. Der Wiener Kongreß hatte den 35 deutschen Fürstenstaaten und den vier freien Reichsstädten die volle Souveränität gegeben. Das galt für Finanz- und Währungsfragen ganz besonders – mit dem Ergebnis, daß ein kleines deutsches Währungschaos kultiviert wurde. Der Marburger Professor Alexander Lips klagte dazu 1822: »In keiner

Hinsicht sieht Deutschland verworrener und zerrissener aus und einem Volke weniger gleich als durch die so ganz grund- und inhaltsleere Verschiedenheit seines Geldes, eine Verschiedenheit, die alles vernünftigen Grundes ihres Daseyns ermangelt und Leiden entwikkelt, die nicht zu den kleinsten gehören.« Von einer Währungsunion träumten nur Utopisten. Selbst auf dem Generalkongreß der Zollvereinsstaaten 1836 blieben preußische Taler- und süddeutsche Guldenwährung unversöhnliche Kontrahenten. Trotz verschiedener Münzkonventionen scheiterten alle Unionsversuche der deutschen Währungspolitik letztlich an der fehlenden staatlichen Einheit. Über Banknoten schwiegen sich die Zollverträge gleich ganz aus.

Erst zur Jahrhundertmitte bricht in Deutschland das Papiergeldzeitalter richtig an. 1851 werden 9, 1856 schon 19 und 1857 gar 27 Zettelbanken im Deutschen Reich gezählt. Der Kapitalbedarf zur Finanzierung der industriellen Revolution, vor allem der Eisenbahnen, begünstigte die neue Form der Geldschöpfung. Das dringende Bedürfnis an Banknoten war außerdem wegen der unbequemen Barzahlungen mit vielfältigen Münzen offenkundig. Wie nützlich man die neuen »Zettel« geachteter Emissionsbanken bald fand, zeigt sich daran, daß sie zeitweise sogar mit einem Agio gewechselt worden sind.

Die deutsche Kleinstaaterei entfaltete so bis zur Reichsgründung einen bunten Fächer Dutzender konkurrierender Noten- und Zettelbanken. Ein Paradies für Geldfälscher tat sich auf. Einige kleinere Staaten entdeckten Noten sogar als Exportschlager. So wurden »Eintalerscheine« mit der Hoffnung ins Ausland gebracht, dem künftigen Besitzer werde es zu umständlich sein, den Schein einer im Kleinstaat versteckten Einlösungsstelle zu präsentieren. Zum Beispiel haben Sachsen-Coburg und Sachsen-Meiningen als Guldenstaaten Talerscheine ausgegeben, die offenkundig zum Umlauf im Talergebiet bestimmt waren. Besonders die Zettel aus den thüringischen Staaten waren als »wilde« oder »bunte Scheine« verrufen und wurden vor allem für das benachbarte Königreich Sachsen zum Währungsproblem. Die geschädigten Staaten halfen sich alsbald durch Notenverbote. Preußen untersagte ab 1855 alle fremden Scheine im Wert von weniger als 10 Talern. Bayern verbot 1857 alle Scheine außer denen von Preußen, Sachsen, Österreich und der Frankfurter Bank. Doch die Gesetze halfen wenig. 1866 konkurrierten 59 notenausgebende Stellen, und zwei Drittel des Papiergeldes waren Noten im Wert von 5 Talern oder weniger. Rund 150 Papiergeldsorten wetteiferten zu dieser Zeit um die Gunst des deutschen Publikums, während in Frankreich schon das faktische Monopol der Bank von Frankreich galt und sich in England seit 1826 die Notenemission zunehmend auf die Bank of England konzentrierte. Noch als 1875 die Reichsbank gegründet wurde, bedruckten in Deutschland 33 autonome Notenbanken ihre eigenen Papiere.

Auch nach der Reichsgründung zeigten die Banknoten-Sperrgesetze und die heftig umstrittene Genese einer staatlichen Zentralbank erst zögernd ihre Wirkung. Im Jahr 1900 druckten immerhin noch sieben Institute ihr eigenes Geld, von der Bayerischen bis zur Sächsischen Notenbank. Die Reichsbank wurde erst 1906 ermächtigt, auch Banknoten in Höhe von 50 und 20 Mark auszugeben. Dagegen werden den Privatnotenbanken die Stückelungsgenehmigung verweigert. 1909 wurden die Reichsbanknoten schließlich zum gesetzlichen Zahlungsmittel erkoren, blieben aber »unechtes« Papiergeld, da sie per staatlicher Garantie jederzeit in Gold umgetauscht werden konnten. Insofern stellten diese Banknoten nur ein Zertifikat für die Auszahlung von Goldmünzen oder ein Goldsubstitut dar. Erst nach Aufhebung des Umtauschrechtes am 31. 7. 1914 entstand echtes Papiergeld. Bis zum Ersten Weltkrieg war allerdings der Notenumlauf dem Wert nach immer hinter dem Metallgeldumlauf zurückgeblieben. Zwischen 1871 und 1914 betrug der Anteil der Banknoten und des Staatspapiergeldes am gesamten Bargeldumlauf ziemlich konstant ein Drittel.

Seit der Jahrhundertwende wurde Papiergeld zunehmend auch für Lohnzahlungen verwendet und damit in breiten Bevölkerungsschichten gebräuchlich. Doch kaum wechselten die einst verschmähten »Zettel« massenhaft deutsche Hände, schon ließen andere wieder die Finger von ihnen. 1876 hatte die Reichsbank den Giroverkehr eingeführt, und schon 1895 entsprach das Giralgeldvolumen in etwa dem umlaufenden Bargeldvolumen. Überweisungen, Schecks und Lastschriften eroberten sich die Zukunft im Zahlungsverkehr. Schneller als die Notenmenge wuchs das Volumen des Giralgeldes. Daran hat sich bis heute nichts geändert.

Bereits die alten Babylonier hatten erkannt, daß es weniger Aufwand bedeutete, Konten und Bücher zu führen, als Bargeld zu horten, zu transportieren und zu tauschen. In einer hochentwickelten Dienstleistungsgesellschaft gilt dies um vieles mehr als im bäuerlichen, vorchristlichen Mesopotamien. So wundert es nicht, daß im gesamten Zahlungsverkehr der Bundesrepublik Deutschland Bartransaktionen heute dem Volumen nach nur noch eine untergeordnete Rolle spielen. Der Anteil des Bargeldes am gesamten Geldvermögen in Deutschland sinkt seit Jahrzehnten stetig. Die Bundesbank errechnete 1960 noch einen Bargeldanteil von 16,6 Prozent, 1977 war dieser bis auf 14,9 Prozent zusammengeschrumpft und 1987 blieben nur noch 12,4 Prozent übrig. Ein hochentwickeltes Überweisungssystem, Schecks und Lastschriften, Kreditkarten und elektronische Zahlungssysteme verdrängen die bunt bedruckten Papierzettel, die manchen im Zeitalter der Elektronik schon als Relikt längst vergangener Zeiten anmuten.

Vor allem die Kreditkarten nisten sich nunmehr in deutschen Westentaschen ein. Die erste Karte wurde hierzulande vor dreißig Jahren gestanzt – 1980 zählte die Bundesrepublik 580 000 glückliche Kartenbürger. 1985 waren es schon knapp doppelt so viele, nämlich 1,14 Millionen. Nach weiteren fünf Jahren sind bereits fünf Millionen Plastikkarten in Deutschland verteilt. Das Kreditkartengeschäft gehört zu den expansivsten Sparten der gesamten Finanzbranche. Dabei haben sich die Karten nunmehr vom Prestigeobjekt für Besserverdienende zum Massenzahlungsmittel entwickelt – und verdrängen das papierene Geld unaufhörlich.

Doch damit nicht genug: Nun stehen elektronische Zahlungssysteme vor der Tür, die den gänzlichen Abschied vom Bargeld bedeuten könnten. Statt Kreditkarten sind dazu »Geld«-Karten nötig, die im Branchenjargon als »Cash-Cards« verehrt werden. Knapp 30 Millionen Deutsche besitzen schon eine solche »Cash-Card«: die Eurocheque-Karte. Sie ermöglicht dem Verbraucher bereits heute über spezielle Kassen das elektronische Bezahlen. Benötigt wird nurmehr die Eurocheque-Karte mitsamt Geheimnummer; von dem Kassencomputer wird dann die Rechnung direkt vom Bankkonto abgebucht. Solche Systeme nutzen Großunternehmen, Tankstellen, Kaufhäuser schon heute vielfach zum internen Zahlungsverkehr.

Angesichts dieser Perspektiven wird mancherorts schon die völlige »Entmaterialisierung des Geldes« prophezeit und das Zeitalter des elektronischen Geldes heraufbeschworen. Vor allem ersparen die elektronischen Zahlungsmittel Zeit – bei der Beschaffung, beim Transport, beim Tausch, bei der Buchführung. Trotz futuristischer Kartengläubigkeit kursieren in der Bundesrepublik aber immer noch Banknoten im Gesamtwert von rund 150 Milliarden DM. Verglichen mit dem Bruttosozialprodukt hat der Bargeldumlauf in den letzten Jahren sogar wieder stärker expandiert. 1980 betrug der Bargeldumlauf (Banknoten und Scheidemünzen) 6,125 Prozent des Bruttosozialproduktes, 1990 war der Anteil auf 7,16 Prozent geklettert. Die überraschend starke Ausweitung des Bargeldumlaufes in den letzten Jahren ist in ihren Ursachen nicht ganz geklärt. Sicher ist, daß die wachsende Besteuerung den Bargeldbestand in Deutschland erheblich ausgeweitet hat. Auch das weitere Wachstum der »Schattenwirtschaft«, in der Umsätze zumeist bar abgewickelt werden, hat hierbei eine Rolle gespielt. Die Bundesbank vermutet außerdem, daß der Umlauf von D-Mark-Noten im Ausland, und hier besonders in Osteuropa, stark zugenommen hat. Die Stärke der D-Mark provoziert offenbar größere Bargeldhortungen in Krisenregionen.

Die Wiedervereinigung brachte Deutschland einen neuerlichen »Bargeldboom«, mußte doch das Gebiet jenseits der Elbe mit der D-Mark versorgt werden. Aber auch ohne die Währungsunion hätte das Ende der Noten wohl noch auf sich warten lassen. Denn der große Nachteil neuer Zahlungsmittel ist ihr Preis. Bargeld gibt es sozusagen umsonst von der Bundesbank. Bei Karten- und Überweisungssystemen entstehen neben den erklecklichen Investititionslasten laufende Transaktions- und Dienstleistungskosten. Der langwierige Streit zwischen Tankstellenpächtern, Mineralölindustrie und Kreditkartenunternehmen verdeutlicht das Preisproblem plastisch. Bei der Bundesbank glaubt man daher, daß die Gebührenpolitik der Kreditinstitute und Kreditkartenunternehmen das Bargeld am Leben erhalten wird. Diese wiederum kritisieren die gängigen Papiernoten als »subventioniertes Geld«.

Gegen die forschen Zahlungsmittelinnovatoren führen die Verteidiger des Papiergeldes eine Reihe von Argumenten ins Feld. So sei elektronisches Geld manipulierbarer als Papiergeld, sowohl unter kriminellen als auch unter geldpolitischen Gesichtspunkten. Wegen des Notenausgabemonopols der Bundesbank sind die Geschäftsbanken bislang gezwungen, den Bargeldbedarf ihrer Kundschaft dadurch abzudecken, daß sie sich das benötigte Bargeld bei der Bundesbank gegen Übertragung eigener verzinslicher Vermögenswerte beschaffen. Diese Abhängigkeit nimmt zwangsläufig ab, wenn mit elektronischen Zahlungen weniger Bargeld benötigt werden sollte. Tendenziell wird die Notwendigkeit geschwächt, sich bei der Bundesbank zu refinanzieren, und damit verliert auch ein Übertragungsmechanismus der Geldpolitik an Bedeutung. Auch die kreditpolitisch relevanten Geldvolumina sind von einer etwaigen Verdrängung des Bargeldes betroffen, weil Kartengelder oftmals Zahlungsaufschub oder gar Konsumfinanzierung bedeuten.

Für die herkömmlichen Noten und Münzen spricht auch ihr vermeintlicher Nachteil – der dringliche Charakter. Technisches Geld leidet dagegen am technischen Zwang. Da es nur durch die Maschine zum Geld wird, verliert es an Beweglichkeit. Es verliert aber auch an Vertrauen, das für die Wertillusion von Geld unerläßlich ist. Denn Vertrauen verdichtet vor allem in der Konkretion. Die Abstraktion des elektronischen Geldes kann daher nach den Regeln der Geldpsychologie den vielfältigen Hortungs- und Tauschbedürfnissen, dem Schmuck- und Sakralerlebnis, dem Vertrauenswunsch der Menschen nur schwer gerecht werden. Und doch hält selbst der Protagonist der Geldpsychologie, Günter Schmölders, den Anblick von physischem Geld nicht für »ein besonders affektauslösendes Erlebnis«. Der Umgang mit »fremdem Geld« – und alle abstrakten Geldformen sind für Schmölders so definiert – »ist nicht so sehr von der Eigenart des Geldes, sondern vielmehr von der Eigenart der Person abhängig, die mit fremdem Geld umzugehen hat«. Genau dies wiederum läßt die Gegner des Kartengeldes daran gemahnen, daß unphysisches Geld zur Verschuldung verführe.

Auch monetäre Nostalgie spielt in der Diskussion um neue Zahlungsmittel eine Rolle. Die sinnliche Gewöhnung an das Papiergeld hat unzählige Topoi der Alltagskultur hervorgebracht. Der papiergeldrauchende Reiche, der rollende Rubel, der blechende Verlierer, die Mark, der Dukatenesel, der fette Geldsack, das Geld-Bad des Dagobert Duck, der Geldbeutel – alles lebt von der konkreten Anschauung physischen Geldes. Das Knistern des Papiers, das Klingeln der Münzen, die künstlerische Gestaltung der Drucke – all das würde den doch so viel schnöderen Plastikkärtchen weichen müssen. Da hilft auch die historische Reminiszenz nicht viel, daß die heutigen Kreditkarten von der Größe her dem ältesten »Papiergeld« in Europa – den Pappmünzen aus der Zeit der Belagerung der spanischen Stadt Alhama durch die Mauren im Jahr 1483 ähneln. Diese Pappscheiben allerdings waren aus Meßbüchern ausgeschnitten – womit die kulturelle Dimension papierner Zahlungsmittel wieder offenbar wird. Trotz allem werden die bunt bedruckten Zettel wahrscheinlich doch irgendwann verschwinden und die neuen Geldscheine der Bundesbank, die zwischen 1990 und 1992 in den Umlauf gekommen sind, wohl als letzte Generation deutscher Papiernoten Geschichte machen. Der Weg zur bargeldlosen Gesellschaft ist im wahrsten Sinne des Wortes vorprogrammiert.

25 000 v. Chr.

In den Höhlen Westeuropas leben Menschen, die Nephritbeilchen als eine Art Geld benutzen. Andere vorhistorische Urvölker tauschen, was sie brauchen, gegen Nahrungsmittel, Sklaven und vor allem Vieh ein. Das englische Wort »fee« (deutsch »Vieh«, altenglisch »feoh«), das lateinische »pecunia« (von pecus = Vieh) und der deutsche Schatz (gotisch Scatta = Rindvieh) erinnern noch heute an diese uralte Kulturtradition. Auch Geräte (Töpfe, Beile, Waffen, Messer, Kleidungspelze), Schmuck (Jagdtrophäen, Ketten, Perlen, Federn, Muscheln) und Rohstoffe (Salz, Metalle, Edelsteine) übernehmen in frühen Kulturen Geldfunktionen.

Über Jahrtausende waren Muscheln bei vielen Völkern als Geld gebräuchlich. In Asien ist Muschelgeld bis in die Neuzeit Zahlungsmittel geblieben. Marco Polo sprach nach seiner China-Reise vom »weißen Porzellan aus dem Meer«.

4000 v. Chr.

In China sind neben Kaurimuscheln, Schildkrötenschalen, Perlen und Jade auch »Gerätegelder« (darunter Glocken und Klangplatten) schon früh verbreitet. Um es besser transportieren und horten zu können, entwickeln sich allmählich die typisch chinesischen Kümmerformen des Gerätegeldes – verkleinerte Nachbildungen vor allem von Spaten (seit dem 3. Jahrtausend v. Chr.), aber auch von Messern, Hackgeräten oder Glocken. Dieses »Zeichengeld« aus Bronze lehnt sich zuweilen peinlich genau an das Urbild des Gebrauchsgegenstandes an. So hatten in der Tschou-Dynastie (112 bis 255 v. Chr.) die Geldspaten nicht nur die gleiche Grundform wie die richtigen Geräte, sondern sogar einen Hohlschaft für den Stiel und ein Loch, das beim Großgerät für den Nagel herhielt.

3100 v. Chr.

Im altägyptischen Reich dient Gold offenbar schon als Zahlungsmittel. Aus der Zeit des Pharaos Menes hat sich als Maßstab ein kleiner, leicht gekrümmter Goldbarren erhalten – 14 Gramm leicht und mit dem Namen des Königs versehen.

Drahtgeld aus den Regionen des Indischen Ozeans (oben), Messergeld aus dem Himalaja (Mitte) und Pfeilspitzen vom Schwarzen Meer (15. bis 18. Jahrhundert v. Chr.) zeugen vom Erfindungsreichtum der Menschen im Umgang mit Tauschmitteln.

1700 v. Chr.

In Mesopotamien kommt unter König Hammurabi Silber als Metallgeld stärker in Gebrauch. Das Gewichtssilbergeld ist allerdings weder normiert, in Münzen geprägt noch staatlich geschützt, obwohl im Zweistromland schon das Duodezimal- oder Sexagesimalsystem mit den Zahlenschritten 1-10-60-600-3600-36 000-216 000 fein differenzierte Bezugsgrößen zwischen Zahlen, Gewichts- und Hohlmaßen ermöglicht hätten. Ein Talent (Normgewicht 30 240 Gramm) bildet 60 Minen, eine Mine 60 Schekel. Ein Schekel hat das Normgewicht von 8,4 Gramm (180 Gerstenkörner). Der Wert von Sklaven, Tieren und Gebrauchsgegenständen wird teilweise mit diesen Gewichtsteilen in Silber ausgedrückt. Ehe die Babylonier Waren für die Silberbrocken erstehen können, müssen sie das Metall in kleine Stücke zurechthacken und wiegen. Als Ersatz für das unbequeme Hacksilber und die Waage entwickeln sich Kreditbriefe und Kassenhäuser (mit Egibi und Murasu sind von diesen Bankvorläufern sogar zwei Namen überliefert). So kann auch Kapital bei Bedarf durch Kreditaufnahme beschafft werden. Zinsen (33 Prozent im Jahr bei Korn und 20 Prozent bei Silber), Gewinnbeteiligungen und auch Pfandnutzungen sichern die Interessen des Gläubigers. Eine Vorform des Wechsels findet sich in Darlehensverträgen des 18. Jahrhunderts v. Chr., in denen der Schuldner bei Vorlage eines Doppels der Schuldurkunde durch einen Dritten zur sofortigen Zahlung verpflichtet ist.

700 v. Chr.

Aus den Werken Homers und Hesiods läßt sich ableiten, daß die agrarische Oikenwirtschaft (oikos = Haushalt, daher: Ökonomie) Reichtum in Viehherden zählt. Die Ilias berichtet, daß der Preis eines in vielen Arbeiten bewanderten Sklaven vier Rinder beträgt. In der Odyssee wird erzählt, daß der Sohn des Priamos für 300 Ochsen freigekauft wurde, während eine junge hübsche Sklavin nur 20 Ochsen gekostet hat.

640 v. Chr.

An den südwestlichen Küsten Kleinasiens kursieren die ersten Münzvorläufer. Die meisten von ihnen sind nur auf einer Seite mit einem Bildsymbol geprägt.

Das silberne Tetradrachmon aus Athen (um 600–450 v. Chr.) zeigt den Kopf Athenes und die Eule mit Ölzweig. Die Göttin der Weisheit und Kriegskunst soll der Legende nach den Athenern den Ölbaum geschenkt haben und so zur Schutzherrin Athens geworden sein. Diese Münze avancierte für lange Zeit zur wichtigsten Handelsmünze des Stadtstaates.

600 v. Chr.

Im kleinasiatischen Lyderreich entstehen zur Zeit des Herrschers Alyattes (610–561) die frühesten bislang bekannten Edelmetall-Münzen. Alyattes läßt die ovalen Gepräge aus Elektron, einer blaßgoldenen Legierung aus 3 bis 4 Teilen Gold und einem Teil Silber, herstellen. Diese Münzen zeigen das Bild eines Löwenkopfes mit Strahlenkugel auf der Stirn.

600 v. Chr.

Im Stadtstaat Athen wird bereits mit einer Münzwährung namens Drachme gehandelt. Ältere Athener bezeichnen mit Drachme noch eine Handvoll Spieße. Im frühen Griechenland galt nämlich der Bratspieß (griechisch: Obolos) als Tausch- und Zahlungsmittel. Der Name »Obolos« lebt bis heute in verschiedenen Sprachen als Synonym für Abgabe fort, und die Drachme ist bis heute die Währung Griechenlands.

594 v. Chr.

Solon beendet in Athen nicht nur die Verfassungskämpfe und begründet eine stabile Gesellschaftsordnung. Mit seinem Namen verbindet sich auch die Einführung der attischen Silberwährung. An deren Spitze steht fortan das dem lydisch-persisch-eböischen Maße gemeinsame Talent (26 Kilogramm). Das Talent besteht aus 30 Minen und die Mine wiederum aus 100 Drachmen. Als Münzen wurden auch Zehn-, Vier- und Doppel-Drachmen sowie zahlreiche Obolenstücke geprägt. Da in Attika der Silberbergbau nach Auskünften von Xenophon einen bedeutenden Aufschwung nahm und den Reichtum der Athener mehrte, verbreitete sich die attische Silberwährung auch in vielen anderen Ländern. Als »Exportmünze« und eine Art Leitwährung wird vor allem das neue Tetradrachmon (Vier-Drachmen-Münze) massenhaft geprägt und zum Symbol für die neue Währungsmacht im Mittelmeerraum.

Der Stater aus Poseidonia zeigt den Meeresgott Poseidon, dem die griechische Kolonie geweiht war. Poseidon schwingt einen Dreizack und soll die Seefahrer beschützen. Die Münze stammt aus der Zeit um 520 v. Chr.

560 v. Chr.

Peisistratos gibt den athenischen Münzen ein neues Aussehen. Anstelle eines einfachen Symbols ziert nun der berühmte Pallaskopf die Vorderseite und eine ebenfalls berühmt gewordene Eule (Eulen nach Athen tragen) die Rückseite der Münze. Außerdem veranlaßt Peisistratos die Verstaatlichung der reichen laurischen Bergwerke. Weiterhin prägen die Griechen fast ausschließlich Silbermünzen.

550 v. Chr.

In Sparta wird mit der Lykurgischen Verfassung das Münzgeld verboten – statt dessen bleiben die Spartaner dem alten Eisengeld treu. Nach den strengen Gesetzen muß der spartanische Vollbürger Landbesitzer sein, Handel und Gewerbe sind ihm untersagt, jeglicher Luxus ist verpönt. Zu schwach geratene Kleinkinder werden getötet, um so die Bevölkerungsvermehrung zu regulieren. Geldfunktionen übernehmen die versklavten Heloten, die als rechtlose Kolonnen auf den spartanischen Feldern arbeiten. Man kann sie als Tauschobjekte benutzen, sie verpachten oder an ihnen den Wert der Dinge messen.

550 v. Chr.

Krösus (561 bis 546), König von Lydien und Sohn des Alyattes, läßt erstmals in der Weltgeschichte in großem Stil reine Goldmünzen prägen und zusammen mit reinen Silbermünzen als offizielle Zahlungsmittel kursieren. Alle Krösus-Münzen zeigen Löwen- oder Stierbildnisse. Krösus hortet die Goldmünzen in seinen legendären, riesigen Schatzkammern, die er den Gästen aus aller Welt stolz vorführt.

524 v. Chr.

Der erste historisch belegte Münzbetrug geht über die Bühne der Weltgeschichte. Herodot berichtet, daß Polykrates, Herrscher von Samos, mit Sparta im Krieg liegt und von einem lakedämonischen Heer belagert wurde. Nach 40 Tagen segeln die Spartaner unverrichteter Dinge wieder ab, angeblich, weil sie von Polykrates mit gefälschtem samischem Geld aus vergoldetem Blei bestochen worden sind.

Im 5. Jahrhundert v. Chr. kommt es in Mode, die Münzen als Marketing-Instrument zu nutzen. Die Traubenmünze stammt aus Paparethos, dem heutigen Skopie. Das Apfelgeld kommt von der Obstinsel Melos. Der Weinstock macht Werbung für Getränke aus Mende.

510 v. Chr.

Im Perserreich der Achämeniden etabliert sich die erste bimetallene Währung der Geschichte. Für den hochentwikkelten, griechisch geprägten Westen mit einer funktionierenden Geldwirtschaft wird Gold geprägt, im Osten sind Silbermünzen im Umlauf. Den Bimetallismus betreiben die arabischen Herrscher konsequent von 696 an. Im 19. Jahrhundert wird der Streit um den Bimetallismus zu einer Kernfrage des neuzeitlichen Währungssystems.

462 v. Chr.

Die Verquickung von Geld und Macht steigert sich in Athen zu einem Thema politischer Auseinandersetzungen. Ephialtes setzt 462 die Einführung von Diäten für Volksversammlungsteilnehmer durch. Die neuartigen Tagesgelder sollen auch Theten (besitzlose Lohnarbeiter) den Weg zu politischen Ämtern frei machen.

445 v. Chr.

Mit Beginn der klassischen Epoche griechischer Geschichte wird das Finanz- und Geldwesen weiterentwikkelt. Es entstehen private Banken (ein Dutzend alleine in Athen), ein funktionierendes Kreditsystem entwickelt sich, die Münz-Prägungen werden staatlich gelenkt und handwerklich verfeinert. Kopfbilder von Menschen gelten dabei allerdings noch immer als Gotteslästerung. Das Geldwesen wird unter Gesetzesschutz gestellt, rechtlich normiert und ein Vorschriftenkatalog für die Geldwirtschaft aufgelistet.

Immer mehr Athener stecken ihre Münzen in den »Thesauros« – die älteste Spardose der Welt.

433 v. Chr.

Das Apolloheiligtum auf der Insel Delos führt auf Steintafeln genau Buch über seine Geldgeschäfte. Die frühen griechischen Heiligtümer übernehmen auch Bankfunktionen. Da die Tempel in Kriegszeiten Schutz gewähren, werden Wertgegenstände dort deponiert. Im Apolloheiligtum geht man dann dazu über, den Reichtum in Form von Darlehensgeschäften zu vermehren. Die Zinsen betragen 10 Prozent, wobei die Kredite allerdings niedrig bleiben (höchstens 50 000 Drachmen an eine Person oder Stadt). Auch die Gründe der Kreditnehmer werden notiert. Es sind meistens Schulden oder Geschenke an hellenistische Könige. Von Investitionen in Industrie oder Handel ist nie die Rede.

428 v. Chr.

Das Geld-, Finanz- und Steuerwesen der Stadtstaaten verfeinert sich zusehends. In Athen wird erstmals eine Vermögenssteuer eingeführt. Von direkten Steuern sind die Vollbürger bislang verschont geblieben. Nur Dirnensteuern und Abgaben bei Sklavenfreilassungen mußten entrichtet werden. Metöken, also freie Nichtbürger (Einwanderer oder freigelassene Sklaven) müssen eine Kopfsteuer von 12 Drachmen im Jahr zahlen. Die Metöken entwickeln die Handels- und Finanzgeschäfte Athens erheblich, da sie vom Landbesitz ausgeschlossen werden. Die ersten Geldhäuser werden ausschließlich von Metöken geführt.

423 v. Chr.

Der Stadtrat Athens beschließt folgendes Gesetz: »Wenn einer Silbermünzen in den Städten schlägt und nicht die athenische Münzen, Gewichte oder Maße anwendet, sondern fremde Münzen, Gewichte und Maße, so soll Bestrafung eintreten nach dem früheren, von Klearchos veranlaßten Volksbeschluß. Alle Privatpersonen sollen das ausländische Geld abgeben, jeder wenn er will, die Stadt aber soll es eintauschen.«

400 v. Chr.

Nach dem Ende des Peloponnesischen Krieges verdrängen die korinthischen Münzen die athenischen aus dem westlichen Mittelmeerraum. Die Währungskonkurrenz beider Staaten steigert sich. Die athenischen Münzen zirkulieren weiter lebhaft im östlichen Mittelmeerraum, im Perserreich bis hin zum Tigris. Athen gelingt es trotz der Kriegsniederlage gegen Sparta und dem Ausfall der Tributzahlungen, seine Silberdrachmen als Leitwährung zu verteidigen, und die Silberminen in Laureion sichern ein passables Wohlstandsniveau. Xenophon empfiehlt daher auch, die Einkünfte Athens durch die Ankurbelung der Silbergewinnung zu erhöhen, ohne allerdings zu erkennen, daß die bloße Steigerung des Geldvolumens zur Inflation führen kann. Im 4. Jahrhundert kommt es dann tatsächlich zur ersten Inflationsphase, nachdem lange Dekaden die Preise verblüffend stabil geblieben sind. Jetzt wird auch die Zeit großangelegter Münzfälschungen in verschiedenen Ländern eingeläutet.

Auf den Münzen der griechischen Welt werden häufig Götter abgebildet. Das Antlitz des Sonnengottes Helios stammt aus Rhodos (408 v. Chr.). Der Zeus-Kopf (Mitte) kommt aus Megalopolis, dem Kunstzentrum Arkadiens (371 v. Chr.). Das Aphroditen-Bild aus Aphrodisias (350 v. Chr.). Die Liebesgöttin sitzt auf einem Thron und genießt den Duft einer Blume.

387 v. Chr.

Ein frühes römisches Heer wird von der Keltenarmee unter dem Führer Brennus besiegt, Rom besetzt. Die Römer müssen sich den Abzug der Eindringlinge erkaufen. Beim Abwiegen des Lösegelds wirft Brennus sein Schwert in die Waagschale und ruft: »Vae victis!« (»Wehe den Besiegten«). Soldzahlungen und Lösegelder werden zunehmend ein Beweggrund, metallisches Geld einzuführen.

370 v. Chr.

Die Schlacht von Leuktra provoziert in Athen den ersten Bankenkrach der Weltgeschichte. Schlagartig heben viele Athener ihre Einlagen bei den Geldhäusern der Stadt ab und verursachen so einen reihenweisen Bankrott.

Josua, 7,12-8,8

ALTES TESTAMENT

Josua ließ also früh am Morgen Israel Stamm für Stamm antreten: da wurde der Stamm Juda bezeichnet. Dann ließ er die Sippen Judas antreten; da wurde die Sippe der Serachiter bezeichnet. Dann ließ er die Sippe der Serachiter nach Großfamilien antreten; da wurde Sabdi bezeichnet. Dann ließ er dessen Familie Mann für Mann antreten; da wurde Achan, der Sohn Karmis, der Enkel Sabdis, des Sohnes Serachs, vom Stamm Juda bezeichnet. Josua sagte zu Achan: Mein Sohn, gib dem Herrn, dem Gott Israels, die Ehre, und leg vor ihm ein Geständnis ab! Sag mir offen, was du getan hast, und verheimliche mir nichts! Achan antwortete Josua: Es ist wahr, ich habe mich gegen den Herrn, den Gott Israels, versündigt. Das und das habe ich getan: Ich sah unter der Beute einen schönen Mantel aus Schinar, außerdem zweihundert Schekel Silber und einen Goldbarren, der fünfzig Schekel wog. Ich wollte es haben und nahm es an mich. Es ist in meinem Zelt im Boden vergraben, das Silber an unterster Stelle. Josua schickte Boten, und sie liefen zum Zelt, und wirklich: die Sachen waren im Zelt Achans vergraben, das Silber an unterster Stelle. Sie holten alles aus dem Zelt heraus, brachten es zu Josua und allen Israeliten und breiteten es vor dem Herrn aus.

Da nahm Josua Achan, den Sohn Serachs, ebenso das Silber und den Mantel und den Goldbarren, seine Söhne und Töchter, seine Rinder, Esel und Schafe, sein Zelt und seine ganze Habe. Er und ganz Israel brachten alles ins Tal Achor. Dann sagte Josua: Womit du uns ins Unglück gestürzt hast, damit stürzt dich der Herr heute ins Unglück. Und ganz Israel steinigte Achan. [Sie verbrannten sie im Feuer und steinigten sie.] Man errichtete über ihm einen großen Steinhaufen, der bis zum heutigen Tag zu sehen ist, und der Herr ließ ab von seinem glühenden Zorn. Deshalb nennt man diesen Ort bis heute Achortal (Unglückstal).

GESETZE DES VISHNU

Ein Gläubiger soll sein Kapital in der Form von seinem Schuldner zurückerhalten, wie er es verliehen hat. Verliehenes Eigentum trägt keine weiteren Zinsen, nachdem es zurückgegeben, aber vom Gläubiger verweigert wurde. Auf Gold sollen die Zinsen nicht höher als der doppelte Schuldbetrag lauten. Auf Getreide – dreifach; auf Kleidung – vierfach; auf Flüssigkeiten – achtfach; von weiblichen Sklaven und Rindern – die Neugeburten. Bei Materialien, aus denen Alkohol gewonnen werden kann, auf Baumwolle, Garn, Leder, Waffen, Baumaterial und Holzkohle ist der Zinssatz unbegrenzt. Falls der ursprüngliche Schuldner stirbt oder Asket wird oder 20 Jahre im Ausland lebt, sollen die Schulden von seinen Söhnen oder Enkeln beglichen werden. Nicht aber von weiter entfernten Verwandten gegen ihren Willen.

OVID VERWANDLUNGEN

Da beschenkte der Gott, (...)
Ihn [Midas] mit der Gnade des Wunsches, die jener nutzlos vergeudet.
Übel nützt er das Glück, da er sprach: »Laß, was mit dem Leibe
Je ich berühre, laß alles in glänzendes Gold sich verwandeln.«
Liber nickt zu dem Wunsch und gewährt die verderbliche Gabe.
Doch es schmerzte ihn tief, daß jener nichts Besseres wunschte.
Fröhlich enteilte der Cybele Sohn und freut sich des Unheils,
Prüft des Versprechens Kraft, hier dies, dort jenes betastend.
Kaum noch traut er sich selbst; denn ein grünender Ast, den er eben
Brach von der niedrigen Eiche: er hat sich zu Golde verwandelt.

Hob nun vom Boden den Stein: und der Stein erbleichte zu Golde.
Dann berührt er die Scholle; auch sie wird kraft der Berühung
Goldene Masse; nun pflückt er die Ähren vom reifenden Halme:
Golden wurde die Ernte. Vom Baume nahm er den Apfel:
Für Hesperidengeschenke nähmst du sie. Rührt mit dem Finger
Hohe Pfosten er an: von Gold erstrahlen die Pfosten.
Hat er die Hände soeben in sprudelndem Wasser gewaschen,
Konnte das Naß, das vom Finger troff, selbst Danae täuschen.
Kaum erfaßt er im Geiste sein Glück: schon denkt er sich golden
Alles. Und wie die Diener dem Frohen die Tafel bereiten,
Reich mit Speisen besetzt und versehen mit köstlichem Brote,
Ob nun jener dabei mit der Rechten die Gabe der Ceres
Hatte berührt – es erstarrten zu Gold die Geschenke der Ceres.
Ob er mit gierigem Zahn die Speisen wollte zermalmen,
Kaum berührt sie der Zahn, deckt goldene Kruste die Speise.
Mischt er die Gabe des Gotts, der den Zauber gewährte, mit Wasser,
Hättest du flüssiges Gold durch die Kehle ihm fließen gesehen.
Reich und elend zugleich und betäubt von dem seltsamen Unglück,
Will er dem Reichtum entfliehn und haßt, was er eben begehrte.
Nichts mehr stillt seinen Hunger, von Durst brennt trocken die Kehle,

Überall quält ihn das leidige Gold, das er selbst sich
gewählt hat.
Nunmehr hebt er zum Himmel die Hände und
strahlenden Arme:
»Gnade, mein Vater Lenäus«, so ruft er, »ich habe
gesündigt!
Aber erbarme dich meiner, befrei mich vom
glänzenden Elend!«
Mild ist das Wesen der Götter: den reuigen Sünder
erlöste
Bacchus und nahm ihm die Gabe, die nur die Treue
gegeben.
»Um nicht vom Gold, das du übel erbeten,
umschlossen zu bleiben,
Geh« – so sprach er – »zum Strom in die Nähe des
mächtigen Sardes,
Nimm über Phrygiens Höhn den gleitenden Wogen
entgegen
Dann deinen Weg, bis endlich du bist an der Quelle
des Flusses.
Und in den schäumenden Born, da, wo er am
kräftigsten sprudelt,
Tauche das Haupt und den Körper hinein und
wasche die Schuld ab.«
Midas gehorchte und stieg in die Flut: die goldene
Kraft schon
Färbte den Fluß und wich von dem menschlichen
Leib in die Wellen.
Jetzt noch, wiewohl sie vorzeiten die Goldsaat haben
empfangen,
Starren vom Golde die Felder, die feuchten Schollen
erbleichen.
Midas haßte den Reichtum und lebte in Feldern und
Wäldern.

EPIKTET
BESCHEIDENHEIT

Erinnere dich daran, daß du dich im Leben so benehmen sollst wie bei einem Bankett. Wird etwas herumgereicht und kommt es zu dir, strecke deine Hand aus und nimm dir eine Portion mit geziemender Höflichkeit. Es wird weitergereicht; halte es nicht auf. Oder, wenn die Reihe noch nicht an dir ist, dränge dich nicht danach, sondern warte, bis es vor dir steht. Benimm dich auf diese Weise im Berufsleben, Kindern, einer Frau und auch dem Gelde gegenüber.

XENOPHON
EINDRINGEN DES GOLDES IN SPARTA

Die Einsichtigsten unter den Spartanern erfaßte ... Furcht vor der Macht des Geldes ... Sie tadelten Lysander scharf und beschworen die Ephoren, alles Silber und Gold als eine eingeschleppte Pest hinwegzubesorgen. Diese stellten die Sache zur Beratung, und Theopompos sagt, es sei Skiraphidas, Ephoros, es sei Phlogidas gewesen, der sich dafür aussprach, man solle überhaupt kein goldenes und silbernes Geld ins Land lassen, sondern sich nur des hergebrachten bedienen. Dieses war von Eisen, und es wurde erstens, wenn es aus dem Feuer kam, in Essig abgekühlt, damit es sich nicht schmieden ließe, sondern durch dies Kühlverfahren spröde und zu weiterer Verarbeitung untauglich würde, und sodann war es von hohem Gewicht, schwer zu befördern und hatte bei großer Menge und Volumen nur einen geringen Wert ... Da aber die Freunde Lysanders dagegen arbeiteten und sich darum bemühten, daß das Geld in der Stadt bliebe, so beschloß man, daß für den staatlichen Gebrauch Geld dieser Art eingeführt werden dürfe; wenn aber jemand dabei betroffen würde, es privatim zu besitzen, so setzten sie dafür die Todesstrafe fest.

HERODOT SOLON UND KRÖSUS IM GESPRÄCH

Solon aber sagte: »Kroisos, der Mann, den du nach dem menschlichen Leben fragst, weiß, daß die Gottheit durch und durch neidisch und unbeständig ist. In seinem langen Leben muß der Mensch vieles sehen und vieles leiden, was er nicht sehen und leiden möchte. Auf siebenzig Jahre setze ich die Dauer des menschlichen Lebens an, das sind fünfundzwanzigtausendundzweihundert Tage ohne die Schaltmonate. Will man jedem zweiten Jahre noch einen Monat hinzufügen, damit die Jahreszeiten mit den Kalendermonaten in Übereinstimmung bleiben, so kommen zu den siebenzig Jahren noch fünfunddreißig Schaltmonate hinzu, das sind eintausendundfünfzig Tage. Und von allen diesen Tagen der siebenzig Jahre, also von sechsundzwanzigtausendzweihundertundfünfzig Tagen ist keiner völlig dem anderen gleich. Jeder bringt uns ein neues Erlebnis. So nun, o Kroisos, ist der ganze Mensch nichts als eitel Zufall. Ich sehe wohl, daß du große Reichtümer besitzest und König über viele Völker bist. Aber das, was du fragst, kann ich nicht eher beantworten, als bis ich Kunde erhalten, daß du dein Leben auch glücklich geendet hast. Der Reiche ist nur dann glücklicher als der, welcher ausreichend zu leben hat, wenn er seinen Reichtum bis an sein Lebensende in Ruhe genießt. Viele steinreiche Menschen sind unglücklich, viele, die in bescheidenen Umständen leben, haben es dennoch wohl getroffen. Und wer große Reichtümer besitzt, jedoch unglücklich ist, hat nur zwei Dinge vor jenem voraus, von dem man sagen kann, es gehe ihm gut, dieser vor ihm aber sehr viele. Der Reiche kann seine Gelüste leichter befriedigen und Schicksalsschläge eher ertragen. Jener aber, dem es wohl geht, hat, obwohl er mit den Schicksalsschlägen und mit seinen Gelüsten nicht ebenso leicht fertig wird, vor ihm voraus, daß sein Zustand des Wohlergehens ihn vor diesen bewahrt, denn er ist der gesunde, leidlose, kindergesegnete und wohlgestaltete Mensch. Wenn er dann auch noch einen schönen Tod hat, so ist er wahrhaft glücklich zu nennen, wonach du mich fragtest.

ÄSOP
HUHN UND EIER

Eine arme Frau hatte nur ein Huhn, aber das war ihre Freude, denn es legte täglich ein Ei. Da sprach sie bei sich: »Gutes Tierchen, wenn ich dir doppeltes Futter gebe, dann legst du mir bestimmt jeden Tag zwei Eier!«
Sie tat so in ihrer Unvernunft. Da wurde das Huhn fett und immer fetter und legte schließlich überhaupt nicht mehr.

SOPHOKLES
ANTIGONE

Chor

Herr! Ob nicht gar ein Gott dies Werk betrieb,
Darüber denke ich schon lange nach.

Kreon

Hör auf, eh' meines Zornes Maß sich füllt,
Sonst heißt's von dir: So alt und doch ein Tor!

Nicht zu ertragen ist es, wenn du meinst,
Die Götter sorgen sich um diesen Toten.
Sie gaben ihm gewiß für edle Taten
Ein Ehrengrab! Er kam ja, zu verbrennen
Der Tempel Säulenbau und Weihgeschenke,
Ihr Erdreich, ihre Ordnung zu zerstören!
Sahst du die Götter je den Frevler ehren?
Niemals! Jedoch gewisse Bürger sind
Schon unzufrieden, murren über mich,
Das schüttelt insgeheim den Kopf, will nicht
Den Nacken beugen nach des Lenkers Sinn.
Nun ist mir völlig klar: Die sind es auch,
Die meine Leute zu der Tat bestochen.

Kein ärgrer Brauch erwuchs den Menschen als
Das Geld! Es äschert ganze Städte ein,
Es treibt die Männer weg von Haus und Hof,
Ja, es verführt auch unverdorbne Herzen,
Sich schändlichen Geschäften hinzugeben,
Es weist den Sterblichen zur Schurkerei
Den Weg, zu jeder gottvergeßnen Tat!
Doch alle, die um Gold sich so vergingen,
Was sie zuletzt erwirkten, war die Strafe.
So wahr ich Zeus noch ehre, sag ich dir,
Ja, ich beschwör's: Bringt diesen Totengräber
Heraus und stellt ihn mir vor Augen! Sonst
Droht euch nicht nur der Hades, lebend laß ich
Euch hängen, bis den Frevel ihr gesteht.
Dann rafft ihr künftig nur noch, wo bestimmt
Gewinn zu holen ist, und ihr seht ein:
Verdienen darf man nicht um jeden Preis,
Denn schmutzige Gewinnsucht führt bekanntlich
Ins Unheil öfter als in Sicherheit.

PLATON
GESETZE

Mit alle diesem hängt dann noch ein weiteres Gesetz zusammen, wonach jedem einzelnen Bürger der Besitz von Gold oder auch nur von Silber untersagt wird. Gemünztes Geld darf er nur haben wegen des täglichen Verkehrs, der mit arbeitenden Klassen fast unvermeidlich ist sowie mit allen Leuten dieser Gattung, die man braucht, um den gedungenen Dienstpersonen und Beisassen ihren Lohn auszahlen zu können. Deswegen sagen wir: »Die Münze, die man sich anzuschaffen hat, muß zwar im Inland ihren Wert haben; in der übrigen Welt muß sie ungangbar sein.« Ein allgemeines hellenisches Geld braucht man dagegen für Feldzüge und Reisen ins Ausland, z. B. bei Gesandtschaften oder einer sonstigen Verhandlung, der ein Staat nicht ausweichen kann und wobei es nötig wird, jemand hinzuschicken. Aus diesen Gründen ergibt sich die Notwendigkeit, daß der Staat für jeden

einzelnen Fall im Besitze von allgemeingültigem hellenischem Gelde ist. Tritt aber nun einmal für den gewöhnlichen Bürger die Notwendigkeit ein, ins Ausland zu reisen, so soll er nur mit eingeholter Erlaubnis der Obrigkeit seine Reise ausführen; und kommt er sodann irgendwoher mit einem Reste fremden Geldes nach Hause zurück, so soll er es beim Staate abliefern, indem er dafür nach Verhältnis inländisches Geld empfängt. Zeigt es sich dagegen, daß einer das fremde Geld als eigen behält, so soll es konfisziert werden, und jeder Mitwisser, der keine Anzeige macht, soll mit dem Entwender dem gleichen Fluche, der gleichen Schmach verfallen sein und überdies einer Strafe, die nicht weniger beträgt als das heimgebrachte fremde Geld.
Bei einer Verheiratung darf der Brautvater schlechterdings keine Mitgift geben, der Bräutigam keine annehmen, auch wenn sie noch so klein wäre. Auch darf niemand eine Geldsumme bei einer dritten Person, in die er das Vertrauen setzt, hinterlegen, ebensowenig Geld auf Zinsen ausleihen; denn der Schuldner hat sonst die Befugnis, seinem Gläubiger überhaupt weder Zins noch Kapital mehr zurückzubezahlen. (– – –) Daß die Menschen zugleich sehr tugendhaft und sehr glücklich sind, ist eine Notwendigkeit; dies kann er also immerhin wünschen. Daß sie jedoch sehr reich und dabei tugendhaft seien, ist nach dem, was der große Haufe irrig unter Reichtum versteht, unmöglich. Reich nennt er solche, die sich in einem Grade, wie dies nur bei wenigen Menschen stattfindet, Besitztümer erworben haben, die den größten Geldwert darstellen; allein diese kann sich auch ein schlechter Mensch erwerben. Ist dieses richtig, so werde ich dem großen Haufen niemals zugeben, daß der Reiche auch wahrhaft glücklich werden kann, wenn er nicht zugleich gut ist. Daß aber ein hervorragend guter Mensch auch hervorragend reich sein soll, ist unmöglich. »Inwiefern?« kann man vielleicht fragen. »Deswegen«, würden wir antworten, »weil der Erwerb auf redlichem und unredli-

chem Wege mehr als doppelt so groß ist in Vergleich mit dem Erwerb auf redlichem Wege allein; und wenn einer weder edle noch unedle Ausgaben machen mag, so sind die Ausgaben um das Doppelte kleiner als die Ausgaben von edlen Menschen, die gerne zu edlen Zwecken ihr Geld verwenden. Daher kann niemals der Fall eintreten, daß in Vergleich mit doppelten Einnahmen und halben Ausgaben jemand, der das Gegenteil hiervon tut, reicher werden sollte. Von beiden Menschen ist der eine gut, der andere nicht gerade schlecht, wenn er noch sparsam ist; manchmal ist er aber auch recht schlecht; dagegen gut, wie soeben gesagt wurde, kann er niemals sein. Denn wer sowohl auf rechtschaffenem als unrechtschaffenem Wege einnimmt und weder auf rechtschaffenem noch unrechtschaffenem Wege ausgibt, ist allerdings reich, solang er zugleich sparsam ist; allein ein recht schlechter Mensch, der meistenteils ein Schlemmer und Verschwender ist, wird dadurch in hohem Grade arm. Andrerseits kann ein Mensch, der für edle Zwecke Geld ausgibt und nur auf rechtliche Weise etwas erwirbt, niemals leicht weder in hervorragendem Grade reich werden noch auch in hohem Maße arm. Somit bleibt unsere Behauptung aufrecht, daß überreiche Leute nicht gut sein können; sind sie aber nicht gut, so sind sie auch nicht glücklich.«

ARISTOPHANES
GELD-
ENTWERTUNG

Der attische Komödiendichter klagt in *Die Frösche*:

»Oftmals hat es mir geschienen:
unserm Staat ergeht es ganz
Ebenso mit seinen besten Bürgern,
jedes Lobes wert,
Wie es mit der alten Münze
und dem neuen Golde geht;
Denn auch jene, die doch wahrlich
weder falsch ist noch zu leicht,

Ja, die unter allen Münzen, die ich kenn, die beste ist
Und allein ein gut Gepräge trägt
und Klang und Geltung hat
Unter den Hellenen allen und im Ausland überall:
Jene braucht ihr nicht mehr,
sondern dieses schlechte Kupfergeld,
Gestern oder auch vorgestern geprägt,
von schlechtem Klang!«

Diese damals geprägten Tetradrachmen mit Kupferkern sind heute außerordentlich selten; denn im Jahre 393 v. Chr. wird diese Münze in »Verruf gebracht«, also eingezogen. Auch von diesem Vorgang berichtet Aristophanes (in *Die Weibervolksversammlung*):

»Mir hat sich das Gepräge
Fest eingeprägt. Denn von verkauften Trauben
Bracht ich das Maul voll Kupfermünzen heim:
Nun ging ich auf den Markt, um Mehl zu kaufen,
Und wie ich schon den Mehlsack unterhielt,
Da rief der Herold aus: »Die Kupfermünzen
Sind nicht mehr gültig; 's gilt nur Silbergeld!«

ARISTOTELES
DIE ZWEI ARTEN DER ERWERBSKUNST – DAS ZINSVERBOT

Denn nicht alle naturgemäß notwendigen Güter sind leicht zu transportieren. Also kam man überein, beim Tausch gegenseitig eine Sache zu nehmen und zu geben, die selbst nützlich und im täglichen Verkehr handlich war wie Eisen und Silber usw. ... Als nun schon das Geld aus den Bedürfnissen des Tauschverkehrs geschaffen war, entstand die zweite Art des Gelderwerbs, die Kaufmannskunst, anfangs wohl nur ganz einfach, später kunstmäßiger auf Grund der Erfahrung, woher und wie man Güter vertauschen müsse, um den größten Gewinn zu machen ... Die rechte Erwerbsart ist etwas anderes und ebenso der natürliche Reichtum, es ist die Hausverwaltungskunst; die Kaufmannskunst dagegen produziert zwar Vermögen, aber nicht schlechthin, sondern nur durch den

Umsatz von Gegenständen; und nur sie scheint sich um das Geld zu drehen. Denn das Geld ist das Element und die Grenze des Umsatzes. Darum ist der Reichtum, der von dieser Erwerbsart kommt, allerdings unbegrenzt ... Ursache dieser Verfassung ist, daß man sich um das Leben, aber nicht um das vollkommene Leben bemüht. Und da jenes Verlangen unbegrenzt ist, so verlangen sie auch nach unbegrenzten Mitteln dazu. Aber auch jene, die auf das vollkommene Leben achten, suchen die Mittel für den körperlichen Genuß, und da auch dies mit dem Besitz gegeben zu sein scheint, so geht ihre ganze Arbeit auf den Gelderwerb ... Denn da der Genuß in der Überfülle besteht, so suchen sie die Kunst, die die Überfülle des Genusses verschafft. Und wenn sie dies nicht durch die Erwerbskunst zustandebringen, so versuchen sie es auf anderen Wegen und benutzen dazu alle Fähigkeiten, aber gegen die Natur; denn die Tapferkeit soll nicht Geld verdienen, sondern Mut erzeugen, und auch die Feldherrnkunst und die Medizin sollen das nicht, sondern Sieg und Gesundheit verschaffen. Aber jene machen aus alledem einen Gelderwerb, als ob dies das Ziel wäre, auf das alles hin gerichtet werden müßte ... Da es aber eine doppelte Erwerbskunst gibt, wie wir gesagt haben, die des Kaufmanns und die des Hausverwalters, und diese notwendig und lobenswert ist, die Tauschkunst dagegen mit Recht getadelt wird ..., so ist erst recht der Wucher hassenswert, der aus dem Gelde selbst den Erwerb zieht und nicht aus dem, wofür das Geld da ist. Denn das Geld ist um des Tausches willen erfunden worden, durch den Zins vermehrt es sich aber durch sich selbst ... Diese Art des Gelderwerbes ist also am meisten gegen die Natur.

336 v. Chr.

Nach dem Tod Alexanders mühen sich Münzkünstler um eine lebensnahe Darstellung des großen Königs. Die beiden Münzen (oben ein Tetradrachmon und unten ein Goldstater) zeigen Darstellungen des vergöttlichten Alexander mit Widderhörnern (um 290 v. Chr.).

Mit Alexander dem Großen kommt es zu einer großen Revision des Münz- und Geldwesens. In seinem neu zusammengeschmiedeten Großreich führt er eine einheitliche Währung ein, der er den athenischen Münzfuß zugrunde legt. Das nötige Rohmaterial liefern ihm die in Persien erbeuteten riesigen Edelmetallschätze. Alexanders Münzen werden in bis dahin beispiellosen Mengen geprägt, eine einheitliche Weltwährung mit festen Wechselkursen ist geschaffen. Geld wird damit erstmals auch zu einem Wohlstandsobjekt und Vermögensgegenstand für breitere Bevölkerungsschichten. Griechische Landbewohner verkaufen ihre Immobilien, wandern nach Persien aus und schaffen sich Geldvermögen. Die kleinsten Silbermünzen läßt Alexander einziehen und durch Kupfer-Kleingeld ersetzen. Die gigantische Berufsarmee verlangt außerdem nach einem straff organisierten, flächendeckenden Soldzahlungsverfahren – ein antikes Banking-Network entsteht. Selbst Alexander wagt es aber nur andeutungsweise, sich selbst auf den Münzen abzubilden. Dieser Platz bleibt den Göttern vorbehalten.

285 v. Chr.

In Ägypten wird unter dem Herrscher Ptolemaios II. Philadelphos eine gezielt merkantilistische Wirtschaftspolitik über Geldverkehrsvorschriften eingeführt. Nach Ägypten einfließendes Geld muß laut Fiskalgesetz sofort in Alexandrien abgeliefert werden; dort wird es in ägyptisches umgeprägt – mit einem Agio versteht sich, also einem Gewinn für die Staatskasse. Einheimisches Geld dagegen darf nicht ausgeführt werden. Mit diesen Regelungen wird der Import gebremst und der Export gefördert. Geld wird damit erstmals zu einem gezielt eingesetzten Mittel der Wirtschaftspolitik.

269 v. Chr.

Das entstehende römische Reich führt erst 289 v. Chr. die offizielle Münzprägung ein. Der römische Senat schafft dazu ein Münzerkollegium aus drei Männern zum Gießen und Prägen von Gold, Silber und Erz (»Tresviri auro argento aere flando feriundo«). Das im Apennin heimische Kupfer und seine Zinnlegierung Bronze bleiben für lange Zeit die alles bestimmenden Währungsmetalle. Es dauert noch lange, bis die Münzen nicht nur im Bedarfsfall (zumeist Kriege), sondern regelmäßig geprägt werden.

Die römischen Tresviri Monetales lassen 269 v. Chr. die Drachme mit dem Kopf des Herkules prägen. Die jugendliche Verkörperung von Kraft, Mut und Tapferkeit ist mit Löwenfell und Keule abgebildet.

218 v. Chr.

Die Lex Claudia de Senatoribus untersagt römischen Senatoren, Handelsschiffe mit mehr als 300 Amphoren zu besitzen. Mit dieser Vorschrift soll einerseits die Ballung wirtschaftlicher und politischer Macht unterbunden werden. Andererseits zeigt sich darin eine kulturgeschichtliche Konstante der antiken Welt. Denn wie in Griechenland gilt auch im frühen Rom die Tradition, daß vornehme Bürger nur von Landgütern leben, unfeine Handels- und Geldgeschäfte dagegen niederen Bevölkerungsschichten vorbehalten bleiben. Gleichwohl wandelt sich in der Geschichte des römischen Reiches diese Geldanschauung. Denn Senatoren gehen alsbald dazu über, mit Strohmännern oder Societates (Aktiengesellschaften) Spekulations-, Geld- und Handelsgeschäfte zu betreiben.

217 v. Chr.

Ein Gesetz legt das Münzwertverhältnis von Kupfer zu Silber neu fest. Die Wertrelation soll künftig 1 zu 112 betragen, nachdem der Nominalwert der Kupfermünzen zuvor immer weiter über ihren Metallwert gestiegen war (bis auf 1 zu 70).

214 v. Chr.

Der Quadrigatus ist eine Triumph-Münze aus der Zeit nach dem ersten Punischen Krieg. Er zeigt Jupiter, Blitz und Zepter in Händen, auf einer Quadriga stehend. Victoria, hinter ihm, lenkt die Rosse. Stolz prangt der Name Roms darunter.

Während des zweiten punischen Krieges verlieren die römischen Kupfer- und Bronzemünzen an Gewicht. Der Staat braucht offensichtlich viel Geld und läßt kurzerhand aus derselben Menge Rohstoff eine größere Anzahl von Münzen prägen als bisher. Im Jahr 215 geben außerdem neuartige private Kreditgesellschaften dem Staat erstmals Kriegsdarlehen. 214 führt der Konsul Flamius dann den Silberdenar als gesetzliches Zahlungsmittel ein. Er wird fortan die Standardwährung des römischen Reiches.

209 v. Chr.

P. C. Scipio läßt die reichen spanischen Silberbergwerke erschließen. Damit eröffnet sich für das römische Reich eine entscheidende Finanzquelle, die bei der militärischen Eroberung des gesamten Mittelmeerraumes eine große Rolle spielen soll. Auch Caesar weiß als Statthalter vor Ort die spanischen Silbergruben für seine persönliche Karriere trefflich auszubeuten.

100 v. Chr.

Im Wirtschaftsleben des römischen Reiches erlangt das Geld langsam den Rang, den es schon in den alten griechischen Stadtstaaten gehabt hat. Geschäfte werden in der Spätrepublik mehrheitlich mit Geld abgewickelt, Vermögen und Immobilien in Geldwerten festgelegt, Geldfälschungen tauchen auf und breite Bevölkerungsschichten gewöhnen sich an das Metallgeld als Zahlungsmittel und Wertmesser.

89 v. Chr.

In Kleinasien werden auf Befehl des Mithradates 80 000 Römer niedergemetzelt, dem römischen Reich wird eine empfindliche Niederlage beigebracht. Die hohen Steuern und Tributzahlungen aus Kleinasien und Griechenland bleiben daraufhin für einige Zeit aus. Dies führt in Rom dazu, daß Geld knapp wird und Hortungen beginnen. Wie später wieder bei der catilinarischen Verschwörung 66-63 und während des Bürgerkrieges 49-47, kommt der Geldumlauf fast völlig zum Erliegen.

80 v. Chr.

In den Jahren 80 v. Chr. bis in die Zeit des Augustus werden in Rom ausschließlich Silbermünzen emittiert, jedoch keine Scheidemünzen aus Bronze oder Kupfer. Dies deutet darauf hin, daß die Geldprägung in erster Linie der Bezahlung von Soldaten und Beamten gedient hat. Als Zahlungsmittel für Alltagsgeschäfte sind diese Münzen zu groß gewesen. Dies führt zu einem chronischen Mangel an Kleingeld, so daß es in den ersten Jahrzehnten nach der Zeitenwende massenhaft zum Halbieren von Münzen kommt.

Die Caesar-Münze zeigt das veristische Porträt einer noch lebenden Person. Um seinen Kopf mit Lorbeerkranz steht: »Caesar dict perpetuo«. Als Oppositionsmünze gegen die Diktatur erinnert dagegen der untere Denar an die Ermordung Caesars an den Iden des März 44 v. Chr.

46 v. Chr.

Mit Caesar rückt die Funktion des Geldes als Machtmittel stärker ins öffentliche Bewußtsein als je zuvor. Zum ersten Mal wird ein lebender Römer auf einer Münze verewigt. Die römische Tradition, auf Münzen Staatspropaganda zu betreiben und historische Ereignisse abzubilden – ganz anders als die Gottesverehrung der Griechen – entwickelt Caesar zum Personenkult des Diktators weiter. Er läßt auf eigene Verantwortung Münzen aus den Schätzen spanischer Silberbergwerke in Massen prägen. Auch die Goldmünzenprägung erlebt einen neuen Aufschwung. Unter dem Stadtpräfekten Aulus Hirtius läßt Caesar die größte Menge an Goldmünzen herstellen, die Rom je gesehen hat. Caesars Talent, über ungeheure Schuldsummen seinen politischen Aufstieg zu finanzieren, zeigt überdies, daß das Kreditwesen des römischen Reiches einen Höhepunkt erreicht hat. Der Kredit erhält damit schlagartig eine Hauptrolle auf der Bühne der Geldgeschichte.

33 v. Chr.

Das römische Geldwesen hält mit der volkswirtschaftlichen Entwicklung nicht mit. Immer wieder kommt es zu plötzlichen Geldknappheiten, die offenbar von wenigen Personen in kurzer Zeit auch gezielt verursacht werden können. Diese führen zuweilen zu sozialen Unruhen und politischen Krisen. Kaiser Tiberius muß 33 v. Chr. sogar 100 Millionen Sesterzen aus der Staatskasse der Bevölkerung zur Verfügung stellen, um den Zusammenbruch des Handels zu verhindern. Jeder, der eine reale Sicherheit anbieten kann, darf ein zinsfreies Darlehen auf drei Jahre aufnehmen.

Der Kopf des Kaisers Augustus wird mit Lorbeerkranz abgebildet. Das Porträt stammt aus Rom um 12 v. Chr.

30 v. Chr.

Geld und Boden sind noch immer konkurrierende Wertmesser. Nach dem Triumph des Augustus über Ägypten steigen die Bodenpreise in Italien plötzlich stark an. In der Folge ist Geld als Wertgegenstand schlagartig weniger gefragt, die Zinsen fallen von 12 auf 4 Prozent.

23 v. Chr.

Kaiser Augustus führt eine feste Währungs- und Geldordnung ein. Das epochemachende System unterscheidet Goldmünzen (Aureas), Silbermünzen (Denarius), Messing- (Sestertius, Dupondius) und Kupfermünzen (As) und wirkt prägend für alle europäischen Geldordnungen bis weit in die Neuzeit hinein. Zwischen Gold und Silber wird ein Wertverhältnis von 1 zu 12,5 gesetzlich festgelegt. Fast alle Münzen zeigen das Bild des Herrschers und Stifters einer zweiten Weltwährung (nach Alexander). Sie symbolisieren zugleich das Ende der Demokratie im römischen Reich. Die Augustus-Münzen kursieren im ganzen römischen Reich, aber auch in Skandinavien, Sibirien, China, Indien und Afrika. Dem römischen Senat wird gnädig das Recht gewährt, auf den Rückseiten der Kupfermünzen die Initialen S. C. (»senatus consulto«) einprägen zu lassen.

Tauschmittel aus der Frühgeschichte:
Kauri-Muscheln (oben), Oliv-Muscheln (unten links),
Kegelschneckenhäuschen (unten rechts).

Goldene Ringe und Fingerringe, bronzene Armreife und Barrenringe gehören zum sogenannten Ringgeld, das wechselweise als Schmuck wie auch als Geld in frühen Kulturen in aller Welt Verwendung fand.

Das Steinrelief aus der Grabhalle des Benia aus der Zeit der frühen 18. Dynastie (um 1500 v. Chr.) zeigt, daß im Alten Ägypten Abgaben in Naturalien, aber auch in Form von Gold oder Schmuck, zu entrichten waren. Zu dieser Zeit waren Münzen noch nicht im Gebrauch.

Beispiele aus dem Münzwesen der frühen Form:
Mit Bildern geprägte Kupferstücke: Delphinmünzen, eine Gußmünze aus Kupfer mit aufgeprägten Bildern aus Olbia in der Ukraine
(4. Jahrhundert v. Chr.),

die messer- und hackenförmige Münze sowie eine Münze in Kaurischnecken-Form sind chinesische Bronzemünzen und stammen aus dem 5. Jahrhundert v. Chr.

Der Goldbarren (oben) 80. v. Chr., östlicher Mittelmeerraum. Bronzebarren (Mitte links), 5. Jhd. v. Chr., Italien, Gußmünze 4. Jhd. v. Chr., Olbia; Bronzebarren 3. Jhd. v. Chr., Italien.

Die römische Handelsflotte war auf allen Meeren der damals bekannten Welt unterwegs.
Das Steinrelief eines Handelsschiffes auf einem Sarkophag aus der Zeit des 1. Jahrhunderts n. Chr. zeigt Szenen aus der Jonas-Legende.

Tizian, »Der Zinsgroschen«.

63

Der römische Kaiser Nero läßt Gewicht und Feingehalt der Münzen kräftig beschneiden, um aus dem vorhandenen Edelmetall mehr Münzen prägen zu können. Dies löst die erste detailliert dokumentierte Inflation der Weltgeschichte aus. Plinius berichtet über Neros Münzverschlechterung ausführlich.

Diese Nero-Münze wurde zwischen 64 und 68 n. Chr. in Rom geprägt.

69

Titus Flavius Vespasianus wird römischer Kaiser. Der Begründer der flavischen Dynastie setzt rasch eine rigorose Haushaltssanierung und Sparpolitik durch. Dabei führt er unter anderem Steuern auf öffentliche Latrinen ein. Politischen Vorwürfen seiner Gegner, er beziehe damit Gelder aus übelriechenden Quellen, entgegnet Vespasianus: »Non olet«. Aus dieser Episode soll die Sentenz »Geld stinkt nicht« entstanden sein.

195

Die politische Krise des römischen Reiches wird an seinen Münzen schlagartig sichtbar. Unter Septimius Severus wird der Silbergehalt des Denars um ein Drittel reduziert. Die Verminderung des Silbergehalts schreitet in den folgenden Dekaden stetig voran. Unter Claudius Gothicus (268–270) erreicht die Verschlechterung der Münzqualität einen Höhepunkt. Die Silberdenare werden in ungeheuren Mengen geprägt, allerdings nur noch mit Spurenelementen von Silber. Inflation ist die Folge.

260

Angesichts der Münzverschlechterung und Inflation verweigern in vielen Gebieten Europas die Geldwechsler die Annahme der staatlichen Münzen. In den Provinzen ergeht daher folgender Erlaß: »Nachdem die Beamten zusammengetreten sind und Beschwerde geführt haben, daß die Geldwechsler ihre Tische geschlossen haben und die geheiligte Münze der Augustii nicht mehr annehmen wollen, hat sich die Notwendigkeit ergeben, allen Wechslern zu gebieten, ihre Tische wieder aufzumachen und alle Münzen anzunehmen und in kleinere Geldsorten umzutauschen, mit Ausnahme der offensichtlichen Fälschungen. Und sie sollen sich darüber im klaren sein, daß sie im Falle des Ungehorsams gegen diesen Erlaß hart bestraft werden.«

270-275

In der Regierungszeit des Kaisers Aurelian kommt es zu einem Aufstand von 7000 Münzarbeitern in Rom, die einer Falschmünzerverschwörung beschuldigt werden. Das Wirtschafts- und Finanzsystem des römischen Reichs steht vor dem Zerfall, nachdem die an Edelmetallen reiche Provinz Dakien verloren gegangen ist. Aurelian gelingt immerhin die Rückeroberung Galliens und einiger Ostprovinzen und damit die Sicherstellung von Steuerzahlungen.

294

Kaiser Diokletian setzt im römischen Reich eine Verwaltungs-, Steuer- und Finanzreform durch. Geldfunktionen übernehmen nun verschiedene Objekte. Soldaten erhalten ihren Sold nicht mehr nur in Münzen, sondern auch in »annona militaris« (Naturallieferungen aus den Provinzen). Die Steuereinheit wird das »caput« (= ein Mann oder zwei Frauen im arbeitsfähigen Alter) und das »iugum« (Weinbergfläche). Die neue Münzwährung heißt »follis« und wird sogleich in den Strudel der Inflation gerissen. Diokletian wagt daraufhin erstmals in der Weltgeschichte den flächendeckenden Preisstop. Sehr viele Waren werden nach Herkunft und Qualität eingestuft und die unterschiedlichen Löhne festgelegt. Auf Übertretung der Zwangspreise steht Strafe. Das Edikt scheitert nach kurzer Zeit, weil Waren vom Markt verschwinden und schwarz gehandelt werden und Staatsbeamte, die an der Güterproduktion nicht teilhaben, in wirtschaftliche Bedrängnis geraten.

306

Die Synode von Elvira (Spanien) beschließt, daß es keinem Kleriker und keinem Laien gestattet ist, Zinsen zu nehmen. Die Zuwiderhandlung wird mit der Exkommunikation bedroht. Das abendländische Zinsverbot nimmt seinen Anfang, obwohl die Synode von Nicäa 325 die Vorschrift lockert. Für das christliche Mittelalter gilt die Leihe gegen Zins moraltheologisch als sündhaft und unredlich (unter Berufung auf die Bergpredigt: »Mutuum date nihil inde sperantes«). Die Kirchenlehrer Ambrosius, Hironymus und Augustinus verurteilen als Wucher alles, was der Gläubiger über das Geliehene hinaus zurückempfängt. Allein die Hoffnung auf Gewinn ist nach Augustinus Sünde. Den Klerikern gelingt es, mehr und mehr auch die Laien unter das Zinsverbot zu zwingen. Auch Handelsgeschäfte werden von der anti-merkantilen Geistesströmung kritisiert, weil sie angeblich die Seele von ihrem letzten Ziele fernhalten (»Homo mercator vix aut nunquam potest deo placere«).

306-337

Unter Konstantin dem Großen kommt es zur Neuordnung des römischen Geldwesens. Grundlage des konstantinischen Münzsystems wird der Solidus als neue Goldmünze. Aus einem Pfund Gold werden 72 Solidi geschlagen. Im weströmischen Reich verschwindet der Solidus zwar durch die Völkerwanderungen alsbald, obwohl ihn einzelne germanische Führer nachzuahmen versuchen. Im byzantinischen Reich dagegen bleibt der Solidus bis 1100 die stabile Haupt- und Weltmünze. Sprachlich lebt der Solidus in Sold, Soldat und solide bis heute weiter. Auch der »Schilling« ist ein mittelbarer Spracherbe des Solidus, denn »skilding« ist das kleine Schild aus römischen Goldsolidi, das die Germanen als Schmuck getragen haben.

In der Römerzeit um 170 n. Chr. vergraben und Anfang der sechziger Jahre dieses Jahrhunderts wiedergefunden: Der »Münzschatz« aus dem Römerkastell Stockstadt bei Aschaffenburg am Main mit über 1000 Denaren und Aurei.

350

Die Rückbildung von der Geld- zur Naturalwirtschaft beschleunigt sich. Die Aufsplitterung der Währungsgebiete, die immer neuen Inflationen und die allgemeine Wirtschaftskrise führen zu Auswüchsen spekulativer und krimineller Geldmanipulationen. 350 taucht im Codex Theodosanius ein Gesetz auf, das sowohl die Münzfälschung als auch den Kauf, Verkauf und Transport von Münzen unter Todesstrafe stellt. Händler dürfen danach nicht mehr als 1000 »folles« bei sich haben.

409

Die Suebe Ricimer wird im sinkenden Römerreich als erster Fremdling und Germane auf einem römischen Münzstück (Exigium) neben den Kaisern genannt.

477

Die Vandalen beginnen mit der Prägung von Silbermünzen nach dem Dezimalsystem. Auf den Stücken zu 100, 50 und 25 Einheiten erscheinen die Namen und Bilder der Könige Hunerich, Gunthamund und Thrasamund.

534

Als erster Germanenführer wagt der Westgotenkönig Leovigild Goldprägungen unter dem eigenen Bild. Noch Theoderich der Große hat nur Münzen mit dem Namen Kaisers Anastasius prägen lassen und sich (497) nur zaghaft getraut, auf der Rückseite seinen eigenen Namenszug einstanzen zu lassen, ähnlich wie kurz darauf der Burgunderkönig Gundobad. Ungewöhnlich zahlreich sind die eingeprägten Ehrentitel der Könige (felix, inclitus, justus, victor und pius). Mit dem wachsenden Selbstbewußtsein der germanischen Partikularherren zersplittert das Münzwesen in West- und Mitteleuropa zusehends. Geistliche und adlige Fürsten beginnen mit der Münzprägung ohne Orientierung an einem festen Münzfuß oder Gewicht. Um das Jahr 700 sind im Merowingerreich 800 Prägestätten und 5000

Münzmeister nachgewiesen, die fast nur noch Silberprägungen (rund 1,1 bis 1,3 Gramm) vornehmen. Die Goldprägung wird 679 in Marseille endgültig eingestellt.

In Geld- und Währungsangelegenheiten ist Westeuropa im Frühmittelalter rückständig. Die Führungsrolle im Finanzwesen hat Byzanz eingenommen. Diese Münze aus dem Jahre 539 n. Chr. zeigt Kaiser Justinian mit Brustpanzer. Die Umschrift lautet: »Justinian von Gottes Gnaden, Augustus für alle Zeiten«. Justinian hält den Kreuzglobus in der rechten Hand und blickt selbstbewußt von der Münze.

548

Beim Tod Theodeberts I. können erstmals Goldmünzen aus fränkischer Prägung mit ins Grab gelegt werden. Theodeberts Münzen zeigen neben Kreuz, Christogramm und dem behelmten Brustbild erstmals die Münzbuchstaben der Prägestätten in Köln, Metz und Trier. Eine in Mainz geprägte Münze dieser Zeit trägt die Inschrift »Pax et Libertas« (Frieden und Freiheit).

551

Zwei nestorianische Mönche schmuggeln chinesische Seide in ausgehöhlten Wanderstäben nach Byzanz. Obwohl der wertvolle Textilrohstoff in Europa schon bekannt ist, wird der Luxusartikel im 6. Jahrhundert derart begehrt, daß Fernhändler Seide als Geldersatz benutzen.

585

Die Synode von Macon beschließt für das Frankenreich die Einführung des Zehnten, einer periodischen Naturalabgabe von rund 10 Prozent der landwirtschaftlichen Erzeugnisse. Nachdem der Zehnte unter Karl dem Großen bestätigt und nach Waren differenziert wird, avanciert die Abgabe zur ergiebigsten Besteuerung im deutschen Mittelalter.

590

Die germanischen Eliten funktionieren antikes Geld häufig zu Schmuckgegenständen mit sakraler Aura um. Auch Königskronen entstehen aus Goldmünzen und Tempelschätzen. Die Langobarden setzen ihrem König 590 erstmals die Eiserne Krone auf, die angeblich aus Nägeln vom Kreuze Christi gefertigt worden sei. Die Nachbildungen dieser Krone dienen Jahrhunderte später den italienischen Königen, aber auch Karl V., Napoleon und Ferdinand I. von Österreich als Hoheitssymbol.

TACITUS
GERMANIA

Das Land zeigt zwar im einzelnen einige Unterschiede; doch im ganzen macht es mit seinen Wäldern einen schaurigen, mit seinen Sümpfen einen widerwärtigen Eindruck. Gegen Gallien hin ist es reicher an Regen, nach Noricum und Pannonien zu windiger. Getreide gedeiht, Obst hingegen nicht; Vieh gibt es reichlich, doch zumeist ist es unansehnlich. Selbst den Rindern fehlt die gewöhnliche Stattlichkeit und der Schmuck der Stirne; die Menge macht den Leuten Freude, und die Herden sind ihr einziger und liebster Besitz.

Silber und Gold haben ihnen die Götter – ich weiß nicht, ob aus Huld oder Zorn – versagt. Doch will ich nicht behaupten, daß keine Ader Germaniens Silber oder Gold enthalte; denn wer hat nachgeforscht? Besitz und Verwendung dieser Metalle reizt sie nicht sonderlich. Man kann beobachten, daß bei ihnen Gefäße aus Silber, Geschenke, die ihre Gesandten und Fürsten erhalten haben, ebenso gering geachtet werden wie Tonkrüge. Allerdings wissen unsere nächsten Nachbarn wegen des Handelsverkehrs mit uns Gold und Silber zu schätzen, und sie kennen bestimmte Sorten unseres Geldes und nehmen sie gern; doch im Innern herrscht noch einfacher und altertümlicher der Tauschhandel. Von unseren Münzen gelten bei ihnen die alten und seit langem bekannten, die gezahnten und die mit dem Bilde eines Zweigespanns. Silber schätzen sie mehr als Gold, nicht aus besonderer Vorliebe, sondern weil sich der Wert des Silbergeldes besser zum Einkauf alltäglicher, billiger Dinge eignet.

PLUTARCH
DER
GELDERWERB
CATOS

Er erwarb viele Sklaven, und zwar kaufte er vor allem Kriegsgefangene, die noch sehr jung und wie junge Hunde oder Füllen noch für Zucht und Erziehung empfänglich waren ... Als er sich ernstlicher auf den Gelderwerb zu legen begann, fand er, daß der Landbau mehr ein Zeitvertreib als eine ergiebige Geldquelle sei. Er legte darum seine Kapitalien in sicheren, risikofreien Objekten an, kaufte Teiche, warme Quellen, freie Plätze für Walker, Pecherzeugungsanlagen, natürliche Weiden und Hutungen, woraus ihm reicher Gewinn zufloß ... Auch die anrüchigste Form des Geldverleihens, die gegen Seezins, verschmähte er nicht und verfuhr dabei folgendermaßen: Er veranlaßte die Geldbedürftigen, eine Gesellschaft von Geldgebern ins Leben zu rufen. Waren deren 50 und ebenso viele Schiffe zusammen, so nahm er selbst einen Anteil durch seinen Freigelassenen Quintio, der dann die Geschäftsführung der Schuldner beaufsichtigte und mitreiste. So erstreckte sich sein Risiko nicht auf das Ganze, sondern nur auf einen kleinen Teil bei großem Zinsgewinn.

HORAZ
ODEN

Als gewaltige Schande gilt Armut, sie zwingt
alles zu begehn und zu erleiden
und der Tugend Pfad zu verlassen, die so
unzugänglich ist.
Laßt entweder uns aufs Kapitol,
wohin Beifall uns ruft und der Bürger Zustimmung,
oder laßt uns ins nächstgelegene Meer
Perlen und Edelsteine, auch das Gold, das nutzlose,
schlimmsten Übels Nahrung,
werfen, wenn wir wirklich die Frevel bereun!
Ausgerottet seien der Gier,
der bösen, Keime! Die allzu zarten
Geister gilt es in härteren

Anstrengungen zu stählen. Nicht hat gelernt auf dem Pferde
zu sitzen der freigeborene Knabe,
die Jagd fürchtet er, zu spielen besser geübt,
wenn du's ihn heißest, mit dem griechischen Reif
oder, wenn lieber du magst, mit den vom Gesetz verbotenen Würfeln,
während schwurvergessen des Vaters Treue
den Geschäftspartner betrügt und die Gastfreunde
und Gelder dem unwürdigen
Erben zu sammeln eilt. Gewiß, durch Lug und Trug
wachsen Reichtümer rasch, doch
irgend etwas fehlt stets dem zu kleinen Besitztum.

CICERO ÜBER DEN STAAT

Nichts ist ein besserer Beweis einer beschränkteren und kriecherischen Einstellung, als vom Geld geleitet zu werden, während es nichts Vornehmeres und Erhabeneres gibt, als es zu verachten, wenn man keines besitzt; und wenn man es hat, es zum Vorteil und mit Großzügigkeit zu verwenden.

Meine Ansicht geht dahin, daß der Staat die beste Verfassung hat, der aus den drei Elementen, dem monarchischen, dem oligarchischen und dem demokratischen gleichmäßig gemischt ist und nicht durch Bestrafung unmenschlichen, wilden Sinn aufreizt.

Wollte ich aber die verschiedenen Arten des Rechtes, der Staatseinrichtungen, der Sitten und Gewohnheiten beschreiben, so könnte ich zeigen, daß sie nicht nur bei so vielen Völkern verschieden sind, sondern auch in einer einzigen Stadt, z. B. gerade in dieser, sich tausendmal verändert haben. Es könnte ja dieser unser Rechtserklärer Manilius sagen, daß hinsichtlich der Vermächtnisse und Erbschaften der Frauen jetzt andere Rechtsverhältnisse vorliegen, anders das Recht war, das er in seiner Jugend zu sprechen pflegte, als das Vocontische Gesetz noch nicht gegeben war. Eben dieses Gesetz ist ja lediglich zum Nutzen der Männer eingebracht worden und voll Ungerechtigkeit gegenüber den Frauen. Warum soll denn eine Frau nicht Besitz an Geld haben? Warum darf sie die Erbin einer Vestalin sein, aber nicht der eigenen Mutter? Warum aber sollte, wenn schon für die Frauen eine Begrenzung ihres Geldbesitzes festgesetzt werden mußte, die Tochter des P. Crassus, sofern sie die einzige Tochter war, hundert Millionen As besitzen können, ohne gegen das Gesetz zu verstoßen, aber meine Tochter keine drei Millionen …

SALLUST GEGEN WUCHERER

»Wir rufen die Götter und Menschen zu Zeugen an, Feldherr, daß wir zu den Waffen nicht gegen das Vaterland gegriffen haben, noch um damit andere in Gefahr zu bringen, sondern daß unsere Leiber sicher seien vor Unrecht, wir, die wir elend, mittellos, durch die Gewaltsamkeit und Grausamkeit der Wucherer größtenteils des Vaterlands, aber alle der Ehre und des Vermögens verlustig gegangen sind. Keinem von uns aber war es nach der Sitte der Vorfahren gegeben, das Gesetz anzurufen noch nach Verlust unseres Vermögens die persönliche Freiheit zu behalten: so hart war die Erbarmungslosigkeit der Wucherer und des Prätors. Oft haben eure Vorfahren, sich der Masse des römischen Volkes erbarmend, durch ihre Beschlüsse seiner Mittellosigkeit gesteuert, und noch jüngst zu unserer Zeit ist wegen der Größe der Schulden mit Willen aller Wohlgesinnten Silber mit Kupfer eingelöst worden. Oft hat sich das Volk selbst, entweder von der Leidenschaft zur Herrschaft oder der Unterdrückung durch die Beamten aufgewühlt, bewaffnet vom Senat getrennt. Aber wir wollen nicht Herrschaft noch Reichtümer, derentwegen Krieg und aller Streit ist unter den Menschen, sondern die Freiheit, die ein richtiger Mann nur mit seinem Leben zugleich verliert. Dich und den Senat beschwören wir, sorgt für eure unglücklichen Mitbürger, gebt ihnen den Schutz des Gesetzes wieder, den ihnen die Härte des Prätors entrissen hat, und erlegt uns nicht die Notwendigkeit auf, den Tod zu suchen, nachdem wir für unser Blut schlimmste Rache genommen haben.«

Matthäus 19,16-30
Von Reichtum und Nachfolge:

NEUES TESTAMENT

Es kam ein Mann zu Jesus und fragte: Meister, was muß ich Gutes tun, um das ewige Leben zu gewinnen? Er antwortete: Was fragst du mich nach dem Guten? Nur einer ist »der Gute«. Wenn du aber das Leben erlangen willst, halte die Gebote! Darauf fragte er ihn: Welche? Jesus antwortete: *Du sollst nicht töten, du sollst nicht die Ehe brechen, du sollst nicht stehlen, du sollst nicht falsch aussagen; ehre Vater und Mutter!* Und: *Du sollst deinen Nächsten lieben wie dich selbst!* Der junge Mann erwiderte ihm: Alle diese Gebote habe ich befolgt. Was fehlt mir jetzt noch? Jesus antwortete ihm: Wenn du vollkommen sein willst, geh, verkauf deinen Besitz und gib das Geld den Armen; so wirst du einen bleibenden Schatz im Himmel haben; dann komm und folge mir nach. Als der junge Mann das hörte, ging er traurig weg; denn er hatte ein großes Vermögen. Da sagte Jesus zu seinen Jüngern: Amen, das sage ich euch: Ein Reicher wird nur schwer in das Himmelreich kommen. Nochmals sage ich euch: Eher geht ein Kamel durch ein Nadelöhr, als daß ein Reicher in das Reich Gottes gelangt. Als die Jünger das hörten, erschraken sie sehr und sagten: Wer kann dann noch gerettet werden? Jesus sah sie an und sagte zu ihnen: Für Menschen ist das unmöglich, *für Gott aber ist alles möglich.*
Da antwortete Petrus: Du weißt, wir haben alles verlassen und sind dir nachgefolgt. Was werden wir dafür bekommen? Jesus erwiderte ihnen: Amen, ich sage euch: Wenn die Welt neu geschaffen wird und der Menschensohn sich auf den Thron der Herrlichkeit setzt, werdet ihr, die ihr mir nachgefolgt seid, auf zwölf

Thronen sitzen und die zwölf Stämme Israels richten. Und jeder, der um meines Namens willen Häuser oder Brüder, Schwestern, Vater, Mutter, Kinder oder Äcker verlassen hat, wird dafür das Hundertfache erhalten und das ewige Leben gewinnen. Viele aber, die jetzt die Ersten sind, werden dann die Letzten sein, und die Letzten werden die Ersten sein.

SENECA
BRIEF
AN LUCILIUS

Beschaffe Dir täglich etwas Hilfe gegen die Armut, etwas gegen den Tod und ebenso gegen sonstiges Ungemach; und wenn Du vielerlei flüchtig durchgesehen hast, so greife eines heraus, um es an jenem Tag zu ›verdauen‹. Das mache auch ich selbst; aus mehrerem, was ich gelesen habe, eigne ich mir etwas an. Heute ist es das, worauf ich bei Epikur gestoßen bin – ich pflege nämlich auch in fremde Lager überzugehen, nicht als Deserteur, sondern als Spion –: »Eine schöne Sache«, sagt er, »ist eine fröhliche Armut.« Das ist freilich keine Armut, wenn sie fröhlich ist; nicht wer wenig hat, sondern wer mehr haben will, ist arm. Was kommt es schon darauf an, wieviel er in der Kasse, wieviel er in den Speichern liegen hat, wieviel er weidet oder auf Zinsen ausleiht, wenn er auf fremdes Eigentum aus ist, wenn er nicht Erworbenes, sondern noch zu Erwerbendes berechnet. Was ist des Reichtums Maß, fragst Du? Das erste, besitzen, was notwendig ist, das nächste, was genug ist. Leb wohl!

NEUES
TESTAMENT

Matthäus, 25,13-30
Das Gleichnis vom anvertrauten Geld:

Es ist wie mit einem Mann, der auf Reisen ging: Er rief seine Diener und vertraute ihnen sein Vermögen an. Dem einen gab er fünf Talente Silbergeld, einem anderen zwei, wieder einem anderen eines, jedem nach seinen Fähigkeiten. Dann reiste er ab. Sofort begann der Diener, der fünf Talente erhalten hatte, mit ihnen zu wirtschaften, und er gewann noch fünf dazu. Ebenso gewann der, der zwei erhalten hatte, noch zwei dazu. Der aber, der das eine Talent erhalten hatte, ging und grub ein Loch in die Erde und versteckte das Geld seines Herrn. Nach langer Zeit kehrte der Herr zurück, um von den Dienern Rechenschaft zu verlangen. Da kam der, der die fünf Talente erhalten hatte, brachte fünf weitere und sagte: Herr, fünf Talente hast du mir gegeben; sieh her, ich habe noch fünf dazugewonnen. Sein Herr sagte zu ihm: Sehr gut, du bist ein tüchtiger und treuer Diener. Du bist im Kleinen ein treuer Verwalter gewesen, ich will dir eine große Aufgabe übertragen. Komm, nimm teil an der Freude deines Herrn! Dann kam der Diener, der zwei Talente erhalten hatte, und sagte: Herr, du hast mir zwei Talente gegeben; sieh her, ich habe noch zwei dazugewonnen. Sein Herr sagte zu ihm: Sehr gut, du bist ein tüchtiger und treuer Diener. Du bist im Kleinen ein treuer Verwalter gewesen, ich will dir eine große Aufgabe übertragen. Komm, nimm teil an der Freude deines Herrn! Zuletzt kam auch der Diener, der das eine Talent erhalten hatte, und sagte: Herr, ich wußte, daß du ein strenger Mann bist; du erntest, wo du nicht gesät hast, und sammelst, wo du nicht ausgestreut hast; weil ich Angst hatte, habe ich dein Geld in der Erde versteckt. Hier hast du es wieder. Sein Herr antwortete ihm: Du bist ein schlechter und fauler Diener! Du hast doch gewußt, daß ich ernte, wo ich nicht gesät habe, und sammle, wo ich nicht ausgestreut habe. Hättest du mein Geld wenigstens auf die Bank gebracht, dann hätte ich es bei meiner Rückkehr mit Zinsen zurückerhalten. Darum nehmt ihm das Talent weg und gebt es dem, der die zehn Talente hat! Denn wer hat, dem wird gegeben, und er wird im Überfluß haben; wer aber nicht hat, dem wird auch noch weggenommen, was er hat. Werft den nichtsnutzigen Diener hinaus in die äußerste Finsternis! Dort wird er heulen und mit den Zähnen knirschen.

Sure 43,29-35

Aber nein! Ich habe denen da und (...) ihren Vätern eine Nutznießung gegeben, bis die Wahrheit und ein deutlicher Gesandter zu ihnen kamen. Und als die Wahrheit zu ihnen kam, sagten sie: ›Das ist Zauberei. Wir glauben nicht daran.‹ Und sie sagten: ›Warum ist (denn) dieser Koran nicht auf einen mächtigen Mann von den beiden Städten (Mekka und Tā'if) herabgesandt worden?‹ Verteilen (etwa) *sie* die Barmherzigkeit deines Herrn (unter den Menschen)? *Wir* haben ihren Lebensunterhalt im diesseitigen Leben unter ihnen verteilt und den einen von ihnen einen höheren Rang verliehen als den anderen, damit die einen von ihnen die anderen sich dienstbar machen würden. Aber die Barmherzigkeit deines Herrn ist besser als (all) das, was sie an Geld und Gut zusammenbringen. Und wenn nicht die Menschen (auf diese Weise) zu einer einzigen Gemeinschaft (...) würden (...), würden wir denen, die an den Barmherzigen nicht glauben, für ihre Häuser silberne (Zimmer)dekken machen, und Treppen, auf denen sie hochsteigen können, und (weiter schmucke) Haustüren (w. und für ihre Häuser Türen), und Ruhebetten, auf denen sie (behaglich) liegen können, und (weiteren) Prunk. All das ist nur Nutznießung des diesseitigen Lebens (und ohne bleibenden Wert). Die Gottesfürchtigen aber haben bei deinem Herrn das Jenseits (mit seinen unvergänglichen Freuden) zu erwarten. KORAN

Im 7. Jahrhundert dominieren byzantinische und arabische Münzen den Fernhandel. Die obere Münze zeigt Kaiser Konstanz II., in der Rechten einen Kreuzstab, in der Linken eine Weltkugel mit Kreuz. Die Inschrift lautet: »In diesem Zeichen siege.« Die mittlere Münze stammt ebenfalls aus Byzanz um 640. Das Stufenkreuz soll den Sieg des Christentums gegen die Araber symbolisieren. Ein Gegenstück dazu ist die untere Münze aus dem Iran, 685 n. Chr. Sie zeigt eine Königsbüste mit der Inschrift: »In Gottes Namen Addalla Har, Heerführer der Gläubigen«.

610

Unter dem byzantinischen Kaiser Heraclius I. werden die Goldsolidi klein und dick geprägt. Vor allem aber wird neben das Bild des Herrschers auch der Kopf seiner Frau eingeprägt. Auch sein Sohn, der Mitregent, oder Vorfahren (bis zu fünf Personen) erscheinen in den folgenden Jahren auf den Goldmünzen. Die Kaiserinnen Irene, Theodora und Theophano geben sogar erstmals in der Weltgeschichte Münzen unter weiblichen Namen heraus.

628

Der fränkische König Dagobert (628–638) läßt medaillonartige Münzen prägen, die nicht nur schematische, sondern realistische Kopfbildnisse zeigen – mitsamt der neuartigen Titulatur »Rex Francorum«. Für Dagobert arbeitet auch der mehrfach auf Münzen erwähnte Goldschmied-Bischof Eligius von Noyon. Er gilt als ein berühmter Vertreter des Münzmeister-Standes – etwa 2000 von ihnen sind namentlich bekannt; sie stanzen ihren Namenszug in dieser Zeit nicht nur häufiger als die Königsnamen, sondern manchmal auch alleine auf der Münze ein.

630

Erste arabische Nomadenstämme greifen das byzantinische Reich an und dringen in die Sahara nach Sudan vor. Diese militärische Expansion nennen sie »Razzia«. Der Begriff wird in Europa bald zum Synonym für Raubzug und Überfall. Erst in der Neuzeit kommt ihm die moderne Bedeutung einer überraschenden Großfahndung der Polizei oder von Besatzungskräften zu.

634

Die Stammrolle (Diwan) der muslimisch-arabischen Armee in Medina zur Verteilung der Kriegsbeute wird verfaßt. Der Diwan wird unter den Abbasiden zum Begriff für die zentrale Steuerverwaltung, Rechnungskammer und Staatskanzlei. Im Abendland versteht man unter dem Diwan zeitweise das arabische Finanzwesen schlechthin. Sprachlich davon abgeleitet ist noch heute das französische »douane« (Zoll).

Ein merowingischer Triens des Münzmeisters Svabtulfus. Die Münze stammt aus der Zeit um 640 n. Chr. Auf der Rückseite ist das typische achtstrahlige Kreuz, vom Namen des Münzmeisters umrankt.

636

In Geld- und Währungsangelegenheiten gilt das byzantinische Reich in Europa als richtungsweisend. Die byzantinischen Münzen werden überall in Westeuropa, oft stümperhaft, nachgeprägt. Die Langobarden-Könige in Italien versuchen allerdings die Emanzipation und verbieten unter König Rotharis die Imitationen. Wer dennoch weiterimitiert, dem wird die Hand abgeschlagen.

697

Die Araber schaffen sich ihr eigenes Münzwesen. An der Spitze steht fortan der goldene Dinar, der eine Nachahmung des Solidus der verhaßten Byzantiner darstellte, dann als Silbermünze der Dirhem, der die persische Drachme imitierte, und schließlich als Kupfermünze der Fulus oder Fels, der sich vom römischen Follis herleitet. Die arabischen Münzen tragen aus religiösen Gründen fast keine Bildnisse.

700

Die politische Macht der Merowinger-Könige schwindet zusehends. Immer mehr übernehmen Klöster und Kircheninstitutionen hoheitliche Aufgaben, so auch in der Geldpolitik. In Deutschland beginnen Kleriker die Phase der neuen, eigenständigen Silberprägungen. Die merowingischen Münzen zeigen daher fast immer ein Kreuz auf der Rückseite, zuweilen über einer Kugel oder ein paar Stufen erhöht und von den Buchstaben A und O begleitet. Die Qualität der Münzen ist bescheiden – es sind unansehnliche, schlecht geränderte Stücke mit rohen Bildern und häßlichen Buchstaben.

726

In Byzanz wird die Bilderverehrung verboten. Mit dieser Verfügung ändern sich auch die Münzbildnisse grundlegend. Auf den Silbersiliquen erscheinen fortan Schriftzeichen. Da die Araber ebenfalls keine Münzbilder prägen lassen, verschwindet diese reiche Tradition der Antike fast gänzlich aus Europa. Auch die Franken prägen mehrheitlich Aufschriften mit kräftigen Buchstaben und fügen immer seltener bildhafte Beizeichen wie den Bischofsstab oder die fränkische Streitaxt hinzu.

Die Münzen vieler germanischer Stämme in Nord- und Westeuropa sind noch äußerst primitiv. Diese Prägung stammt aus Friesland, um 725 n. Chr. Die beiden Figuren halten in der Rechten jeweils einen Stab und wirken im Vergleich zu byzantinischen Kaiserbildnissen äußerst einfach.

751

Mit Pippin wird die heruntergewirtschaftete Goldwährung in Mitteleuropa durch eine neue Silberwährung ersetzt. Gleichzeitig beseitigt Pippin die Vorrechte der Münzer, deren Namen nun nicht mehr auf den Geldstücken erscheinen sollen, und beschränkt die Zahl der Münzstätten auf etwa 40, von denen nur Dürstede, Genf, Maastricht, Mainz und Neuß außerhalb Frankreichs liegen.

755

Mit dem Edikt von Verona beginnt die karolingische Münzreform. Es wird bestimmt, daß 20 Schillinge auf ein Pfundgewicht von 491 Gramm Silber gehen sollen. Unter Schilling (Solidi) versteht man das Äquivalent von 12 Pfennigen (Denare). 240 Pfennige gehen also auf ein Pfund. In Frankreich hält sich die karolingische Rechnungsweise mit dem Pfund (Livre) zu 20 Schilling (Sols oder Sous) bis zur Französischen Revolution. In Großbritannien mit dem Pfund zu 20 Schillingen von 12 Pence sogar bis zum 15. Februar 1971.

794

Karl der Große setzt im ganzen Reich eine gleichmäßige, einheitliche Münzprägung durch. Das neue karolingische Münzsystem (ein Pfund zu 12 Schillingen zu 20 Pfennigen) wird gesetzlich bestätigt. Auf der Frankfurter Synode von 794 – Karl tritt dort als Haupt der abendländischen Kirche im byzantinischen Bilderstreit gegen den Papst auf – wird verkündet, daß die neuen Denare überall (in omni loci, in omni civitate et in omni empturio) gangbar sein und zum gesetzlichen Zahlungsmittel im ganzen Reich fungieren sollen. Ab 805 sind auch die letzten Prägeherren neben dem König ausgeschaltet, fortan soll nur noch »in palatio nostro«, in den kaiserlichen Pfalzen, geprägt werden. Nach der Kaiserkrönung im Jahr 800 wird auch ein Brustbild des Kaisers mit Kirchengebäude und Umschrift (christiane religio) geprägt. Die neuen Denare kommen aus 34 Münzstätten, von denen 22 im späteren Frankreich und drei in Deutschland (Trier, Köln und Mainz) liegen. Die Silberwährung hat sich damit in Europa völlig durchgesetzt und die silbernen Denare werden in Mitteleuropa bis zum ausgehenden Mittelalter die allesbestimmende Münze.

Der Kaiser-Denar Ludwigs des Frommen (778-840) aus der Münzstätte in Mailand zeigt sein antikisierendes Porträt und die Darstellung einer Kirche.

795/96

Durch die Erbeutung des Awarenschatzes gelangen einige hunderttausend byzantinische Goldsolidi in das Frankenreich. Auch arabische Münzen kommen durch Handelsbeziehungen verstärkt ins Frankenreich Karls des Großen. Beeinflußt von der byzantinischen Bilderstürmerei und der arabischen Schriftprägung zeigen die fränkischen Münzen dieser Zeit kaum Bildnisse außer Kreuzen oder gelegentlich die Streitaxt der Franken.

818

Im Königsgesetz (Kapitularien) Ludwigs des Frommen taucht die erste Strafvorschrift gegen Falschmünzer in Deutschland auf: »Wegen falscher Münze befehlen wir: Wer überführt wird, sie geprägt zu haben, dem werde die Hand abgeschlagen. Und wer diesem zustimmte, der büße, wenn er Freier ist mit 60 Schillingen, als Knecht mit 60 Schlägen.« Das Abschlagen der Hand gilt fortan in Deutschland für lange Zeit als gängige Strafe für Falschmünzer. Im Spätmittelalter verschärfen sich die Strafen erheblich. So verbreitet sich im 14. Jahrhundert das qualvolltödliche Sieden in Wasser oder Öl als Strafe für die Falschmünzerei.

840

Beim Tod Ludwigs des Frommen ist die straffe und zentrale Geldpolitik der Karolinger schon erheblich aufgeweicht. Geistliche Fürsten haben erste Münzrechte verliehen bekommen. Es beginnt die Sitte, daß in neu zum Christentum bekehrten Gebieten und Völkern alsbald Münzen mit christlichen Symbolen geschlagen werden. Die Zahl der Münzstätten steigt wieder, und die Qualität der Silberdenare beginnt zu sinken. Das königliche Münzregal verliert seine Monopolstellung, und die Zersplitterung des Geldwesens nimmt seinen Lauf.

975

Der Erzbischof von Mainz prägt als erster Feudalherr Deutschlands unter dem eigenen Bild anstatt unter dem des Königs. Gleichzeitig werden in Rammelsberg bei Goslar (Harz) größere Silbervorkommen entdeckt. Als Folge belebt sich die Münzprägung östlich des Rheins spürbar. Überregionale Bedeutung erreichen die Otto-Adelheid-Pfennige Ottos I.

1045

Die Mark wird als neue Gewichtseinheit erstmals in Deutschland urkundlich erwähnt. Sie ist skandinavischen Ursprungs und entspricht einem halben Pfund. Die Gewichtseinheit (233,7 Gramm) wird deswegen zum Rechnungsbegriff, weil Münzen zu jener Zeit für größere Zahlungen abgewogen werden müssen. Die Bezeichnung wird auf »marca« zurückgeführt, eine Markierung auf Edelmetallbarren, die Gewicht und Feinheit garantieren sollen. Als Münznominale kommt die Mark erst Jahrhunderte später in Umlauf.

1059

Die Lateransynode verurteilt abermals die Simonie, die Käuflichkeit kirchlicher Ämter (abgeleitet vom Vorschlag Simons des Magiers an Petrus, ihm gegen Geld geistliche

Macht zu verleihen – Apostelgeschichte, 8, 18-24). Die Simonie ist ein alter mittelalterlicher Streitgegenstand in der Kirche gewesen und von den Konzilien in Chalkedon (451) und Nicaea (787) schon verurteilt worden, aber erst mit dem Ende des Investiturstreites wird sie wirklich verboten. Als Symbol für die Monetarisierung des klerikalen Bereichs ist sie immer auch ein äußeres Zeichen der kirchlichen Macht in Wirtschafts- und Finanzfragen.

1064

In Spanien wird die »Cruzada« (Kreuzzugszehnter) eingeführt. Die Sondersteuer zur Finanzierung der beginnenden Reconquista wird später mit päpstlicher Zustimmung als permanente Steuer beibehalten. Gleichzeitig vergeldlichen sich in der Auseinandersetzung mit dem Islam die Ablaß-Gebräuche. Religiöse Bußwerke werden zunehmend in Almosen- oder Geldspenden umgewandelt.

1086

Angesichts einer drohenden Däneninvasion wird in England der Landbesitz im »Domesday Book« katasterähnlich erfaßt, um eine Grundlage für die Zahlung des »Danegelds« zu erhalten. Diese Wehrsteuer ist ursprünglich als Tributzahlung zur Abwendung von Wikingerplünderungen eingeführt und später in eine reguläre Grundsteuer umgewandelt worden. Der Zusammenhang von Boden zu Geld erhält im Domesday Book eine bis dahin unbekannte rechtliche Qualität und Präzision.

1092

Unter den arabischen Assassinen wird Haschisch (arabisch al-hasia = das Kraut) teilweise als Geld benutzt. Die Droge dient aber nicht nur als Tausch- und Wertaufbewahrungsmittel, sondern auch als Instrument zur Herstellung unbedingten Gehorsams bei bestimmten militärischen Eliteeinheiten. Der systematische Gebrauch des Haschisch durch besonders brutale Assassinen führt in Europa zur sprachlichen Übertragung des Stammnamens auf mordende Menschen. Mörder heißt seitdem in mehreren europäischen Sprachen »assassin/a/o«.

1096

Mit päpstlichem Aufruf beginnt das Kreuzzugszeitalter. Der massenhafte Aufbruch in den Nahen Osten bringt das Geldsystem in Mitteleuropa erheblich in Bewegung. Die Finanzierungen der Kreuzzüge, die militärischen Beutefeldzüge, die Wanderungsbewegungen und der aufblühende Handel befördern die Geldgeschäfte vor allem in Oberitalien. Mit den Tausch- und Kreditgeschäften auf offenen Tischen und Bänken entwickeln sich hier die ersten Banken. Obwohl Florenz, Venedig, Sienna oder Luca nicht in der Lombardei liegen, bürgert sich in ganz Europa alsbald der Name »Lombarden« ein. In Frankreich heißen fortan für Jahrhunderte die Leihhäuser »Maison de Lombard«, in London heißt die Bankenstraße noch heute Lombard-Street, und in Deutschland bestimmt die Bundesbank bis heute den Lombardsatz.

1127

In Flandern veranlassen die Bürger von Saint-Omer den Grafen Dietrich von Elsass, ihnen das Münzrecht abzutreten. Damit übernimmt das städtische Bürgertum erstmals demonstrativ geld- und währungspolitische Entscheidungskompetenzen. Die flämischen Münzen aus der Prägung von Händlern, Kaufleuten und Bürgern sind in ihrer Qualität zumeist besonders gut, da die Emissionäre aus eigenem Interesse auf Geldwertstabilität achten. Auch die späteren Denare aus Köln verbreiten sich vor allem wegen ihres stabilen Silbergehalts weit über das Rheinland hinaus.

1137

Nach dem Tod Lothars von Supplinburg und dem folgenden Bürgerkrieg im Reich Konrads III. lösen sich die Reste des einheitlichen Münzwesens im Reich auf. Der wirtschaftliche Verfall und die Verkümmerung des Fernhandels tragen dazu bei, daß der Pfennig im Durchschnitt auf die Hälfte seines karolingischen Gewichts sinkt. Er wird zur sogenannten regionalen Pfennigmünze und gilt nur jeweils im näheren Umkreis des Prägeortes.

1156

In Venedig wird der »Monte Vechio« gegründet – eine Staatsgläubigervereinigung, die als erste Vorläufer-Bank des Abendlandes in die Geschichte eingeht. Das Institut entsteht aus einer finanziellen Notlage der Republik, da durch die langen und teuren Kriege gegen den byzantinischen Kaiser die Staatskasse ruiniert ist und die Idee einer Zwangsanleihe geboren wird. Die Zwangsanleihe wird in Form einer Rentenschuld angelegt, für deren Bezahlung die Einkünfte der reichen Bürger verpfändet werden.

Die obere Silbermünze ist ein venezianischer Grosso aus dem Jahre 1202. Der Doge Enrico Dandolo empfängt das Banner vom heiligen Markus. Der Evangelist hält das Evangelienbuch in der linken Hand. Das Buch ist geschlossen – ein venezianisches Symbol für Kriegszeiten. Die untere Münze ist ein Brakteat von 1150 und zeigt den Staufer-König Konrad III. Dieser Brakteat existiert nur noch in drei Exemplaren und gilt mit einem Schätzpreis von DM 50 000,– als teuerster Brakteat überhaupt.

1170

Unter Friedrich Barbarossa nimmt das Münzwesen in Mitteleuropa einen neuen Aufschwung. Um 1170 werden reiche Silbervorkommen um das sächsische Freiberg entdeckt. Gleichzeitig werden die Pfennige zu Brakteaten (von lateinisch »bractea«, Dünnblech) – sehr breite, aber dünne Prägungen. Zunächst entstehen Dünnpfennige oder Halbbrakteaten von 22 bis 26 Millimeter Durchmesser, deren kehrseitige Prägung die der Hauptseite durchdringt und damit beide Seiten unkenntlich macht. Eine rein deutsche Erfindung werden dann die Hohlpfennige. Bei ihrer Prägung verzichtet man auf den Unterstempel und ersetzt ihn durch weiches Blech oder Leder. Die größeren Flächen öffnen sich der künstlerischen Gestaltung. In der reichhaltigen Ornamentik dieser Münzen drückt sich der ganze Glanz der Regierung Friedrich Barbarossas aus. In großer Zahl haben diese Münzbilder wieder eine Schönheit, wie sie seit der Antike in Europa nicht mehr gesehen worden ist.

Geldgeschäfte gelten im Mittelalter weitgehend als verwerflich, die Zinsnahme wird von der Kirche vielfach untersagt. Das Umschlagblatt eines alten französischen Rechnungsbuches zeigt, daß ein Geistlicher die Auszahlungen kontrolliert.

1180

König Heinrich II. von England läßt eine neue Handelsmünze namens »easterling« schlagen. Die Münze soll Englands Handelsbeziehungen zum Osten (East – daher der Name) stärken. Die Münze mit einem Rauhgewicht von 1,36 Gramm gleicht dem Kölner Pfennig und wird in England, Flandern und im Rheinland zur beliebten, angesehenen und oft nachgeprägten Handelsmünze. Das Wort Easterling wandelt sich zu Sterling und lebt bis heute im adjektivischen Gebrauch (Pfund Sterling, Sterling Silber) in der Bedeutung »echt«, »unverfälscht« fort.

Kaiser Friedrich II. läßt feine Goldmünzen prägen. Die Münzen aus Brindisi zeigen das Kaiserbildnis mit der Umschrift »CESAR AUGO IMP ROM« (Caesar Augustus Römischer Kaiser). Auf der Rückseite ist ein heraldischer Adler mit der Inschrift Friedericus zu sehen.

1226

Die Stadt Lübeck erwirbt als erste deutsche Stadt das Münzrecht – allerdings mit der Verpflichtung, eine Abgabe vom Münzgewinn an den Kaiser zu zahlen. Damit ergreifen die erstarkenden Städte im Deutschen Reich die Initiative in Währungsfragen, da der Handel durch die Zersplitterung des Geldwesens stark behindert ist.

1231

Friedrich II. läßt in seinem sizilianischen Königreich wunderschöne Goldmünzen (Augustales) prägen. Die neuen Stücke gelten als Meisterwerke der mittelalterlichen Prägekunst, kursieren allerdings nie über die Grenzen Süditaliens hinaus. Gleichwohl ebnet Friedrich mit dieser Initiative den abendländischen Weg zur Wiederaufnahme der Goldprägungen. Wenig später beginnen Florenz, Venedig und der König von Kastillien mit der großvolumigen Ausgabe von Goldmünzen.

1232

Kaiser Friedrich II. verbietet den Handel mit Silberbarren zugunsten der Münzberechtigten. Hintergrund dieser Entscheidung ist die umfangreiche Nutzung von normierten Silberbarren durch Fernhändler im deutschen Reich, um den Münzverrufungen von Landesfürsten zu entgehen.

Diese haben in Ausnutzung ihrer Prägerechte periodische, kleine Währungsreformen inszeniert und bei Neuausgabe der Münzen jeweils Steuern verlangt. Die periodischen Verrufungen finden im ausgehenden 12. Jahrhundert bis zu dreimal jährlich dergestalt statt, daß für vier eingezogene Pfennige nur drei Pfennige neuen Gepräges wieder ausgegeben werden und der vierte sozusagen als Geldvermögenssteuer von 25 Prozent einbehalten wird.

Ludwig IX. (1226-1270) gilt als der Erfinder des Groschens. Seine verdickten Münzen werden als »grossus« (daher Groschen) gerühmt. Sie zeigen ein schlichtes Kreuz mit der Inschrift »König Ludwig. Gepriesen sei der Name unseres Herrn Jesus Christus«. Die Rückseite ziert eine stilisierte Turmdarstellung.

1240

Die Stadt Frankfurt erhält als erste deutsche Stadt das Messeprivileg und entwickelt sich zu einem Zentrum des europäischen Warenhandels. Damit beginnt zugleich der Aufstieg der Stadt zum wichtigsten deutschen Wechsel- und Zahlungsplatz. Die in Frankfurt abgewickelten Warengeschäfte sind von Anfang an auch Kreditverkäufe – dem Käufer wird der Kaufpreis oftmals bis zur nächsten Messe gestundet, wobei Schuldscheine (»Briefe« und »Kerbzettel«) ausgestellt werden, die mit einer Inhaberklausel versehen sind und damit frei verkäufliche Wertpapiere darstellen.

1252

Seit der Spätantike wird in Florenz erstmals wieder eine westeuropäische eigene Handels-Goldmünze geprägt. Die neue Münze Florenus (nach dem Stadtsymbol von Florenz, der Lilie, benannt) wird alsbald zum Symbol des wirtschaftlichen Aufstiegs der oberitalienischen Städte und der abendländischen Renaissance insgesamt. Sie wird binnen kurzer Zeit in für damalige Verhältnisse ungeheuren Mengen geprägt, mehrfach kopiert und überall in Europa akzeptiert. 1286 erkauft sich Florenz für 600 000 dieser Goldmünzen von König Rudolf von Habsburg die Rechtsfreiheit. Im Jahr 1336 werden in Florenz jährlich fast 400 000 Florenen geprägt. In Deutschland nennt man die Florins nach ihrem Rohstoff Gulden. Der Florint wird 1323 in Ungarn Reichsmünze. Noch heute erinnert der Name des ungarischen Forint an die Herkunft aus Florenz.

1263

Graf Meinard II. gründet 1263 die Grafschaft Tirol und läßt alsbald jeweils 20 Veronesische Kleinmünzen zu einem neuen »Vigintarius« (Zwanziger) zusammenschmelzen. Auf diesen neuen Münzen (Rauhgewicht 1,63 Gramm) wird das einem X ähnliche Andreaskreuz (ein Kreuz mit schräggestellten Balken) abgebildet. Die Bevölkerung benennt das Geldstück sofort nach dem Münzbild »Kreuzer«. Vor allem in Süddeutschland und in Österreich wird der Kreuzer in den folgenden Jahrhunderten derart populär, daß er sogar zur Grundlage der Münzberechnungen in den Reichsmünzenordnungen avanciert.

Der Silbergroschen aus Mailand (um 1250) zeigt Bischof Ambrosius, den Schutzpatron der Stadt, auf dem Thron sitzend. In der linken Hand hält Ambrosius den Bischofsstab, die rechte hat er zum Segen erhoben. Diese Münze ist typisch für die Silbergroschenflut im 13. Jahrhundert.

1266

Der französische König Ludwig IX., genannt der Heilige, schafft am 24. Juli 1266 den ersten Groschen der Geschichte, den »gros denier« – einen »dicken Pfennig« als Zusammenfassung von 12 Pfennigen aus Tours. Der Durchmesser von 25 Millimeter und das vergleichsweise hohe Gewicht (4,22 Gramm) rechtfertigten das lateinische Prädikat »grossus« (dick). Diese Münze wird massenhaft in gleichbleibend guter Qualität geprägt und setzt sich in Mitteleuropa rasch durch. In Deutschland wird die dicke Münze erstmals 1276 bei einer Zahlung an der Mosel urkundlich erwähnt. Die Deutschen nennen das neue Geld schlicht den »grossus«, woraus schließlich das Wort Groschen entsteht. Die Prägung eigenständiger deutscher Groschen beginnt um 1300 mit dem Prager Groschen (60 Stück bilden eine kölnische Mark) des Königs Wenzel II. Dieser wird wegen seiner reichen böhmischen Silbergruben zu seiner Zeit mit Krösus verglichen und etabliert den in hohen Stückzahlen ausgegebenen Prager Groschen im ganzen Reich.

1275

Nach dem Ende des deutschen Interregnums versucht der neue deutsche König Rudolf von Habsburg, auch das zersplitterte Geldwesen wieder zu ordnen und die Münzhoheit der Krone zu behaupten. Unzählige Münzstätten haben als dreiste »Beischläger« schnelles Geld gemacht, indem sie in ihren »Heckenmünzen« die beliebteren Münzsorten möglichst geringhaltig nachprägen. Diesem Treiben wird mit mehreren Edikten vergeblich Einhalt geboten. Im Schwabenspiegel findet sich dazu folgende Erklärung: »Wir sprechen, daz alle zoelle und alle müntze, die im römeschem riche sind, die sint eines römeschen kuniges, und swer si wil han, er sie pfaffe oder leige, der muz si han von einem roemeschen kunige unde von dem roemeschen riche.«

1280

Marco Polo berichtet von seiner China-Reise über die Erfindung des Papiergeldes: »Vom Khan könnte man sagen, daß er das Geheimnis der Alchimisten besitzt, da er die Kunst versteht, Geld auf folgende Weise zu verfertigen: er läßt von der Rinde der Maulbeerbäume den inneren Teil zu Brei zerreiben und daraus wird dann Papier gemacht, das ganz dunkel ist. Dieses wird in Stücke von verschiedener Größe geschnitten. Beamte, die dazu eigens angestellt sind, schreiben darauf ihren Namen und drücken einen Siegel darauf. Der oberste Münzmeister Sr. Majestät stempelt es dann mit einem Siegel in Zinnober. Auf diese Weise wird es zur gültigen Münze. All dieses Geld wird mit großen Gepränge und Aufsehen gemacht, als wenn es lauter lötig Silber oder reines Gold wäre.«

1282

Das aufstrebende Venedig beginnt mit der Prägung des Gold-Dukaten, der zusammen mit dem Florin aus Florenz die Rückkehr Europas zu den im Mittelalter fast völlig verschwundenen Goldmünzen ebnet. Beide Münzen wiegen 3,537 Gramm 24 karätigen Goldes. Die Goldmünzen aus Venedig und Florenz und ihre Nachprägungen avancieren schnell zu den gängigsten Goldmünzen Europas und verdrängen den Besant sowie den Denar. Als Goldgulden gelten die Dukaten und Florint unter Numismatikern häufig als die Münze mit der längsten Lebensdauer. Sie werden bis zum Ende der Republik Venedig 1797 und danach noch von Österreich weitergeprägt und behalten im Gegensatz zu den meisten anderen Münzen durch die Jahrhunderte hindurch einen hohen Feinheitsgrad.

Die aufstrebenden Stadtstaaten Norditaliens beginnen am Ende des 13. Jahrhunderts mit der Prägung von Goldmünzen. Diese Münze stammt aus Florenz (1306) und zeigt Johannes den Täufer mit Zepter. Auf der Rückseite des Florins prangt die Florentiner Lilie.

1285-1314

Philipp der Schöne, König von Frankreich, erhält den Beinamen der Falschmünzer. Die freche Verschlechterung der Münzqualitäten durch den König führt zu großen Goldhortungen. In Frankreich wird dies als Beginn der französischen Geldhortungsleidenschaft gesehen.

1292

König Adolf von Nassau finanziert seine Wahl über ein verzinstes Darlehen bei Frankfurter Bürgern. Die neuartigen Anleihen ersetzen auf dem Kapitalmarkt zunehmend die Pfandschaft. Nach dem Frankfurter Urkundenbuch liegt der Zins für Anleihen-Geschäfte rund um 10 Prozent.

1295

In Konstanz wird ein »ewiger Pfennig« geprägt und leitet damit das Ende der permanenten Münzverrufungen durch Landesherren ein. Mit dem Aufkommen von »ewigen Pfennigen« tauchen auch überregionale Zahlungsmittel wieder stärker auf den Märkten auf. Zum wichtigsten »ewigen Pfennig« wird der Heller. Urkundlich erwähnt ist er erstmals im Jahr 1200 als die Salzhandelsstadt Schwäbisch Hall eine Reichsmünzstätte erhält und den Heller mit Hand (als Symbol für den Markthandel und die schützende Hand des Königs) und Kreuz als Münzbild in Umlauf setzt. Der ursprüngliche Münzfuß wird mit 600 Stück auf eine Mark Silber angegeben. Mit dem sich sehr schnell verbreitenden

Heller bröckelt das Monopol der lokalen Münzherren. In den folgenden Jahrhunderten wird der Heller vor allem in Süddeutschland zum Kleingeld schlechthin. Im 16. Jahrhundert gilt er als halber Pfennig und wird als solcher in Bayern bis 1856 geprägt. Der Mangel an Münznominale unterhalb des Pfennigs führt auch dazu, daß vielerorts Pfennige zerschnitten werden. Die Münzbezeichnungen Scherf (Scherbe) und Deut (abgehauenes Stück) stammen aus diesem Usus.

1298

Es beginnt der regelmäßige Schiffsverkehr zwischen den aufstrebenden Handelsstädten Genua, Brügge und London. Damit avancieren diese Plätze zu den neuen Finanz- und Messezentren Westeuropas und schmälern die Bedeutung der alten Champagnermessen durch neue Handelswege. Seit dem Frühmittelalter sind an zentralen Verkehrsknotenpunkten an kirchlichen Festtagen (lateinisch feriae, daher französisch: foire, englisch: faire) Jahr-Märkte nach der kirchlichen »Messe« organisiert worden. Die Messen dienen nicht nur dem Umschlag von Fernhandelswaren, sondern befördern auch zunehmend die Entwicklung des Geldwesens. Hier werden Kredit- und Wechselgeschäfte abgewickelt, Währungen getauscht, Buchtransaktionen erprobt und Finanzspekulationen gewagt.

1330

In einigen niedersächsischen Städten werden dicke, schüsselförmige Silberbarren als neues Handelsgeld ausgegeben. Ein Stempel garantiert den Feingehalt. Die Barren sind symptomatisch für die weit verbreitete Sitte, Edelmetalle auszuwiegen, anstatt Münzen zu benutzen. Die kleinen Leute und Bauern wiederum benutzen anstatt Münzen sehr oft Warengelder aller Art. Im Kleinverkehr gelten Eier, Käse und Früchte vielerorts als »Stück Geldes«. Die Wendung, etwas »für einen Apfel und ein Ei« (also billig) kaufen, stammt aus diesen Umständen.

Marco Polo studiert am Hofe des Khubilaj Khan in Peking das Geldwesen des Fernen Ostens. Khubilaj Khan läßt nicht nur Münzen prägen, er macht auch aus Papier Geld.

Da es im Mittelalter noch keine Bank-Safes oder Tresore gibt, werden Münzschätze in großen Krügen oder Truhen vergraben.

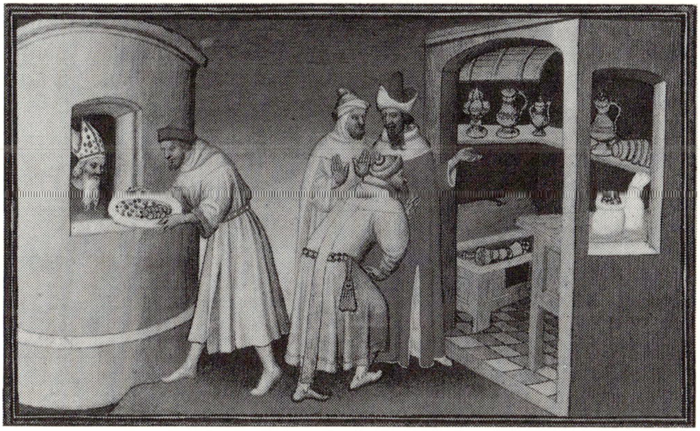

Der Orient gilt im ausgehenden Mittelalter als sagenhaft reich. Die Berichte von riesigen Schatzkammern stammen von Kreuzfahrern, die von den Bankhäusern des Orients beeindruckt waren.

1338

In den oberitalienischen und flämischen Städten floriert das private Geldverleihgeschäft. Zumeist nutzen Kaufleute liquide Reserven zur Darlehensvergabe an Kollegen. Allein in Florenz gibt es 1338 schon rund 80 solcher Vorläufer von Handelsbanken. Die »Lombardi« errichten überall in Europa Niederlassungen, so in Köln, Regensburg, Mainz, Trier, Konstanz, Freiburg, Schlettstadt, Bingen, Oberwesel und Kolmar. Die Institute betreiben inzwischen neben reinen Geld-Wechselgeschäften, Darlehens-, Depositen- und Girogeschäfte. Sogar die Päpste nehmen – trotz Zinsverbot – zunehmend die Dienste der »Buonsignori« an. Die Darlehens-Zinsen liegen angesichts des knappen Kapitals nie unter 10 Prozent. 20 Prozent ist lange Jahre vielerorts ein Richtwert. Hinzu kommt, daß im Verzugsfall häufig noch die »poena dupli« – das Doppelte von Kapital und Zinsen – zu entrichten ist.

1356

Der französische König Johann der Gute wird 1356 bei Poitiers von einer englischen Armee geschlagen und gefangengesetzt. Die Briten verlangen ein atemberaubend hohes Lösegeld für den König, worauf in Frankreich eine Goldmünze als »Freigeld« geschlagen und ausgeliefert wird. Nach vier Jahren kommt Johann dank der »Francs« wieder frei. In Frankreich kursiert seitdem die Francs-Münze, die zwischen 1575 und 1641 auch aus Silber geschlagen wird. Seit 1795 gilt der Franc als die gesetzlich geschützte Einheit des französischen Währungssystems.

1368

Während der Regierungszeit der Ming-Dynastie in China wird der größte Geldschein der Weltgeschichte ausgegeben. Das Riesenpapier ist 23 Zentimeter breit, 32 Zentimeter lang und bleibt bis 1399 gültig.

1373-1580

Der Wendische Münzverein – Münzregelung der wendischen Hansestädte (Lübeck, Hamburg, Wismar, Lüneburg, Rostock, Anklam, Stralsund, Hannover und andere) mit der Marca Lubicensis: Silberstück von rund 19 Gramm mit 17 bis 18 Gramm Silbergehalt – wird symptomatisch für den Aufstieg der Städte auch in währungspolitischer Hinsicht und zum gelungenen Beispiel für die zahlreichen Initiativen dieser Epoche, großräumige Münzvereine (Rheinischer Münzverein 1385, Noerdersächsischer Münzverein 1382, Rappenmünzbund 1387/1403, Ostfränkischer Münzverein 1396, Schwäbischer Münzbund 1423) zu schaffen. Die Versuche, Münzregelungen über das Reich herbeizuführen, scheitern unter Ruprecht (1400–1410) und Sigismund (1410–1437).

1402

Der Rat der Stadt Frankfurt am Main beschließt, eine Handelsbank mit festgelegtem Grundkapital zu gründen. Im Sommer 1402 wird das neuartige Institut mit 14 Bediensteten, die jedoch nur während der Herbstmesse drei Wochen beschäftigt sind, der staunenden Handelswelt unter dem Namen »Der Wessil« eröffnet. Frankfurt unterstreicht damit seine in Deutschland führende Rolle in Finanzgeschäften. Die Stadt verbietet jeden Geldwechsel außerhalb des Instituts. »Der Wessil« gilt seitdem als erste Bank der deutschen Geschichte. Schon 1403 wird das Institut aber in vier unabhängige Geldhäuser aufgespalten – eine öffentliche Bank und vier private Konzessionäre. Diese ersten »Privatbankiers« heißen Silfried Guldenschlaff, Jekil Humbrecht zu Schammstein und Johann Palmstorffer zum Quydenbaum.

1407

In Genua wird die »Casa di San Giorgio« gegründet, die als ein wichtiger Vorläufer moderner Banken angesehen wird. Das Institut begibt zunächst Anleihen zur Deckung von Staatsschulden und entwickelt sehr rasch ein fortschrittliches Buchführungssystem. Auf Folioblättern werden Überweisungen getätigt und Finanztransaktionen zunehmend entmaterialisiert. Kaufleute erkennen die Vorteile dieser Buchführung, und das Depositen- sowie Girogeschäft entsteht. Die Casa di San Giorgio gilt gleichzeitig als eine der ersten Aktiengesellschaften Europas. Sie institutionalisiert als Gesellschaft das Verfahren der übertragbaren Anteile.

1409

Die erste Börse Europas entsteht in Brügge. Der Name »Börse« ist abgeleitet von der Brügger Kaufmannsfamilie »van der Burse« (dies wiederum stammt wohl von niederländisch beurs = Geldbeutel). Aus Handels- und Geldgeschäften beim Brügger Markt entwickelt sich eine regelmäßige Institution, die fortlaufende Wertpapiertransaktionen möglich macht. Weitere Börsenhäuser entstehen 1460 in Antwerpen, 1462 in Lyon, 1531 in Amsterdam und 1540 in Nürnberg und Augsburg.

1415

Mit der Eroberung des afrikanischen Ceutas gegenüber von Gibraltar durch Portugal beginnt die iberische See-Expansion, die Spanien und Portugal den Zugang zu ungeahnten Gold- und Silberreserven Afrikas und Amerikas eröffnet. Durch die enormen Edelmetallimporte Iberiens wird das gesamte europäische Finanzsystem erheblich verändert.

1418

Die Goldmünzenprägung in Deutschland wird immer reichhaltiger. In Frankfurt und Nördlingen startet 1418 die Reichsguldenprägung (Apfelgulden genannt, da der Reichsapfel auf ihm zu sehen ist), 1419 in Dortmund, 1429

Der Blick in ein Kaufmannsgewölbe aus dem 15. Jahrhundert zeigt, daß Handel und Geldgeschäfte noch eng verzahnt sind. Zwischen Geschirr und Schuhen werden Münzen feilgeboten.

Der Reichtum aber gebietet Tugendhaftigkeit, so jedenfalls fordert es der Bruder Jacques le Grant in seinem Werk »De bonne Mœurs«: Nicht den Ruhm des Geldes selbstsüchtig genießen, sondern bereit sein, den Bedürftigen Almosen abzugeben.

in Basel. Die vier rheinischen Kurfürsten haben sich schon zuvor auf einen einheitlichen Goldgulden (rheinischer Gulden) geeinigt und in großer Stückzahl prägen lassen. Die Versuche der Kaiser Ruprecht und Sigismund, eine einheitliche Reichsgoldmünze zu schaffen, scheitern am Widerstand dieser rheinischen Kurfürsten. So beginnen 1455 der Kurfürst von Sachsen, 1458 die Habsburger, 1506 die Bayern und 1516 Kurbrandenburg mit eigenen Goldmünzenemissionen.

1429

In Florenz kommt der Bankier Cosimo de Medici an die Spitze der Volkspartei. Der politische Aufstieg der Medici-Familie erreicht damit ihren ersten Höhepunkt. Das Adelsprivileg der Medici tritt in seiner Bedeutung hinter die merkantile Macht zurück. Für Europa zeigt sich hierin ein Ansatz frühbürgerlicher Emanzipation mit Hilfe des Geldes. Die Vergeldlichung der wirtschaftlichen Sphäre beginnt feudale Besitzstrukturen aufzuweichen. In den Händen der Medicis, Fugger oder Welser wird Geld zu Kapital.

1445

Die portugiesischen Seefahrer gründen in Arguim an der westafrikanischen Küste eine »feitoria« (daher Faktorei und factory). Die Handelsniederlassung soll die einträglichen Gold-, Sklaven- und Elfenbeingeschäfte systematisieren. Für Portugal beginnt die Phase enormer Goldimporte. Elfenbein dient in einigen Teilen Westafrikas noch als Geld.

1449

Kurz bevor die Türken Konstantinopel erobern, frönt der vorletzte byzantinische Kaiser Konstantin X. der Eitelkeit. Er liebt es, sich schlicht als Herrscher (griechisch: Doukas) anreden zu lassen. Seine Münzen erhalten daher genau diesen Namen: Dukaten. Die Dukaten werden damit zum Präzedenzfall der numismatischen Etymologie. Fortan werden immer öfter die Münzen nach den Trägern der Münzhoheit benannt – so beim Louisdor (aus Louis, dem Namen

Das älteste Sparschwein.

Der Tisch des Geldwechslers, im Spätmittelalter »banco« (daher Bank) genannt, zählte zu den unverwechselbaren Utensilien einer neuen Berufsgruppe. Die Bankiers wechseln Währungen und verleihen Geld gegen Zins.

französischer Könige, und d'or, aus Gold) oder beim Friedrichsdor.

1457-1460

In den habsburgischen Ländern vollzieht sich ein dramatischer Münzverfall mit galoppierender Inflation, weil Kaiser Friedrich III. mit seinem Bruder Herzog Albrecht den Erbstreit über das Münzregal auszufechten versucht. Die beiderseitige exzessive Ausnutzung des Münzregals im Bruderzwist führt zu einer Inflation schlechter »schwarzer« und »grauer« (nicht weißgesottener) Pfennige – der sogenannten Schinderlinge. Die Zeit der Schinderlinge gilt als erste Hyperinflation auf deutschem Boden.

1462

Um die ärmere Bevölkerungsschicht vor wuchernden Geldverleihern zu schützen, wird in Perugia der erste »monte di pieta« eröffnet. Dieses neuartige Institut soll den Armen Geld zu möglichst niedrigen Zinsen leihen. Das Kapital bezieht der »monte« vor allem aus Schenkungen. Das Beispiel der Vorschußkasse aus Perugia macht derart Schule, daß binnen weniger Jahrzehnte allein Italien knapp 100 »montes« ihre wohltätigen Geschäfte betreiben. Mancherorts entwickeln sich daraus auch Geschäftsbanken.

1483

Bei der Belagerung der spanischen Stadt Alhama durch die Mauren schneiden die christlichen Stadtbewohner aus ihren Meßbüchern Pappmünzen und verwenden sie als Zahlungsmittel. Die »heiligen Scheiben von Alhama« gelten als erstes »Papiergeld« Europas.

1484

Herzog Siegmund von Tirol läßt als erster eine schwere Silbermünze im Wert eines rheinischen Guldens zu 60 Kreuzern prägen. Obwohl die neuartigen Stücke deshalb »Guldengroschen« oder »Uncialis« (nach dem Gewicht – eine Unze) heißen, gilt dies als Startschuß für die Talerzeit in Mitteleuropa. Die Talernorm setzt sich allmählich in allen deutschen Staaten durch und wird schrittweise zum internationalen Wertmaßstab in Geldsachen.

1494

Luca Pacioli erklärt in seiner theoretischen Darstellung »Summa di arithmetica« das Prinzip der doppelten Buchführung. Das Buch wird gedruckt und findet nach 1500 auch in Deutschland Beachtung. Die Verschriftlichung und Entmaterialisierung des Geld- und Warenverkehrs setzt ein. Fortan führen immer mehr Handelsunternehmen verschiedene »Bücher« (Hauptbuch, Güterbuch, Kostenbuch, Wechsel- und Zinsbuch, Gesellenbuch). Die Technik des finanziellen »Buchens« erobert die Kontore. Frühformen des Buchgeldes in Form von Zahlungsanweisungen werden erprobt.

1495

Der sogenannte »Gemeine Pfennig« wird im Reich eingeführt. Die allgemeine Steuer soll zur Finanzierung der neuen Zentralinstanzen dienen, die im Zuge der Reichsreform (Wormser Reichstag) eingesetzt worden sind. Die Schweizer Eidgenossenschaft verweigert die Zahlung und löst den Schwabenkrieg aus. Mit der Einigung im Basler Frieden (1499) scheidet die Schweiz faktisch aus dem Reich aus.

1499

An der Wende zum 16. Jahrhundert kommt das Geld verstärkt ins öffentliche Bewußtsein. Die Bedürfnisse des wachsenden Handels, der rasche Bevölkerungsanstieg und die Entstehung neuer Gewerbezweige sowie die steigende Komplexität der Volkswirtschaften erzwingen den vermehrten Gebrauch eines funktionsfähigen Tausch-, Wert- und Aufbewahrungsmittels. »Was Eure Majestät brauchen, ist Geld, mehr Geld und nochmals Geld«, rät der Marschall Trivulzio seinem König Ludwig XII. von Frankreich, als dieser 1499 den Einmarsch nach Italien plant. Das Zitat wird typisch für die neue Geld-Zeit in Europa.

Dieser Holzschnitt aus dem Jahre 1479 zeigt, daß die Bauern ihre Abgaben und Steuern noch ausschließlich in Naturalien abliefern. Die Geldwirtschaft ist noch ein Phänomen kleiner Eliten.

Das Genre-Bild von Quinten Massy stellt das Feilschen um ein Huhn dar. Die Darstellung aus der Zeit um 1500 verrät nicht nur eklatante Standesunterschiede zwischen Bauern und Bürgern. Die vielen Bücher zeigen auch, inwieweit Buchungen bei Geldgeschäften schon fortentwickelt sind.

Die unzähligen Münzsorten in Europa führen dazu, daß überall professionelle Geldwechsler ihre Dienste anbieten. Das Geldgeschäft wird zuweilen auch an Straßenbuden getätigt.

In einer florentinischen Bank werden neben Münzen offensichtlich auch Schuldscheine angenommen. Die Darstellung stammt aus dem 15. Jahrhundert.

VERLEIHUNG DES MÜNZRECHTES AN DEN BISCHOF VON UTRECHT

Im Namen unseres Herrn Jesus Christus. Otto, nach dem Willen des höchsten Gottes König.
Allen unseren Getreuen sei es mitgeteilt, daß wir auf Bitten unserer geliebten Gemahlin Edith und ebenso unseres Getreuen Giselbert, des Herzogs von Lothringen, das Recht, in der Stadt Utrecht Münzen zu schlagen, konzediert haben, in welcher der ehrwürdige Balderich bekanntlich das Amt eines Bischofs versieht. Den Grafen und anderen Justizpersonen ist es verboten bei der königlichen Autorität unserer Hoheit, Steuern, Abgaben oder sonstige Leistungen von dieser Münze zu verlangen; vielmehr übertragen und schenken wir alle bisherigen Gefälle dem Bischof der genannten Stadt und der ihm untertanen Kirche für alle Zukunft, auf daß es als unser und unseres Vaters, des allergnädigsten Königs Heinrich seligen Andenkens, Almosen gelte. Und auf daß diese unsere Konzession auch von unseren Getreuen wirklich für wahr gehalten werde und im zukünftigen Lauf der Völkerschicksale ihre Gültigkeit bewahre, haben wir diese Urkunde ausfertigen lassen und befohlen, sie durch Beidrükkung unseres Ringes zu siegeln, und mit unserer eigenhändigen Unterschrift haben wir sie bestätigt.
Zeichen des Herrn Otto, des allergnädigsten Königs.
Ich, Adaltag, der Notar, habe an Stelle des Erzkaplans Rodbert gegengezeichnet.
Im 5. Jahre seiner Herrschaft, im Jahre der Fleischwerdung 936, in der X. Indiktion; geschehen zu Brüggen an der Leine im Königshof.
In Gottes Namen. Mit Glück.
Amen.

KLOSTERREFORM IM JAHRE 1071

Und in der Tat, nicht ohne Grund hat der Herr über die Mönche unseres Landes Verachtung ausgeschüttet. Denn die persönliche Schändlichkeit einiger Pseudomönche hatte das Mönchtum in sehr üblen Ruf gebracht, denn sie kümmerten sich nicht mehr um göttliche Dinge, sondern beschäftigten sich ausschließlich mit Geld und Gewinn. Sie bestürmten die Ohren der Fürsten ungestüm nach Abteien und Bistümern und bemühten sich um kirchliche Würden nicht wie unsere Vorfahren auf dem Wege der Tugenden, sondern suchten sie sich auf dem Schleichweg der Gunstbuhlerei und durch verschwenderische Freigebigkeit mit ihren übel erworbenen Geldern zu ergattern. Selbst um ein kleines Amt zu erkaufen, versprachen sie täglich goldene Berge und schlossen weltliche Käufer durch ihr übermäßig hohes Angebot aus, und der Verkäufer wagte nicht, so viel zu fordern, wie der Käufer zu zahlen bereit war. Die Welt fragte sich staunend, aus welcher Quelle eigentlich dieser gewaltige Geldstrom hervorsprudele, wieso Privatleute Schätze wie Krösus und Tantalus hätten anhäufen können und noch dazu gerade solche Menschen, die das »Ärgernis des Kreuzes« und den Ehrentitel der Armut als Aushängeschild benutzten und vorgaben, außer einfacher Nahrung und Kleidung nichts zu besitzen. Dieses Unkraut im Acker des Herrn, diese dem ewigen Feuer zubereiteten dürren Reiser und Halme im Weinberg Gottes hatten den ganzen Leib der heiligen Herde verseucht, und, wie der Apostel sagt, ein wenig Sauerteig hatte den ganzen Teig versäuert, so daß wir alle nun für ihresgleichen gehalten wurden und man glaubte, unter uns sei keiner, auch nicht ein einziger, der tugendhaft lebe.

LEX SALICA BESTIMMUNGEN ÜBER VERSCHIEDENE GEWALT-VERBRECHEN

Von Schweinediebstählen.
§ 4. Wenn einer ein Ferkel vom Felde, das ohne Mutter leben kann, – gerichtlich »Sühnegeld« oder »Läufer« genannt – stiehlt und es ihm nachgewiesen wird, werde er 40 Pfennige, die machen 1 Schilling außer Wert und Weigerungsgeld zu schulden verurteilt.

Von Überfällen oder Ausplünderungen.
§ 1. Wenn einer einen freien Mann durch Überfall ausplündert und es ihm nachgewiesen wird – gerichtlich »Beraubung« genannt – werde er 2500 Pfennige, die machen 62½ Schillinge zu schulden verurteilt.

Von Verwundungen.
§ 1. Wenn einer den andern ⟨verwundet oder⟩ töten will und der Schlag vorbeigeht und es ihm nachgewiesen wird – gerichtlich »Lebensgefährdung« genannt –, werde er 2500 Pfennige, die machen 62½ Schillinge zu schulden verurteilt.
§ 4. Wenn einer den andern am Haupt verwundet, daß das Gehirn bloßliegt, ⟨und es ihm nachgewiesen wird⟩ – gerichtlich »Schädelwunde« genannt –, werde er 600 Pfennige, die machen 15 Schillinge zu schulden verurteilt.
§ 5. Und wenn dabei drei Knochen, die über dem Gehirn selbst liegen, heraustreten – gerichtlich »Schädelwunde« genannt –, werde er 1200 Pfennige, die machen 30 Schillinge zu schulden verurteilt.

Von Totschlägen an Freien.
§ 1. Wenn einer ⟨aber⟩ einen freien Franken oder ⟨sonstigen⟩ Germanen, der nach salfränkischem Gesetz lebt, tötet, werde er, dem es nachgewiesen wird, – gerichtlich »Manngeld« genannt –, 8000 Pfennige, die machen 200 Schillinge zu schulden verurteilt.
§ 5. Wenn ⟨ein⟩er aber den, der zur königlichen Ge-

folgschaft gehört ⟨oder ein freies Weib⟩ tötet, werde er ⟨dem es nachgewiesen wird⟩ – gerichtlich »Manngeld« genannt – 24 000 Pfennige, die machen 600 Schillinge zu schulden verurteilt.

§ 6. Wenn er ihn aber in Wasser oder in einen Brunnen legt, werde er 72 000 Pfennige, die machen 1800 Schillinge zu schulden verurteilt.

§ 7. Wenn er ihn ⟨aber⟩ entweder mit Zweigen oder mit Rindenstücken überdeckt oder mit irgendwelchen Sachen zur Verheimlichung bedeckt, werde er – gerichtlich »Großmanngeld«, »Mordtat« genannt – 72 000 Pfennige, die machen 1800 Schillinge zu schulden verurteilt.

KONZIL ZU CHALZEDON

Wenn ein Bischof gegen Geld die Weihe ausführt und seine Würde gegen einen Preis vergibt, die nicht käuflich ist, und wenn er für Geld einen Priester oder Diakon oder irgendeinen Angehörigen des Klerus weiht oder gegen Geld einen Verwalter oder Anwalt oder irgend jemanden, der unserer Regel unterworfen ist, einsetzt um des schimpflichen Gewinnes willen: Wem das nachgewiesen ist, der laufe Gefahr, seinen Grad zu verlieren. Und wer [von ihm] ordiniert ist, soll von einer solchen Ordination oder Promotion, weil sie ein Geldgeschäft ist, keinen Gewinn haben, sondern Rang und Grad verlieren, den er gegen Geld erworben hat. Wer aber den Vermittler eines so schändlichen und sündigen Kaufgeschäftes gespielt hat, der büße seinen Rang ein, wenn er dem Klerus angehört. Handelt es sich aber um einen Laien oder einen Mönch, dann verfalle er dem Fluch.

THOMAS MANN
HECKGELD
NEHMEN

»Bruder, ich, dein Abt, habe hier ein mäßig reiches Capitale und Waisengeld in Goldmark, siebzehn an der Zahl, die hat man mir übergeben zu treuen Händen, – nicht bloß, daß ich sie eintruhe als toten Wert, sondern zu Profit soll ich sie machen. Nun heißt es ja, nicht vergraben solle ein frommer Knecht das Pfund, das Gott ihm anvertraut, sondern solle es wuchern lassen. Und doch ist, wenn man's zweimal bedenkt, der Wucher auch wieder des Kristen Sache nicht und ist eine Sünde. In diesem Zwiespalt, was rätst du mir zu tun?«

»Das ist ganz einfach«, antwortete Chrysogonus. »Ihr gebt die Summe dem Juden Timon von Damaskus, im Bart und spitzen Hut, einem genauen und zuverlässigen, im Wuchern wohlerfahrenen Mann. Der handelt mit nichts als Geld auf seiner Wechselbank und hat einen Umblick in der Welt des Geldes, das glaubt Ihr nicht. Er schickt Euere Summe womöglich bis Londinium in Essex, daß sie da werkt und abwirft, schlägt Zins und Zinseszins zum Grundgeld, und laßt Ihr ihm das Capitale lang genug, so macht er Euch aus siebzehn Goldmark hundertfünfzig.«

»Ist das so«, fragte der Abt, »und weiß er dermaßen die Zeit zu melken? Ist er auch getreu?«

»Es gibt keinen frömmeren Wucherer«, erwiderte der Bruder, »als den Juden von Sankt Dunstan.«

»Gut, Chrysogon, so bitt ich dich, geh, nimm den Waisenschatz und gib ihn dem Timon im gelben Hut auf seine Bank! Geh gleich, damit das Geld alsbald zu hecken anfängt, und bring mir das Recepisse!«

So beschied der Abt den Bruder, rief ihn aber an der Tür noch einmal zurück.

»Chrysogone«, sprach er, »ich, dein Abbot, habe ein umfangreiches Wissen, das zu tragen nicht immer leicht ist, credemi! Es geht mir so manche Synode und so manches Konzil im Kopf herum, die das Zinsgeschäft so Geistlichen wie Laien, oder wenn diesen nicht, so immer doch uns Geistlichen untersagte. Darum, wenn du das Geld dem Juden gegeben hast, so wirst du gut tun, dich in die Geißelkammer hinabzuverfügen und zur Sühne eine mäßige Bestrafung an dir vorzunehmen.«

»Nicht doch«, erwiderte der Bruder. »Ich bin schon sechzig und vertrage Geißelhiebe sehr schlecht, auch wenn ich sie mir schonend selbst versetze. Ihr aber seid um zehn Jahr jünger, und das Geld ist Euer. Darum, wenn es Euch um Buße zu tun ist, müßt Ihr Euch schon selbst in die Kammer hinabbegeben und Euch das Angemessene versetzen.«

»Geh mit Gott!« sagte der Abt und las wieder in der Tafel.

DAS ERSTE STADTRECHT VON STRASSBURG, UM 1200

Der Münzmeister hat nach dem Rechte die Gewalt, über falsche Münze zu richten oder über die Falschmünzer selbst, in der Stadt wie draußen, im ganzen Bistum, ohne Gegenrede der Richter.

An dem Orte, wo die Wechseler sitzen, darf kein anderer Mensch Silber ankaufen als allein die Pfennigpräger.

Wenn eine neue Münze geschlagen und die alte verboten wird, dann wird vom Tage des Verbotes an eine Frist von dreimal zwölf Tagen, also sechs Wochen, verkündet werden, während welcher der Münzmeister jeden, den er will, belangen kann, weil er die verbotene Münze angenommen habe. Will jemand leugnen, so muß er mit der siebenten Hand schwören, daß er es nicht getan habe, andernfalls muß er dem Münzmeister 60 Schilling Strafe zahlen.

Nach Ablauf der sechs Wochen darf er niemanden belangen, außer wenn er persönlich gesehen hat, daß jemand verbotene Münze annahm.

THOMAS VON AQUIN IST DIE ZINSNAHME FÜR GELIEHENES GELD SÜNDE?

Zins zu nehmen für geliehenes Geld, ist an sich ungerecht: denn da wird verkauft, was es nicht gibt, und wodurch offenkundig eine Ungleichheit begründet wird, die im geraden Gegensatz zur Gerechtigkeit steht. Um das einzusehen, muß man wissen, daß es gewisse Dinge gibt, deren Gebrauch der Verbrauch der Dinge selbst ist: gerade wie wir den Wein verbrauchen, indem wir ihn zum Trank gebrauchen, und den Weizen aufzehren, indem wir uns seiner zur Speise bedienen. In solchen Dingen darf daher der Gebrauch des Dings nicht getrennt vom Ding selbst verrechnet werden, vielmehr, wem der Gebrauch überlassen wird, dem wird damit von selbst das Ding überlassen. Deswegen wird in solchem durch die Leibe das Herrsein übertragen. Wollte also einer getrennt den Wein verkaufen, so würde er dasselbe Ding zweimal verkaufen oder er würde das verkaufen, was es nicht gibt. Offenkundig würde er daher durch Ungerechtigkeit sündigen. Aus ähnlichem Grunde begeht eine Ungerechtigkeit, wer Wein oder Weizen darborgt und zwei Bezahlungen anstrebt, einmal nämlich die Rückerstattung des gleichen Dings, die zweite aber in einem Preise für den Gebrauch: er heißt Zinswucher (usura).

Es gibt aber Gewisses, bei dem der Gebrauch eben nicht der Verbrauch des Dings ist: gerade wie der Gebrauch des Hauses die Bewohnung ist, nicht aber sein Abbruch. In solchem kann somit jeder von beiden gesondert eingeräumt werden, nimm an: es übergibt einer einem anderen die Herrengewalt über ein Haus, indem er sich den Gebrauch auf einige Zeit vorbehält; oder umgekehrt; es räumt einer jemandem den Gebrauch eines Hauses ein unter dem Vorbehalt der Herrengewalt für sich. Deswegen kann der Mensch erlaubterweise einen Preis für den Gebrauch des Hauses annehmen und außerdem das überlassene Haus

verlangen, wie es bei der Miete und dem Vermieten des Hauses zutage tritt.
Das Geld aber ist dem Philosophen 5. Ethic. (5 n 10) und 1. Polit. (3 n 13f.) nach hauptsächlich eingeführt worden, um Tauschungen vorzunehmen: und dergestalt ist der eigentümliche und hauptsächliche Gebrauch des Geldes sein Verbrauch oder die Verausgabung, sonach es für Tauschungen verwandt wird. Dieserhalb ist es an sich unerlaubt, für den Gebrauch des ausgeliehenen Geldes den Preis zu nehmen, der Zinswucher heißt. Und wie sonst ungerecht Erworbenes der Mensch gehalten ist, zurückzuerstatten, so auch das Geld, das er durch Zinswucher bekommen hat.
Zu 3. Die menschlichen Gesetze lassen manche Sünden straflos wegen der Lage der unvollkommenen Menschen, bei denen vieles Nützliche unterbliebe, wenn alle Sünden streng durch Strafanwendung verhütet würden. Darum hat das menschliche Gesetz die Zinsnahme gestattet, nicht als ob sie der Gerechtigkeit entspräche, sondern damit der Nutzen vieler nicht verhindert wird ...

WALTHER VON DER VOGELWEIDE
KÖNIGSHÄNDE

»König Philipp, die dich aus der Nähe beobachten
werfen dir vor,
du seist nicht aus freien Stücken zum Geben bereit;
mir scheint,
dadurch verschenkst du um so mehr.
Du solltest lieber freiwillig 1000 Pfund geben,
als 30 000 Pfund widerwillig. Du weißt noch nicht,
wie man durch Geben zu Ansehen gelangt.
Denk doch an den schenkenden Saladin:
der sagte, Königshände sollten löchrig sein:
dann würden sie gefürchtet und geliebt.«

NIKOLAUS KOPERNIKUS
MÜNZ-ZERRÜTTUNG

»So unzählbar die Drangsale sein mögen, die gemeinhin den Untergang der Königreiche, Fürstentümer und Freistaaten bewirken, so sind doch meines Erachtens die vier folgenden die schlimmsten: Streit, Seuche, Mißwachs, Münzzerrüttung. Was die drei erstgenannten anlangt, so ist der Augenschein für meine Behauptung so stark, daß niemand ihn übersehen kann. Aber mit der vierten beschäftigen sich nur wenig Leute. Warum? Weil sie nicht auf einen Schlag, sondern nur allmählich und auf eine fast unsichtbare Art den Staat zugrunde richtet.«

THOMAS MORUS
UTOPIA

Jede Stadt zerfällt in vier gleiche Teile. In der Mitte eines jeden befindet sich ein Markt für alle Arten von Waren. Dorthin schafft man die Arbeitserzeugnisse einer jeden Familie in bestimmte Häuser, und die einzelnen Warengattungen sind gesondert auf Speicher verteilt. Jeder Familienvater verlangt dort, was er selbst und die Seinen brauchen, und nimmt alles, was er haben will, mit, und zwar ohne Bezahlung und überhaupt ohne jede Gegenleistung. Warum sollte man ihm nämlich auch etwas verweigern? Alles ist ja im Überfluß vorhanden, und man braucht nicht zu befürchten, daß jemand die Absicht hat, mehr zu verlangen, als er braucht. Denn warum sollte man annehmen, es werde jemand über seinen Bedarf hinaus fordern, wenn er sicher ist, daß es ihm niemals an etwas fehlen wird? Werden doch bei jedem Lebewesen Habsucht und Raubgier durch die Furcht vor Mangel hervorgerufen und beim Menschen allein außerdem noch durch Stolz, da er es sich zum Ruhme anrechnet, durch ein Prahlen mit überflüssigen Dingen die anderen zu übertreffen; für diese Art Fehler ist in den Einrichtungen der Utopier überhaupt kein Platz.

VOLKSLIED
GOLDMÜHLE

Dort nieden in jenem Holze
Leit sich ein Mühlen stolz,
Sie mahlet uns alle Morgen
Das Silber und rote Gold.

Dort nieden in jenem Grunde
Schwemmt sich ein Hirschlein fein;
Was führt es in seim Munde?
Von Gold ein Ringelein.

Hätt ich des Goldes ein Stücke
Zu einem Ringelein,
Meinem Buhlen wollt ich's schicken
Zu einem Goldfingerlein.

Was schickt sie mir denn wieder?
Von Perlen ein Kränzelein:
»Sieh da, du feiner Ritter,
Darbei gedenk du mein!«

Die Begehrlichkeiten des Reichtums führt Hans Cranach in seiner 1529 entstandenen Zehn-Gebote-Tafel zum 10. Gebot vor Augen: die Aufforderung nicht zu begehren seines Nächsten Weib, Knecht, Magd, Vieh oder alles, was sein ist.

1500

Der gesamte Geldbestand Europas ist noch reichlich klein. Für das Jahr 1500 nehmen neuere Schätzungen ein Totalvolumen von 3500 Tonnen Gold und 37 500 Tonnen Silber an. Erst im 16. Jahrhundert nehmen die Gold- und Silberreserven durch die Entdeckungen in Übersee und den verstärkten Bergbau in Europa drastisch zu.

1503

In Sevilla wird die »Casa de Contraccion« gegründet. Die börsenartige Zentrale für den spanischen Überseehandel monopolisiert die Edelmetallimporte aus Amerika für die Krone. Hier wird auch genau Buch geführt über die Gold- und Silbereinfuhren aus den Kolonien. So erfährt man, daß zwischen 1503 und 1660 insgesamt 185 000 Kilogramm Gold – vor allem aus Kolumbien (Castilla de Oro) – nach Spanien gekommen sind und damit die Goldvorräte Europas um ein Fünftel vergrößert haben.

1506

Zur Finanzierung der neuen Peterskirche in Rom wird der Peterspfennig (Census Sancti Petri) eingefordert. Ursprünglich ist der Peterspfennig eine freiwillige jährliche Abgabe im angelsächsischen England an den Papst zur Förderung der Petrusverehrung gewesen. Später wandelt sich die Abgabe zu einer Sondersteuer, an deren Eintreibungspraxis vor allem im Deutschland der Reformation später heftige Kritik geübt wird.

1511

Die Portugiesen kontrollieren die Gewürzinseln der Molukken. Seltene Gewürze sind auf vielen Fernhandelsplätzen Geldsubstitute und symbolträchtige Luxuswaren. Ihr Erwerb ist für die Seefahrer Portugals ein zentrales Motiv bei der Suche des Seeweges nach Indien und der überseeischen Expansion. Der Pfeffer aus Indien, Zimt aus Ceylon, Muskat und Vanille aus Mittelamerika, Gewürznelken aus

Indonesien und Ingwer aus China sind die »Währungen« der Seefahrer. Lissabon und später Amsterdam werden zum Hauptumschlagplatz für Gewürze und damit zu einem Finanzzentrum. Venedig büßt dagegen diese Funktion zunehmend ein.

1516

Nachdem 1471 in Schneeberg der erzgebirgische Silberbergbau begonnen hat, werden 1515 in Joachimsthal riesige Silberminen entdeckt. Der Besitzer des Gebietes, der Graf von Schlick, läßt 1520 die ersten »Großgroschen« (Guldiner, von gülden glänzend wie Gold) aus dem neu geförderten Silber schlagen; das Münzbild zeigt den heiligen Joachim, den Schutzheiligen des Bergbaugebietes. Die Fördermengen sind derart groß, daß man nach acht Jahren schon mehr als zwei Millionen Münzen schlagen kann. In der Bevölkerung wird der Massengroschen alsbald nach seinem Herkunftsort als »Joachimstaler« und später nur noch als »Taler« bezeichnet. Der Name setzt sich schließlich sogar international durch und wird für viele Währungen Patron: Taler, talar, tallero, daalder und schließlich sogar der amerikanische »Dollar«. Bei den Russen fungiert das »Joachim« (»Jefimki«) als Namenspatron für alle ausländischen Silbertaler.

1519

Martin Luther kritisiert in den Sermonen vom Wucher und in »Vom Kauffshandlung und Wucher« neben der Zinsnahme auch die Monopolbestrebungen der großen Handels- und Unternehmergesellschaften, die Spekulation zum Schaden des Volkes sowie das Trucksystem im Verlag und im Bergbau. Luthers Proteste – letztlich auch seine Kritik am Ablaßhandel – tragen oft anti-kommerzialistische Züge.

Das arbeitsteilige Sieben und Waschen von Edelmetallerzen hat man schon im 13. Jahrhundert industriell beherrscht.

A
B
G
H
F
E
D
I
L
K
N
T
R
Q
P
X
S
Y

1524

Mit der ersten Reichsmünzordnung von Esslingen will Karl V. die sehr unterschiedlichen Münzsysteme in seinem Reich vereinheitlichen. Als neuer Gewichtsstandard für alle deutschen Gold- und Silberwährungen wird die Kölner Mark von 233,80 Gramm festgesetzt. Die Mark als Gewichtsbezeichnung für das halbe Pfund Silber macht fortan in deutschen Landen Karriere und avanciert zur Standardmünze. Sprachlich löst sich der Begriff Mark nach der Esslinger Münzordnung von der Gewichtsbezeichnung und wird zur Geldrechnungseinheit. Doppelt so schwer wie die Mark bleibt das Pound (daher die britische Währungsbezeichnung) oder das Livre und die Lira (vom lateinischen libra = Pfund).

1525

Die spanischen Kolonialherren gründen nach der Eroberung Mexikos durch Cortes (1521) dort die erste amerikanische Münzstätte. Aus den reichen Edelmetallvorkommen Mittel- und Südamerikas kommt der Rohstoff für die wohl wichtigste Weltmünze aller Zeiten: der Peso oder Piaster – Vorbild des nordamerikanischen Dollars und für Jahrhunderte wichtigste Welthandelsmünze. Sein lange bestehendes Münzbild – die Säulen des Herkules – bringt ihm auch die Namen »Säulenpiaster«, »Columnarias« und »Pilares« ein. Auf dieses Münzbild soll auch das Dollarzeichen »$« zurückzuführen sein. Peso (von pensum, das Gewogene), Piaster (von emplastrum, Pflaster) und Real (die Königsmünze) sind außerdem Namenspatrone vieler noch heute kursierender Währungen.

1525

Das kanonische Zinsverbot wird allenthalben im Reich durchbrochen. Während die Praxis längst verzinsliche Kreditgeschäfte kennt, erklären jetzt auch landesgesetzliche Regelungen den Darlehenszins für zulässig. Dies geschieht zuerst in Kurtrier (1525), dann in Kursachsen (1550), Mecklenburg (1562) und Nürnberg (1564). Damit gelten nur noch solche Zinsforderungen als strafbarer Wucher, die über einen bestimmten Satz hinausgehen.

1530

In Spanien verbreitet sich die »rente« oder »censo«. Das neue Kreditinstrument ist eine Weiterentwicklung der Annuitäten (Renten), mit denen sich mittelalterliche Städte Geld geborgt haben. Bei der »rente« verpfändet ein Grundbesitzer einen Teil seines Eigentums für einen Kapitalkredit an einen wohlhabenden Stadtbürger. Die Zinsen werden bezahlt, indem von den Einkünften des Grundbesitzers (gewöhnlich Ernteerträge) ein festgesetzter Teil an den Kreditgeber abgetreten wird. Das verpfändete Grundstück dient dabei als Sicherheit. Diese Hypotheken-Vorläufer entwickeln sich überall in Europa und deuten die Entwicklung der Geld- zu einer Kreditwirtschaft an.

1543

Die große Handelsmesse von Medina del Campo muß zum ersten Mal aus Geldmangel abgesagt werden. Die chronische Geldknappheit selbst im spanischen Edelmetalldorado ist symptomatisch für die frühe Neuzeit. Das wirtschaftliche Wachstum vollzieht sich weitaus stärker als die Fortschritte der Geldwirtschaft. Außerdem ist die Handelsbilanz Europas gegenüber dem Nahen und Fernen Osten stark defizitär, so daß erhebliche Edelmetallreserven in diese Gebiete abfließen.

1543

Karl V. gibt in seiner Funktion als Kaiser des Heiligen Römischen Reiches den niederländischen Kaufleuten offiziell seine Erlaubnis, Geld gegen Zinsen zu verleihen. Das mittelalterliche Zinsverbot wird damit erstmals von einem Kaiser ausgehebelt. Dieser Entscheidung sind allerdings ausgiebige Rechtsstreitigkeiten zur Frage des ungerechten Wuchers vorausgegangen. Darin haben Kirchenrechtslehrer zugestanden, daß jedem Leihgeschäft ein Verlust (damnum emergens), der Gewinnausfall (lucrum cessans) oder ein anderes Risiko für das Kapital (periculum sortis) entstehen könne. Deshalb sei eine Entschädigung, ein Zins (interesse) wohl gerechtfertigt.

1545

Die spanischen Eroberer entdecken in Südamerika das erste große Silbervorkommen. Der 700 Meter hohe Silberberg von San Luis Potosi im heutigen Bolivien wird in Europa zum Inbegriff unvorstellbaren Reichtums. Sein Stadtwappen preist später den Berg als »Schatzkammer der Erde, König aller Berge, Traum aller Könige«. Die Goldgräbereuphorie um Potosi führt dazu, daß 1611 schon 160 000 Menschen (damals größte Stadt Amerikas) in der unwirtlichen Stadt in über 4000 Metern Höhe leben. Mehrere zehntausend Indianer müssen als Arbeiter das Silber aus den Minen holen. In den Gebirgsketten Mexikos folgen alsbald weitere Silberfunde: Zacatecas (1546), Guanajuato (1548), Taxco (1549), Pachuca (1551), Durangi (1555) und Fresnillo (1569). Aus den überseeischen Silbergebieten kommen bis 1660 knapp 3,5 Millionen Kilogramm Silber nach Sevilla. Dadurch verdreifachen sich die europäischen Silbervorräte. Der große Edelmetallzufluß beschleunigt in der Alten Welt die große Inflation des 16. Jahrhunderts.

1546

Das Gesellschaftsvermögen der Fugger erreicht – ohne den Privatbesitz der einzelnen Familienmitglieder – 5 Millionen Gulden. Damit sind die Finanzmagnaten aus Augsburg kapitalkräftiger als je ein anderes europäisches Bankhaus der Frühneuzeit, reicher als die Peruzzi, Medici, Guadagni oder Welser. Das Finanz- und Unternehmenskonsortium ist mit Abstand die wichtigste ökonomische Macht Europas. So haben die Fugger 1519 mit riesigen Darlehen und Bestechungen die Kaiserwahl Karls V. ermöglicht. Die Fugger, Welser und andere süddeutsche Handelshäuser verbinden Speditions- und Warenhandel mit bankähnlichen Geschäften unter einem Dach. Als notwendige Ergänzung zu ihren

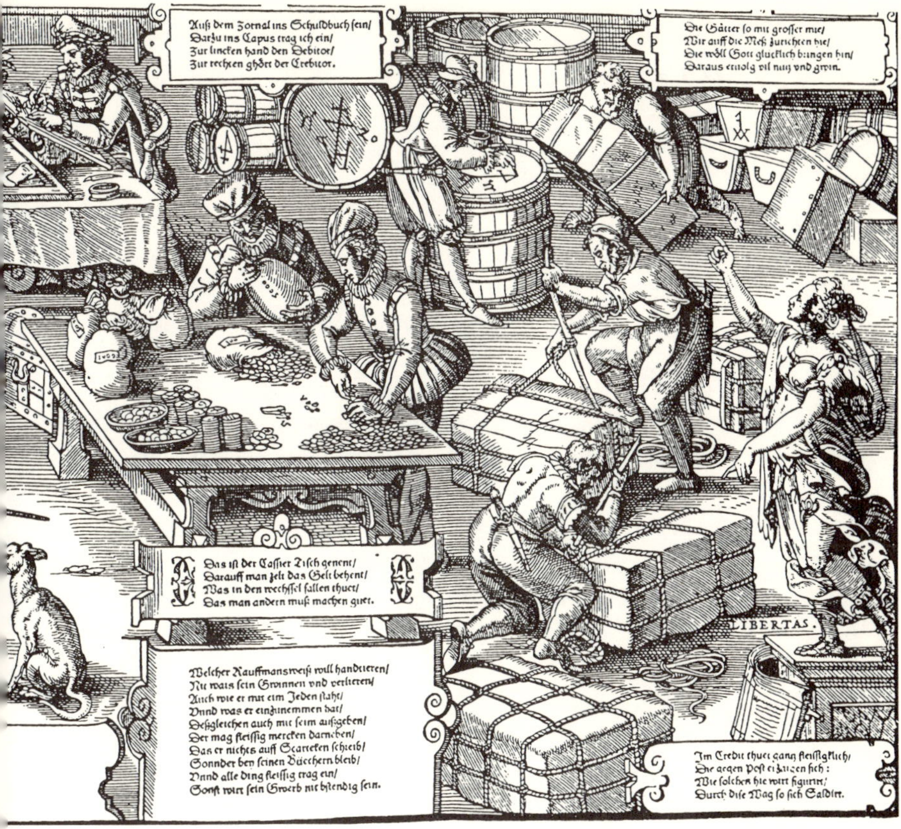

Der Blick in ein Handelskontor aus dem 16. Jahrhundert zeigt rege Geschäftigkeit. Oben links sitzt der Buchhalter. Die rechte Bildhälfte präsentiert das Warenlager, in dem verpackt, geordnet und verladen wird. In der Mitte steht der Kassentisch mit losen, abgezählten und gebündelten Münzgeldern.

Handelstätigkeiten entwickeln sie das Wechsel- und Kreditgeschäft in Deutschland. Indem sie das tun, werden sie für die Fürstenhöfe zu interessanten Finanzquellen.

1551/1559

Die zweite und dritte Reichsmünzenordnung von Augsburg schafft den Reichsguldiner zu 60 Kreuzern. Der Reichstaler wird verboten, aber trotzdem weiter geprägt. Es festigt sich die Trennung Deutschlands in Taler- (Nord- und Ostdeutschland) und Guldenländer (Süd- und Westdeutschland). Der rheinische Gulden wird wertgleich mit dem Reichsguldiner Rechnungsgulden zu 60 Kreuzern.

1555

Im Anschluß an eine Reise von Richard Chancellor nach Moskau wird mit königlichem Privileg eine englische Handelsgesellschaft gegründet, die sich als erste »joint stock company« (Aktiengesellschaft) formiert. Die »Muscovy Company« entwickelt Handelsbeziehungen nach Rußland und wird wegen ihrer Eigentümerkonstruktion zum Vorbild vieler ähnlicher Handelsgesellschaften.

1557

Als erste Staaten des abendländischen Europa müssen Frankreich und Spanien fast gleichzeitig den Staatsbankrott erklären. Auslöser ist der Zusammenbruch der kreditgebenden Banken, vor allem aus Genua und Augsburg.

1560

Die Kaufleute von Antwerpen sind in Europa berühmt für ihre Wettleidenschaft. Sie wetten auf die Ankunft von Schiffen, auf die Ernteergebnisse, auf Fischfangergebnisse, auf das Kommen bestimmter Fernhändler. Das spekulative Element bestimmt auch den Handel mit Anteilsscheinen für bestimmte Fernhandelsexpeditionen. Es entsteht so ein Vorläufer moderner Terminmärkte. Der rasante Aufstieg Hollands zur See- und Handelsmacht läßt die Warenterminmärkte jahrzehntelang blühen. Zwischen

1630 und 1637 erreicht auch eine Spekulationsmanie auf Tulpenzwiebeln das ganze Land und endet in dem Zusammenbruch des Handels.

1573

Englische und niederländische Kaperschiffe überfallen die spanische Silberflotte, die regelmäßig zwischen Havanna und Sevilla die Edelmetalle aus der Neuen Welt nach Europa transportiert. Die Spanier reagieren mit der verstärkten Bildung von sogenannten »Konvois«, militärischen Geleitzügen, zur Sicherung ihrer Geldtransporte..

Die führende Stellung Frankfurts als deutsches Finanzzentrum ist schon im 16. Jahrhundert gefestigt. Aus der Messe- und Börsenstadt kommen viele gute Handelsmünzen, so dieser Frankfurter Taler aus dem Jahre 1572.

1574

Der Staatshaushalt von Kastilien besteht zu rund 70 Prozent aus Militärausgaben. Die laufenden Einnahmen decken dabei nur rund die Hälfte der Ausgaben. Das Schatzamt muß den Rest durch Anleihen aufbringen. Diese Haushaltsschieflage ist ein krasses Beispiel für die chronisch wachsenden Staatsdefizite in fast allen europäischen Staaten. Wegen der explodierenden Finanzbedürfnisse der Staaten wächst die Kreditbranche rasant. Neue langfristige Schuldpapiere (Staatsanleihen) erobern sich einen Markt.

1576

In Augsburg werden erste Wechseldiskontgeschäfte gemacht. Gleichzeitig taucht in Spanien das erste Indossament auf. Skontierte Obligationen sind bis 1536 zurückzuverfolgen. In Italien sind erste Vorläufer des übertragbaren Schecks aufgetaucht. Die neuen Finanztechniken greifen auf Erfahrungen der Messehändler zurück, die das »Depot« von Messe zu Messe schon seit Jahrhunderten tradieren. Der sich rasch verbreitende »Wechselbrief« ist ein schriftliches Versprechen, einer namentlich genannten Person eine bestimmte Geldsumme zu einem künftigen Zeitpunkt an einem anderen Ort zu zahlen. Jeder Wechselbrief kommt also sowohl einer Zahlungsmittelübertragung als auch einem kurzfristigen Kredit (zwischen ein bis drei Monaten) gleich.

Am Ende des 16. Jahrhunderts haben die Niederlande den oberitalienischen Städten den Rang in Sachen Geldgeschäfte abgelaufen. Die Holländer gelten zu jener Zeit als spielsüchtige Spekulanten. Lukas von Leyden verdeutlicht dieses Vorurteil mit seiner Darstellung »Die Kartenspieler«.

Mit den Anfängen der neuzeitlichen Geldordnungen wird das Thema »käufliche Liebe« zu einem Topos der Kunst und Literatur. Das Bild stammt von Jeremias van Winghen und heißt »Küchenmagd und Liebhaber«.

1577

In Frankreich macht Heinrich III. den Ecu aus Gold zur gesetzlichen Währungseinheit. Sprachlich von lateinisch »scutum« hergeleitet, wird der Ecu zum Namenspatron des italienischen »scudo« und dem spanisch-portugiesischen »escudo«. Schon Ludwig der Heilige hat 1266 einen »ecu d'or« etablieren wollen, ist aber mit dem Vorhaben gescheitert.

1581

Obwohl sich das Kredit- und Bankgeschäft in den Niederlanden besonders schnell verbreitet, sind die religiösen Widerstände gegen Geldgeschäft noch enorm. 1581 ordnet die Generalsynode der calvinistischen Kirche an, keinen Bankier oder dessen Angestellte zum Abendmahlsgottesdienst zuzulassen. Die Familie des Bankiers sei nur dann zugelassen, nachdem sie ihr Mißfallen am Beruf des Bankiers öffentlich bekundet habe. Das moralische Vorurteil gegen Kreditzinsen wird in katholischen Regionen Europas geteilt.

1582

Der Kredit verbreitet sich in Europa als notwendige Alternative zum wenig elastischen Geldangebot. Überall tauchen Geldverleiher und Pfandleiher auf; das Instrument der Schuldscheine wird tausendfach entdeckt. Die Verlockungen der neuen Finanzierungseinrichtung sind in einigen Städten allerdings so groß, daß viele Menschen in die Schuldknechtschaft geraten. In Rom müssen 1582 insgesamt 5942 Bürger sogar in das Schuldgefängnis.

1587

In Venedig beginnt die Banco di Rialto das Giralgeschäft. Eine Verordnung verpflichtet das Geldinstitut, von jedermann Depositen in guten Münzsorten anzunehmen und aufgrund solcher Depositen Geld zu überweisen. Alle Wechselzahlungen müssen allerdings noch in den Räumen der Bank getätigt werden. Auch Kontoüberziehungen werden nicht geduldet. Die Rialto-Bank gilt als eines der ersten Institute Europas mit öffentlichem Charakter.

In der frühen Neuzeit setzt sich langsam die Sitte durch, das Prägejahr auf der Münze kenntlich zu machen. Diese Goldmünze aus dem Jahre 1609 stammt aus Württemberg und zeigt auf der Vorderseite den heiligen Christophorus, auf der Rückseite ist das württembergische Wappen zu sehen.

1605

Papst Pius VI. gründet mit der Banco di Santo Spirito di Roma die erste Staatsbank Europas. Der Prozeß der Verrechtlichung und Verstaatlichung des Geldwesens schreitet in Europa rasch voran. Neben der Kirche und wenigen Instituten oberitalienischer Städte funktioniert das Kreditgeschäft noch immer weitgehend über persönliche Beziehungen. Die älteste heute noch bestehende Zentralbank der Welt ist die »Schwedische Reichsbank« von 1656.

1609

Die Bank von Amsterdam (Wisselbank) wird zu dem Zweck gegründet, den Zahlungsverkehr zu modernisieren. Alle Wechsel niederländischer Kaufleute, die auf mehr als 100 flämische Pfund lauten, müssen fortan über die Bank bezahlt werden. Jeder größere Kaufmann ist damit gezwungen, ein Konto bei dem neuen Institut zu unterhalten. Die Bank von Amsterdam betreibt als erste nicht-italienische Bank den bargeldlosen Zahlungs- und Buchungsverkehr im großen Stil. Das Kreditgeschäft unterläßt die Bank allerdings. Auch Kontoüberziehungen sieht die Bank nicht gerne, und sie verlangt als Strafe 3 Prozent des überzogenen Betrages. Im Laufe der Jahre avanciert die Wisselbank zum wichtigsten internationalen Clearing-Institut. Von 1660 bis 1710 ist Amsterdam der Haupthandelsplatz Europas und die Wisselbank der Mittelpunkt des europäischen Zahlungsverkehrs. 1721 bestehen bei der Wisselbank 2918 Konten mit einem Einlagenvolumen von knapp 29 Millionen Gulden.

1610

Die Geldknappheit führt in Jülich dazu, daß Gouverneur Frierich Pythan sein persönliches Tafelsilber zerschneidet, mit einer Stempelung versieht und in Umlauf setzt.

1619

Nach dem Vorbild der Bank von Amsterdam entsteht in Deutschland die Hamburger Bank unter staatlicher Aufsicht. Initiatoren sind der Hamburger Bürgermeister Claen und der Kaufmann Beckmann, die vor allem der Münzverschlechterung entgegenwirken wollen. Das Institut betreibt Einlagen- und Giralgeschäfte mit einer eigenen Verrechnungseinheit namens »Mark Banco«. Erstmals werden bei der Gründung der Hamburger Bank Bestimmungen über das Bankgeheimnis festgelegt. Die Bank-Angestellten und das Verwaltungskollegium aus fünf Bürgern müssen einen Eid zur Geheimhaltung der Geschäfte ablegen. Schon im ersten Jahr der Geschäftstätigkeit werden auf 642 Folianten täglich 60 bis 70 Posten gut- und abgeschrieben. Am Jahresende beträgt der Banksaldo 706 780 Mark und 11 Schillinge.

1618-1623

Der Dreißigjährige Krieg führt zu einer drastischen Verschlechterung der Münzqualitäten in Mitteleuropa. Die »Kipper- und Wipperzeit« bedeutet eine chaotische Inflationsphase, in der massenhaft schlechte (gekippte, das heißt abgeschnittene) Münzen durch gewinnsüchtige Geldherren (die an Meßwaagen unrechtmäßig herumwippten) in Umlauf kommen. Die Verlockung mit der Ausmünzung großer Mengen von geringhaltigen Stücken (auch Kupfermünzen) führt zu einer spekulativen Überdrehung der Geldemissionen. Münzorte werden verpachtet, und überall »in Stätten, Clostern, Fürstlichen Cantzleyen auf Dorffern und woll im Felde« wandeln sich Metalle zu Geldern. Das Greshamsche Gesetz, wonach schlechte Geldsorten gute verdrängen, bewahrheitet sich – der Handel kehrt teilweise sogar zum Naturaltausch zurück. Nach sozialen Unruhen im ganzen Reich verfügt Ferdinand II. ein Patent, wonach alles schlechte Geld außer Kurs gesetzt und die Münzstättenverpachtung eingeschränkt wird. 1659 kommt es allerdings zu einer zweiten »Kipper- und Wipperzeit«.

Rembrandt, »Die Goldwägerin«, 1643.

Jan de Herdt, »Die Geldzählerin«, 1670.

Ein Geldbeutel aus dem 16. Jahrhundert mit Guldiner, Halbguldiner, Zwanziger, Zehner und Pfennigen der Reichsstadt Nürnberg.

Lukas Cranach d. Ä., »Die verliebte Alte«.

Rembrandt, Harmensz van Rijn, »Der Geldwechsler« (Das Gleichnis vom Reichen, Lukas 12,16–21).

Matthias Stomer, »Der Geiz«.

Jan Brueghel d. Ä., »Triumph des Todes« (Ausschnitt),

Kopie nach dem Gemälde seines Vaters Pieter Brueghel.

Domenico Fetti,
»Das Gleichnis vom verlorenen Groschen«
(Lukas 15,8–10).

Manillen-Tauschmittel aus dem Westen Afrikas kamen vom 16. Jahrhundert an auch nach Europa, um dort allerdings als Schmuck oder Wertgegenstand zu fungieren.

Unten: *Karl Gottlieb Lück, um 1730–1775, »Die Verabschiedung der Magd«, Porzellanfiguren aus der Frankenthaler Porzellanmanufaktur.*

William Hogarth (1697–1774), »Der Ehevertrag«.

Pfandbrief, aus dem 18. Jhd.

1637

In den Wirren des Dreißigjährigen Krieges läßt Wilhelm V. von Hessen-Kassel eine Münze mit der Aufschrift »Deo volente humilis levabor« (So Gott will, werde ich Geringer aufgerichtet) prägen. Der Fürst vergleicht damit sein vom Krieg bedrohtes Schicksal mit einer vom Sturm gefährdeten Weide, über der Jehovas Name strahlt. Die Mode, auf Münzen Bekenntnisse, Beschwörungen oder Lyrisches zu prägen, wird typisch für die Barockzeit.

1659

Schon im Dreißigjährigen Krieg hat die exzentrische schwedische Königin Christine die Einführung riesiger Kupfermünzen als Ersatz für Silbergeld angeordnet. Diese »Platmynt« wiegen bis zu 20 Kilogramm und sind bis zu einem Meter lang. Die wohl schwerste Münze der Weltgeschichte wird aber 1659 in Schweden hergestellt. Das Wuchtstück aus Kupfer wiegt mehr als 22 Kilogramm.

1661

Als 1661 in Schweden die Silbermünzen knapp werden, beginnt die schwedische Bank in Stockholm Papiergeld zu drucken. Die »Credityf-Zedels« gelten seither als erstes offizielles Papiergeld Europas. Anders als bei kaufmännischen Orders, die es schon länger gibt, können sie ohne jede Formalität wie Indossament oder ähnliches übertragen werden. Der erste Typ besteht aus einem Vordruck, der handschriftlich mit Wert und Währung ausgefüllt wird; wenig später sind Wert und Währung schon eingedruckt. Wie alle Noten bis weit ins 19. Jahrhundert hinein sind diese Geldscheine auch handschriftlich unterzeichnet. Schon 1668 muß die Notenbank in Staatshände überführt werden, weil ihr Gründer Johan Palmstuck der Versuchung nicht widerstanden hat, mehr Noten in Umlauf zu setzen, als die Bank hat einlösen können.

1663

Aus dem westafrikanischen Gold von der Küste Guineas wird die englische Münze »Guinea« geprägt. Wegen des hohen Feingehalts der Münze ist der »Guinea« 21 Schillinge (statt der üblichen 20 Schillinge) wert. Er bleibt bis zur Einführung des Dezimalsystems 1971 in Großbritannien eine übliche Verrechnungseinheit für Honorare der freien Berufe und für Luxuswaren.

1665

In den deutschen Staaten kommt es nicht nur laufend zu neuen Münzemissionen, zu »Heckenmünzen« (hinter jeder Hecke wird gemünzt) und schlechten Qualitäten, es finden auch immer öfter Währungsschnitte und Geldreformen statt. Nachdem Kurfürst Johann Georg II. von Sachsen (1656–1680) selber zahlreiche minderwertige Münzen hat prägen lassen, entschließt er sich 1665 zu einer durchgreifenden »Devaluation« der fremden Taler und Kleinmünzen. 99 Münzsorten werden außer Kurs gesetzt, und es verbleiben »nur« 23.

1667

Brandenburg und Sachsen schließen im Kloster Zinna einen Vertrag, der erstmals in Deutschland das System von Kurantmünzen einführt. Mit dem Vertrag von Zinna wird an die Stelle des Neun-Taler-Fußes der Reichsmünzenordnung von 1566 eine gespaltene Währungseinheit gestellt. Neben dem Neun-Taler-Fuß wird von den Vertragsparteien auch der Zehneinhalb-Taler-Fuß als zulässig betrachtet. »Neun-Taler-Fuß« heißt, daß neun Taler aus der Kölnischen Mark geprägt werden dürfen. Der Vertrag von Zinna zeigt den Zerfall zentralstaatlicher Autorität im Deutschen Reich an und eröffnet ein verwirrendes Kurantgeld- und Währungssystem in Deutschland, das erst mit der Reichsgründung von 1871 wieder vereinheitlicht wird.

1673

Am Wiener Hof treten jüdische Hoffaktoren als Kreditgeber und Finanzfachleute auf. Hier wie an anderen deutschen Höfen des 17. und 18. Jahrhunderts werden sie zu oft unentbehrlichen Geldgebern und üben dabei gelegentlich auch politischen Einfluß aus.

1694

Die Bank of England wird in London als Aktiengesellschaft gegründet und gibt zunächst handschriftlich gefertigte und auf beliebige Beträge lautende Noten (Erfahrungen mit »goldsmiths notes«) aus, ehe zum Formular und schließlich zur gedruckten Note über runde Beträge übergegangen wird. Mit der Bank of England wird in Großbritannien eine nachhaltige Verbesserung des staatlichen Finanz- und Anleihewesens und der wirtschaftlichen Prosperität insgesamt möglich. Sie begibt Staatsanleihen, emittiert Papiergeld, nimmt Einlagen entgegen, handelt mit Edelmetall, erledigt für den Staat Geldüberweisungen ins Ausland, akzeptiert und bezahlt Wechsel und kümmert sich sogar um die staatlichen Steuereingänge. Keinem anderen Institut in Europa gelingt eine Geldschöpfung in diesem Ausmaß. Die Bank of England wird zum Vorbild für viele ähnliche Institutionen in aller Welt.

1695

Eine erste Anleihe moderner Machart – durch Emissionen von Obligationen, die auf einen gleichen Betrag gegen jährlichen Zins lauten – vermittelt die Firma Deutz dem österreichischen Herrscherhaus.

1697

In Schweden besteigt König Karl X. den Thron und führt Schweden mit seinen Kriegsabenteuern sehr bald an den Rand des Staatsbankrotts. In letzter Minute rettet der wagemutige Bankier Baron Georg Heinrich von Görtz (1668-1719) den König vor der Blamage, indem er auf Staatskredit

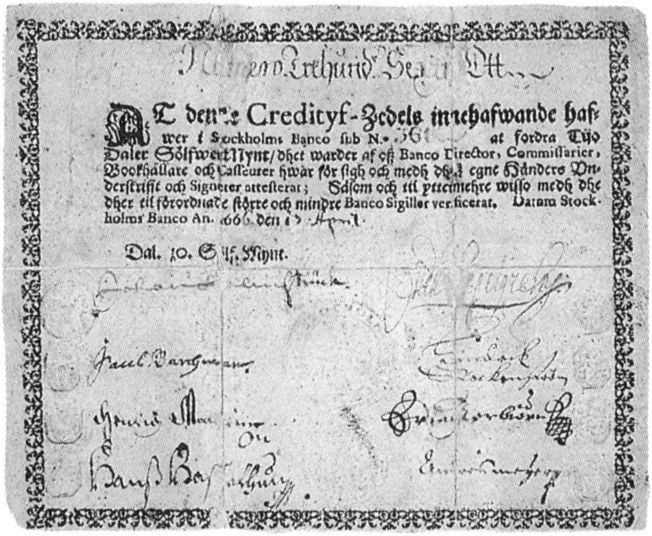

Die schwedischen »Credityf-Zedels« von 1666 zählen zum ältesten Papiergeld in Europa. Wie alle Noten bis weit ins 19. Jahrhundert hinein sind auch diese Geldscheine handschriftlich unterzeichnet.

Sebastiano Richi, »Danaë«, um 1700.

kupferne Scheidemünzen schlagen läßt. Diese sogenannten »Görtz-Taler« zeigen Figuren wie Jupiter, Saturn, Mars und allegorische Darstellungen der Hoffnung. Die Görtz-Taler gelten als eine der ersten gesetzlich geschützten Scheidemünzen in der Geschichte und ebnen den Weg zu einem modernen immateriellen Geldverständnis. Nach dem Tod des Königs allerdings befinden die Schweden ihre schnöden Kupfertaler für wertlos und lassen Baron Görtz kurzerhand enthaupten.

Ein Taler aus der Frühzeit Preußens, um 1702. Die Münze aus Magdeburg zeigt schon den berühmten preußischen Adler mit Krone, Reichsapfel und Zepter in den Fängen.

1700

Die Stadt Nürnberg läßt die kleinste Goldmünze der deutschen Geschichte prägen. Der 1/32 Dukat wiegt nur 0,1 Gramm und hat einen Durchmesser von fünf Millimetern.

1700

»Das Land die Früchte bringet, im Harz der Thaler klinget« – so lautet die Aufschrift einer Münze, die 1700 in Braunschweig geprägt wird. Der Stolz auf die Silberausbeute im Harzgebiet zeigt sich auch in anderen bilderreichen Ausbeutetalern mit Ansichten von Gruben. Andere deutsche Städte geben Münzen mit handwerklich hochwertigen Stadtansichten, religiösen Darstellungen oder Heiligenbildern aus. Der reiche Barockstil findet seinen Niederschlag auch in den Portraitbildnissen mit üppigen Allongeperücken und Gewändern, Wappenschildern und Kleinodien. Das Geld wird zum Spiegel des fürstlichen Glanzes.

1701

Kurfürst Friedrich August von Sachsen wird berühmt für seine verspielten Münzausprägungen. Für seine Spieltische läßt er sogar eigens »Schmetterlingstaler« mitsamt Teilstücken herstellen. Im Gegensatz dazu stehen die berüchtigten »Roten Seufzer«, mit deren Ausgabe 1701 begonnen wird. Sie werden in riesigen Mengen von sehr minderwertigen Sechsern unter die Bevölkerung gebracht und sichern dem Kurfürsten einen beträchtlichen »Schlagschatz« (Gewinn). Die Bevölkerung aber erleidet große Verluste, da die »Roten Seufzer« später für nur zwei bis drei Pfennige zurückgewechselt werden. Die Versuche, einen »Banco-Taler« als Außenhandelsmünze einzuführen, scheitern.

1706

Kurfürst Johann Wilhelm von der Pfalz (Jan Wellem genannt) veranlaßt seine Stände, der Gründung einer Zettelbank »Banco di gyro d'affricatione« in Köln zuzustimmen. Sie soll dem Staatskredit dienen und die Prunkliebe des Fürsten finanzieren. Die Noten werden auf Namen ausgestellt, durch Indossament übertragen und sind damit zwar kein echtes Papiergeld, aber doch dessen erste Vorläufer in Deutschland. Ebenfalls im Jahr 1706 wird in Wien die Stadt-Banco gegründet, die fünfzig Jahre später Banco-Zettel ausgibt, die als erstes offizielles Papiergeld Deutschlands gelten.

1716

Der Schotte John Law führt in Frankreich das gedruckte Papiergeld ein, nachdem er eine Geldwerttheorie entwikkelt hat, in der er die Aufgabe des Geldes für die Wirtschaft mit der des Blutkreislaufs im menschlichen Körper vergleicht. Durch vermehrten Geldumlauf und gleichmäßige Geldverteilung im ganzen Land könne jedes Volk seinen Lebensstandard erhöhen. Dazu brauche man nur die Münzen durch Papiergeld zu ersetzen. Der Hof Ludwigs XV. nimmt die Vorschläge Laws auf und erteilt ihm 1716 die Erlaubnis, in Paris eine staatliche Notenbank, die Banque Générale, zu eröffnen. Nach Vorbild der Bank of England richtet Law das Institut als private Aktiengesellschaft mit 12 000 Anteilsscheinen zu je 500 Livres ein. Die ausgegebenen Banknoten und die Aktien von ebenfalls neugegründeten Kolonialgesellschaften kursieren schnell und werden zum Objekt der Spekulation. 1718 wird die Banque Générale von der Krone als Banque Royal übernommen und Law ihr Direktor – ein Netz von Zweigstellen überzieht Frankreich. Sehr rasch kommt es zur Überspekulation, die Lawsche Kreditblase platzt und das ganze Finanzsystem bricht zusammen. 1721 macht die Banque Royal Bankrott, und der Finanzminister Law muß mit wenigen Goldmünzen in der Tasche nach Brüssel fliehen. Frankreich bleibt bis 1776 ohne Zentralbank.

1717

England kehrt 1717 zur Doppelwährung zurück und behält diese bis 1816 bei. Fortan gibt es in London nur noch sehr geringe Unterschiede zwischen dem Wert der Münze und dem Marktpreis von Gold und Silber. Mit der Doppelwährung und der Vereinbarung von Nominal- und Warenwert des Geldes wirkt England auf viele europäische Währungen vorbildlich. Das Doppelwährungs-Risiko des Bewertungsgleichgewichts von Nominal- und Metallwert führt 1774 aber auch in England dazu, daß die Goldmünzen neu geprägt werden müssen und das Silbergeld zum Kleingeld degradiert wird. Fortan entfällt der Annahmezwang für Silbergeld bei Forderungen von mehr als 50 Pfund.

1720

Nach exzessiven Aktienspekulationen in weiten Teilen der englischen Gesellschaft – verbunden mit Korruption bis in höchste Kreise – bricht die South Sea Company zusammen. Dieser »South Sea Bubble« löst eine schwere Regierungskrise aus und geht zusammen mit der Lawschen Finanzkrise als erster großer Börsenkrach in die Finanzgeschichte ein. In England wie Frankreich hat die Krise von 1720 den Effekt eines Staatsbankrotts. Der Übergang zum kreditorientierten Finanzsystem der Moderne liefert ein abschreckendes Beispiel für den spielerischen Umgang mit Staatsschulden. Für Amerika hat der South Sea Bubble zur Folge, daß Papiergeldemissionen bis zur Revolution von London untersagt bleiben.

MARTIN LUTHER
EIN SERMON
VON DEM
WUCHERER

Nun sollen die zusehen, wo sie bleiben, die Wein, Korn, Geld und was dergleichen ist ihren Nächsten so leihen, daß sie diese verpflichten oder beschweren und überladen, übers Jahr Zinsen zu zahlen, so daß sie mehr oder ein Besseres, als sie geborgt haben, wiedergeben müssen. Das sind jüdische Stücklein und Tücklein. Es ist ein unchristliches Verhalten, wider das heilige Evangelium Christi, ja wider das natürliche Gesetz und Recht, das der Herr anzeigt Luk 6,31, das sagt: »Was du willst, daß dir die Menschen tun und lassen sollen, das tu und laß du auch ihnen.« Es ist niemand, der nicht gern wollte, daß man ihm ohne Zinsen leihe. Warum tut er dann das Gegenteil einem andern gegenüber? Und sie gehen doch hin als fromme Christen, beten, fasten, geben zuweilen ein Almosen, stiften dies und das. Aber dieses christliche Werk, auf das es ganz und gar ankommt, will man nicht beachten.

Dieser Zinskauf geschieht etwa dann, wenn man von denen Zins verlangt, die es ohne Zweifel nötig haben, daß man ihnen umsonst leiht oder gibt. So taugt er doch ganz und gar nichts, denn Gottes Gebot steht im Weg und will, daß den Bedürftigen geholfen werde mit Leihen und Geben. Zweitens geschieht er, wenn beide, Käufer und Verkäufer, des Ihren bedürfen, deshalb weder zu leihen noch zu geben vermögen, sondern sich mit dem Wechsel des Kaufs behelfen müssen. Wenn nun das geschieht ohne Übertretung des geistlichen Gesetzes, daß man aufs Hundert vier, fünf, sechs Gulden gibt, läßt sich's ertragen. Doch soll allezeit die Gottesfurcht besorgt sein, daß sie mehr fürchte, sie nehme zu viel als zu wenig, damit der Geiz nicht neben der Sicherheit des angemessenen Kaufs einbreche. Je weniger aufs Hundert, desto gottgefälliger und christlicher ist der Kauf.

Es ist aber meines Amtes nicht, anzuzeigen, wo man

fünf, vier oder sechs aufs Hundert geben soll. Ich laß es bleiben bei dem Urteil der Richter, daß man da, wo der Grund so gut und reich ist, sechs nehmen darf. Aber nach meiner Meinung urteile ich: Wenn man Christi Gebot halten wollte in den ersten drei Graden, sollte der Zinskauf nicht so allgemein oder not sein, es wäre denn bei großen, stattlichen Summen und ansehnlichen Gütern. Er reißt aber ein bei den Groschen und Pfennigen und übt sich hier in ganz geringen Summen, die man doch leicht mit Geben und Leihen besorgt, nach Christi Gebot. Und doch wollen sie nicht, daß dies Geiz genannt wird!
Nun findet man etliche, die nicht allein bei geringen Gütern Zins verlangen, sondern auch zu viel nehmen, sieben, acht, neun, zehn aufs Hundert. Da sollten die Machthaber einschreiten. Hier wird das arme gemeine Volk heimlich ausgesogen und schwer unterdrückt. Drum geschieht es auch, daß solche Räuber und Wucherer – wie die Tyrannen und Räuber es verdienen – vielmals unnatürlich sterben, dem raschen Tod verfallen oder sonst schrecklich umkommen. Denn Gott ist ein Richter für die Armen und Bedürftigen, wie er viele Male im alten Gesetz sagt.

MARTIN LUTHER
WENN DAS GELD IM KASTEN KLINGT ...

Es wird rings im Lande der päpstliche Ablaß unter Deinem hocherhabenen Namen zum Bau von St. Peter verbreitet. Dabei klage ich nicht so sehr das Geschrei der Ablaßprediger an, das ich nicht gehört habe, sondern beklage vielmehr das grundfalsche Verständnis, das das Volk daraus gewinnt und das sie dem einfachen Volk überall hoch anpreisen: daß die unglücklichen Seelen glauben, wenn sie Ablaßbriefe lösen, seien sie ihres Heils sicher, ebenso, daß die Seelen sogleich aus dem Fegefeuer fahren, sobald sie ihre Zahlung in den Kasten gelegt hätten; weiter, die Gnadenwirkungen dieses Ablasses seien so kräftig, daß keine Sünde zu groß sein kann – selbst (wie sie sagen) wenn einer (gesetzt die Möglichkeit) die Mutter Gottes geschändet hätte –, daß sie nicht vergeben werden könne; schließlich, daß der Mensch durch diesen Ablaß frei sei von aller Strafe und Schuld.

BARTOLOMÉ DE LAS CASAS
GOLDSCHÜRFEN

Beim Goldschürfen geht es folgendermaßen zu: Um das Gold aus den Eingeweiden der Erde herauszuholen, müßten die Menschen eigentlich von Eisen sein, denn das Gebirge wird zu dem Zweck um und umgewendet, einmal das Untere nach oben und dann wieder das Oberste nach unten, tausendmal, indem man Felsstücke haut und sie dann zerschlägt, Steine transportiert und Erde auf dem Rücken zu den Flüssen trägt, um das Gold herauszuwaschen. Hier stehen die Arbeiter ununterbrochen zusammengedrängt im Wasser, gebückt, daß der Körper sich krümmt; die schlimmste aller Arbeiten aber ist es, wenn die Mine Wasser führt, dieses mit den Armen und besonderen Schöpfgefäßen von unten nach oben hinauszubefördern. Mit einem Wort, wenn man eine Vorstellung gewinnen will, um was für eine Arbeit es sich beim Goldschürfen handelt, so muß man bedenken, daß die schlimmste Strafe, die die Heiden nächst der Todesstrafe über die Märtyrer verhängen konnten, die Arbeit im Metallbergwerk war ... Die Arbeit in den Minen währte anfangs sechs Monate, später wurde sie auf acht festgesetzt und dauerte an, bis das gesamte Gold in die Schmelzerei gebracht war. War es ausgeschmolzen, so nahm der König seinen Anteil davon, den Rest bekam der Inhaber des Repartimiento, der freilich viele Jahre hindurch auch nicht einen Kastellano [Pfennig] davon zu seiner Verfügung bekam, weil er alles schon den Lieferanten und anderen Gläubigern schuldete, und so brachten die Qual und das Elend der Indianer beim Schürfen dieses höllischen Goldes nur zuwege, daß Gott es dahinschwinden ließ und kein Mensch dabei einen Gewinn hatte. Während der Zeit des Goldschmelzens gab man den Indianern Urlaub zu ihren Stämmen, die zwei, drei oder vier Tagereisen entfernt wohnten. Man kann sich wohl vorstellen, wie sie dort ankamen, welche Erholung sie nach acht Monaten Abwesenheit daheim fanden, wo sie ihre Frauen und Kinder schutzlos zurückgelassen hatten, falls man sie nicht vielleicht auch zur Arbeit verschleppt hatte! So kamen Männer und Frauen nur wieder zusammen, um ihr elendes Leben zu beweinen ...

WILLIAM SHAKESPEARE
DAS STÄRKSTE GIFT

Erde,
Gib Wurzeln mir! *Er gräbt.*
Wer Beßres in dir sucht, dem würz den Gaumen
Mit deinem stärksten Gift! – Was find ich hier?
Gold? Kostbar, flimmernd, rotes Gold? Nein, Götter,
Nicht eitel fleht ich. Wurzeln, reiner Himmel!
So viel hievon macht schwarz weiß, häßlich schön,
Schlecht gut, alt jung, feig tapfer, niedrig edel.
Ihr Götter, warum dies? Warum dies, Götter?
Ha, dies lockt euch den Priester vom Altar,
Reißt Halbgenesnen weg das Schlummerkissen.
Ja, dieser rote Sklave löst und bindet
Geweihte Bande, segnet den Verfluchten;
Er macht den Aussatz lieblich, ehrt den Dieb
Und gibt ihm Rang, gebeugtes Knie und Einfluß
Im Rat der Senatoren; dieser führt
Der überjährgen Witwe Freier zu;
Sie, von Spital und Wunden giftig eiternd,
Mit Ekel fortgeschickt, verjüngt balsamisch
Zu Maienjugend dies. Verdammt Metall,
Gemeine Hure du der Menschen, die
Die Völker tört. Komm, sei das, was du bist.

JAKOB ZETL
CHRONIK DER
STADT STEYER
1621

»In diesem Jahr hat sich das lange Gold angefangen, ist in allen Münzbänken lauter schlechtes Geld als Goldiner, Zwelfer, Vierundzwanziger, kleine Gröschl und bayrische Landmünz geprägt worden, da hat jedermann Geld genueg gehabt. Es ist alle Sache theur worden, auch kiein guetes Geld zu bekhommen gewest, also daß die Leut großen Mangel leden mueßten.« Zum 22. April 1622: »Umb diese Zeit hat sich eine solche Theuerung angefangen, anfangs mit dem Geld, ist ein Dukaten auf 20 fl., ein Reichstaler auf 10 fl. gestiegen, worauf alles aufgeschlagen, ein Pfund Fleisch um 15 Kreuzer, ein Kandl Wein um 1 fl., ist auch ganz kupfernes Geld gangen, schlimme Zwölfer und kleine Gröschl, war kein guetes Geld zu finden. Es ist eine so mühsamb teuere Zeit gewesen, daß oftermals morgens frühe bei hundert Personen vor einem Brotladen gestanden und auf Brot gewartet haben.«

»Kurz vor Weihnachten ließen ihro Durchlaucht aus Bayern als dies Lands ob der Enns Pfandinhaber ein Patent ausgehen und auf allen Kanzeln verlesen, daß das lange Geld alles auf die Hälfte des Werts herabfallen solle, nemblichen ein Dukaten auf 10 fl., welcher vorhin 20 fl. hat golten, ein Reichstaler, welcher vorhero 10 und 12 fl. galte, auf 6 fl., also gieng es auch mit der geringeren Münz auf halben Teil; das Kupfergeld und die bayrische Landmünz war gar verboten. Es wurden auch alle Vicktualien (Lebensmittel) und Sachen anders gesetzt. Es war vorhin nicht wohlfeil und teuer genueg, auf dieses angeschlagene Patent (= offener Befehl) wurde aber die Not noch größer, denn der Metzen Korn stiege auf 24 fl. und war dazue nicht zu bekommen, sowohl auch das Fleisch.«

JOHN LOCKE
GELD,
DIE BESTÄNDIGE
SACHE

So *kam der Gebrauch des Geldes auf,* einer beständigen Sache, welche die Menschen, ohne daß sie verdarb, aufheben und nach gegenseitiger Übereinkunft gegen die wirklich nützlichen, aber verderblichen Lebensmittel eintauschen konnten.
Und wie die verschiedenen Stufen des Fleißes das unterschiedliche Verhältnis ihres Besitzes bedingte, so gab die *Erfindung des Geldes* ihnen Gelegenheit, den Besitz zu vergrößern und beständig zu machen. Denken wir uns eine Insel, die von jeder Möglichkeit des Handels mit der übrigen Welt abgeschnitten ist, auf der nur hundert Familien wohnen, wo es einerseits zwar Schafe, Pferde, Kühe und andere nützliche Tiere gibt und auch gesunde Früchte und genügend Land, um für hunderttausendmal so viele Menschen Getreide zu liefern, wo es aber andererseits – weil entweder alles Gemeingut, oder weil es zu leicht verderblich ist – nichts gibt, was den Rang des *Geldes* einnehmen könnte: Welche Veranlassung könnte auf einer solchen Insel irgendein Mensch haben, seinen Besitz an dem, was der eigene Fleiß erzeugte oder was er für ebenfalls verderbliche, nützliche Dinge mit anderen eintauschen könnte, über das hinaus zu vergrößern, was für den Bedarf seiner Familie und zu ihrer reichlichen Versorgung notwendig ist? Wo es nichts gibt, das gleichzeitig dauerhaft, selten und wertvoll genug ist, um es aufzubewahren, werden die Menschen keine Neigung verspüren, ihren *Besitz an Land* zu vergrößern, wäre es auch noch so reich und noch so leicht in Besitz zu nehmen. Denn ich frage, welchen Wert soll ein Mensch zehn- oder hunderttausend Acres vortrefflichen, fertig bebauten und gut mit Vieh besetzten Bodens mitten im Innern *Amerikas* zumessen, wo er keinerlei Hoffnung hat, mit der übrigen Welt Handel treiben zu können, um durch den Verkauf seiner Erzeugnisse *Geld* zu gewinnen? Sie wären die Einzäunung

nicht wert, und wir könnten sehen, wie er bald alles, was mehr wäre, als ihm und seiner Familie zur Annehmlichkeit ihres Lebens ausreichen würde, wieder dem natürlichen wilden Gemeinbesitz zurückgibt.
So war es anfangs, und zwar weitaus mehr als es heute der Fall ist, die ganze Welt ein *Amerika,* denn so etwas wie *Geld* war überall unbekannt. Wenn man sich etwas ausdenkt, was bei seinen Nachbarn dem *Gebrauch* und dem *Wert des Geldes* entspricht, so wird man sehen, wie derselbe Mensch unverzüglich beginnt, seinen Besitz zu vergrößern.
Da aber Gold und Silber, die im Verhältnis zu Nahrung, Kleidung und Transportmöglichkeiten für das Leben des Menschen von geringem Nutzen sind, ihren *Wert* nur von der Übereinkunft der Menschen erhalten haben, wofür aber die Arbeit doch zum größten Teil den *Maßstab* setzt, ist es einleuchtend, daß die Menschen mit einem ungleichen und unproportionierten Bodenbesitz einverstanden gewesen sind. Denn sie haben durch stillschweigende und freiwillige Zustimmung einen Weg gefunden, wie ein Mensch auf redliche Weise mehr Land besitzen darf, als er selbst nutzen kann, wenn er nämlich als Gegenwert für den Überschuß an Produkten Gold und Silber erhält, jene Metalle, die in der Hand des Besitzers weder verderben noch umkommen und die man, ohne jemandem einen Schaden zuzufügen, aufbewahren kann. Diese Verteilung der Dinge zu einem ungleichen Privatbesitz haben die Menschen, außerhalb der Grenzen der Gemeinschaft und ohne Vertrag, nur dadurch ermöglicht, daß sie dem Gold und Silber einen Wert beilegten und stillschweigend in den Gebrauch des Geldes einwilligten. Denn in Staaten regeln die Gesetze das Eigentumsrecht, und der Landbesitz wird durch positive Satzungen genau bestimmt.

GOTTHOLD EPHRAIM LESSING
NATHAN DER WEISE

Sechster Auftritt. Nathan allein.

Hm! Hm! – wunderlich! – Wie ist
Mir denn? – Was will der Sultan? was? – Ich bin
Auf Geld gefaßt; und er will – Wahrheit. Wahrheit!
Und will sie so, – so bar, so blank, – als ob
Die Wahrheit Münze wäre! – Ja, wenn noch
Uralte Münze, die gewogen ward!
Das ginge noch! Allein so neue Münze,
Die nur der Stempel macht, die man aufs Brett
Nur zählen darf, das ist sie doch nun nicht!
Wie Geld in Sack, so striche man in Kopf
Auch Wahrheit ein? Wer ist denn hier der Jude?
Ich oder er? – Doch wie? Sollt er auch wohl
Die Wahrheit nicht in Wahrheit fordern? – Zwar,
Zwar der Verdacht, daß er die Wahrheit nur
Als Falle brauche, wär auch gar zu klein! –
Zu klein? – Was ist für einen Großen denn
Zu klein? – Gewiß, gewiß: er stürzte mit
Der Türe so ins Haus! Man pocht doch, hört
Doch erst, wenn man als Freund sich naht. – Ich muß
Behutsam gehn! – Und wie? wie das? – So ganz
Stockjude sein zu wollen, geht schon nicht. –
Und ganz und gar nicht Jude, geht noch minder.
Denn, wenn kein Jude, dürft er mich nur fragen,
Warum kein Muselmann? – Das wars! Das kann
Mich retten! – Nicht die Kinder bloß speist man
Mit Märchen ab. – Er kömmt. Er komme nur!

FRANÇOIS QUESNAY
GRUNDSÄTZE WIRTSCHAFTLICHER REGIERUNG

Das Geld ist also nicht der wahre Reichtum einer Nation, der Reichtum, der verbraucht wird und immerwährend neu entsteht; denn das Geld erzeugt nicht wieder Geld. Ein gut angewandter Taler kann in der Tat einen Reichtum von zwei Talern entstehen lassen, aber es ist die Produktion, und nicht das Geld, das sich vermehrt hat, folglich darf das Geld nicht in sterilen Händen verweilen. Es ist also für den Staat nicht so gleichgültig, wie man glaubt, ob das Geld dem Peter oder dem Paul in die Tasche fließt, weil es sehr wichtig ist, daß es demjenigen nicht entzogen werde, der es zum Nutzen des Staates verwendet. Genau gesprochen, hat das Geld, das diese Aufgabe in der Nation hat, keinen Eigentümer; es gehört den Bedürfnissen des Staates, die es für die Reproduktion der Reichtümer in Umlauf setzen, welche die Nation erhalten und welche die Abgabe für den Herrscher liefern.

MÜNZMEISTER
HANS ZIESSLER

Gold und Silber münzen ist gar eine Freie Kunst
Die Arbeit dran ist nicht umsunst,
So fressen's auch nicht Motten oder Schaben,
Man darf auch nit Langweil dran haben,
Wann's fertig ist es bar Geld,
Das anderen Künsten gar weit fehlt …

(Schrieb Münzmeister Hans Ziessler ins Stammbuch seines Freundes J. C. Wolf aus Neumarkt/Oberpfalz)

Der Müntzer.
Wann Treu gebricht, so taugt es nicht.
Wes ist das Bild? Hertz, prüfe dich,
ob Gottes Bild in dir gepräget!
Das Hertz verschläget selber sich,
das falsch und Sünden Bilder träget.
Der Himmels Marckt nimt keines an,
Das Christi Bild nicht zeigen kan.

Dieser holländische Stich verspottet die Aktienspekulationen im 18. Jahrhundert. In der Bildmitte produzieren drei Herren auf sehr drastische Weise aus Geld Aktien, die das Volk ihnen sogleich entreißt. Vorne rechts sitzt Gott Merkur, der den Menschen Glück und Gewinn bringen soll, gefangen im Käfig. Zwei Harlekine zeigen diese Glücksversicherung dem Publikum.

1750

Friedrich der Große beauftragt seinen Generalmünzmeister J. P. Graumann, das preußische Münzsystem neu zu ordnen. In zwei Münzedikten wird wenig später der sogenannte »Graumannsche Konventionsfuß« als für Preußen gültige Norm festgelegt. Nach dieser berühmten Reform werden aus der Kölnischen Mark mit 234 Gramm Feinsilber 14 neue preußische Taler geprägt. Der Taler ergibt 24 Groschen, der Groschen wiederum 12 Pfennige. Im 19. Jahrhundert tritt dieser Vierzehntalerfuß in ganz Deutschland einen Siegeszug an.

1759

Während des Siebenjährigen Krieges wird in Wien das erste echte Papiergeld deutscher Länder herausgebracht. Die 1706 gegründete Stadt-Banco gibt eine provisorische Emission von Scheinen zu 10 und 20 Gulden aus. Dieses spontane Notprojekt wird drei Jahre später durch ein Patent vom 15. Juni 1762 offizialisiert. Nun beginnt in Österreich die großvolumige Ausgabe von Papiergeld. Die erste Ausgabe von 1762 soll 12 Millionen Gulden in Ausgaben von 5, 10, 25, 50 und 100 Gulden umfaßt haben. Ein Aufnahmezwang besteht zunächst nicht, aber für Steuerzahlungen können sie verwendet werden. Da der Umtausch in Silber garantiert wird, erlangen die neuen Zettel rasch Beliebtheit. Die Inhaber haben sogar das Recht, die Noten in fünfprozentige Bankobligationen umzutauschen, so daß eine Hortung des neuen Geldes vorteilhaft ist. 1771 kommt es dann zur zweiten Notenemission in Wien, die nun schon nicht mehr in Obligationen umgetauscht werden kann.

1765

Friedrich der Große von Preußen erläßt das »Edikt und Reglement der Königlichen Giro- und Lehn-Banco«. Damit wird die erste Notenbank der deutschen Geschichte und zugleich die direkte Vorgängerin der Reichsbank aus der Taufe gehoben. Das »Banco-Pfund« wird die erste offizielle

Papiergeldemission Deutschlands. Gleichzeitig befördert das Institut mit dem Banco-Pfund als Verrechnungseinheit den Giroverkehr erheblich. Der bargeldlose Zahlungsverkehr in Deutschland erhält somit einen institutionellen Rahmen mit staatlicher Garantie.

1765

Nach dem Siebenjährigen Krieg wird die Braunschweigisch Herzogliche Leihhauskasse als erste deutsche Bodenkreditanstalt gegründet. Gleichzeitig wird der Pfandbrief erfunden zur Finanzierung des Wiederaufbaus Schlesiens.

1778

In Hamburg gründet die »Patriotische Gesellschaft« die erste deutsche Sparkasse. Das neuartige Institut (»Ersparungskasse der Allgemeinen Versorgungsanstalt«) soll vor allem den Unterschichten die Gelegenheit bieten, Ersparnisse sicher und zinstragend anzulegen. In den Statuten ist festgelegt: »Die Ersparungskasse ist zum Nutzen geringer, fleißiger Personen beiderlei Geschlechts, als Dienstboten, Tagelöhner, Handarbeiter, Seeleute, errichtet, um ihnen Gelegenheit zu geben, auch bei Kleinigkeiten etwas zurückzulegen und ihren sauer erworbenen Not- und Brautpfennig sicher zu einigen Zinsen belegen zu können, wobei man hoffet, daß sie diese ihnen verschaffte Bequemlichkeit sich zur Aufmunterung gereichen lassen mögen, um durch Fleiß und Sparsamkeit dem Staat nützlich und wichtig zu werden.« Damit ist der Startschuß für die in Deutschland besonders erfolgreiche Sparkassenbewegung gefallen.

1781

Der französische Finanzminister Necker veröffentlicht einen »Compte Rendu« (Rechenschaft), einen Staatshaushalt, um auf die leeren Staatskassen aufmerksam zu machen. König Ludwig XVI. entläßt Necker daraufhin wegen Bruchs der bis dato üblichen Geheimhaltung der Staatsfinanzen. Die Finanzkrise des Ancien régime schreitet gleichwohl unaufhaltsam fort.

Friedrich der Große inspiziert nach Einführung des Pfandbriefes den Wiederaufbau im kriegszerstörten Schlesien.

Im Revolutionsjahr 1790 werden Assignaten zum gesetzlichen Zahlungsmittel in Frankreich. Auch dieser Schein über 2000 Franc wird durch Hyperinflation der Assignaten alsbald wertlos.

1789

Diese französische Silbermünze von 1793 verweist in ihrer Inschrift darauf, daß das Frankreich der Jakobiner unter der Herrschaft des Gesetzes stehe. Eine Nike schreibt auf eine Steintafel »Constitution«.

Im Verlauf der Französischen Revolution werden auf die beschlagnahmten Kirchengüter, Krondomänen und Emigrantenbesitztümer verzinsliche Staatsobligationen ausgegeben. Die sogenannten »Assignaten« werden 1790 zum gesetzlichen Zahlungsmittel Frankreichs. Zunächst sind nur 400 Millionen Livres des neuen Papiergeldes zur Ausgabe freigegeben, doch es folgt die Dynamik der Notenpresse mit einer Hyperinflation und zuletzt 46 Milliarden Livres Geldumlauf. Am 19. Februar 1796 werden die mittlerweile völlig entwerteten Assignaten abgeschafft und durch »Mandats territaux« ersetzt. Die Schuldpapiere, die ebenfalls durch Ländereien gedeckt sein sollen, werden wiederum ein Opfer der Inflation und schon im Mai 1797 wieder abgeschafft. Mit Napoleon beginnt die Rückkehr Frankreichs zum Münzgeld, dessen Bestand sich aus Kriegskontributionen nach den militärischen Eroberungen erheblich steigert. Geldgeschichtlich wirkt die Assignaten-Zeit in Frankreich wie ein Strohfeuer des herannahenden Papiergeldzeitalters.

1792

Die Währungsordnung der Vereinigten Staaten wird begründet. Das Münzgesetz vom 2. April 1792 macht den Dollar (sprachlich von Taler abgeleitet) zur Einheit und führt das Dezimalsystem ein. Ein Dollar besteht aus zehn Dimes oder Hundert Cents. Nach britischem Vorbild vertrauen die Amerikaner auf die Doppelwährung aus Gold und Silber, deren Wertrelation mit 1 zu 15 festgeschrieben wird. 1838 verändern die Amerikaner dieses Verhältnis durch ein Gesetz auf 1 zu 15,988. Die Doppelwährung wird aber rund ein Jahrhundert beibehalten. Die Münzstätte in Philadelphia bleibt bis 1838 die einzige der Union.

1803

Zum »Reichsdeputationshauptschluß« lösen sich viele Klein- und Kleinststaaten in Deutschland auf. Ihre Münzemissionen kursieren gleichwohl noch auf Jahre hinaus weiter. Die Napoleonischen Kriege und die Besetzung deutscher Länder führen außerdem zu einer Flut von Papiergeldemissionen in Deutschland. Als Emittenten treten gleichzeitig Länderregierungen, Zettelbanken und private Aktiengesellschaften auf.

1806

Preußische Tresorscheine werden vom Staat als Zahlungsmittel in Stückelungen zu 5, 50, 100 und 250 Talern ausgegeben. Sie übernehmen zwar vielerorts Papiergeldfunktionen, werden aber wie Aktien mit einem bestimmten Kurswert gehandelt und angesehen. Die Bevölkerung betrachtet Papiergeld insgesamt noch als Geldersatz, als Berechtigungsschein auf »echtes« Geld. So kommt es zu erheblichen »Kursschwankungen« der Tresorscheine.

1814

Nach der Befreiung von der napoleonischen Besatzung kann auch die Hamburgische Bank Ende 1814 ihre Pforten wieder öffnen. Mit der internen Verrechnungseinheit »Mark Banco« bietet das Institut den Kaufleuten der Stadt ein stabiles Buchgeld zur Abwicklung ihrer Finanzgeschäfte an. Über die Bankkonten werden bargeldlose Überweisungen unabhängig von den lokalen Münzwirren getätigt. Die Hamburger »Mark Banco« wird damit zu einer der erfolgreichsten Großhandelswährungen im deutschen Girogeschäft. Obwohl das bargeldlose Verfahren schon äußerst modern gehandhabt wird und ein historischer Markstein der Giralgeldgeschichte ist, schwindet die Bedeutung des Instituts mit der Verbesserung und Vereinheitlichung des deutschen Münzwesens in den kommenden Jahren.

DANIEL DEFOE
ROBINSON
FINDET
GELD

In einer andern Schublade (des gestrandeten Schiffes) fand ich bei 30 Pfund geprägtes Geld, teils europäische, teils brasilianische Münze, etliche Stücke von Achten (8 Schillingstücke), auch etwas Gold und Silber fand sich. Bei Erblickung dieses Geldes lächelte ich bei mir selber und sagte überlaut: »O kahle Ware! wozu nützest du? mir bist du ja nichts nütze, nicht einmal so viel, daß ich dich nur von der Erde aufheben mag. Eines von diesen Messern ist mehr wert als dieser ganze Haufe. Ich kann dich keineswegs brauchen, bleib wo du bist und sink unter, als ein Ding, welches keiner Rettung wert ist.« Doch als ich mich besser bedachte, nahm ich's weg, wickelte es in ein Stück Segeltuch und fing an auf ein Floß zu denken.

JOHN LAW
GELD

Bis heute ist noch kein besseres Mittel zur Vermehrung der Geldmenge gefunden worden als die Banken. Es gibt sie in Italien schon lange, erfunden wurden sie aber, soviel ich weiß, in Schweden. Hier wurde Kupfer als Geld verwendet, was wegen des Gewichts und der Größe der Münzen unbequem war. Darum wurde eine Bank gegründet, bei der bares Geld hinterlegt werden konnte; in Höhe des Wertes des hinterlegten Geldes wurde dann Kredit gegeben. Dadurch wurde der Handel sehr erleichtert. (...)
Gelegentlich werden gegen alle Banken Bedenken erhoben, die mehr Papiergeldkredite geben, als Bargeld bei ihnen verpfändet ist. Denn erstens, so wird argumentiert, kann es dann vorkommen, daß der Bargeldvorrat nicht ausreicht, um das Einlösebegehren zu befriedigen, und zweitens wird ein Rückgang der Handelstätigkeit oder eine Verringerung der Geldmenge überhaupt nicht oder kaum bemerkt. Wenn aber die Bank die Zahlungen erst dann einstellt, dann ist die Lage schlimmer als zuvor.

Dem ersten Einwand ist folgendes entgegenzuhalten: Auch wenn die Nation durch die Geldvermehrung der Bank nichts gewinnen würde, auch wenn die Leute keinen Gewinn von einer Geldversorgung hätten, die ohne Bank überhaupt nicht oder nur zu einem höheren Zins zustande gekommen wäre, und auch wenn die Eigentümer der Bank keinen Gewinn erzielen würden: die anderen Annehmlichkeiten des Papiergeldes, wie schnellere und leichtere Zahlungsmöglichkeiten usw., sind mehr als ein Ausgleich für die mit der Papiergeldemission verbundenen Gefahren. Denn sonst könnte man sich nicht erklären, weshalb Banknoten, Goldschmiedenoten oder Noten von Bankiers dem Silbergeld vorgezogen werden, obwohl jedermann weiß, daß die Bank unter Umständen zeitweise die Zahlungen einstellen muß, und auch Goldschmiede und Bankiers zahlungsunfähig werden können.

Was den anderen Einwand betrifft: Gesetzt den Fall, ein Kaufmann hat nur wenig Waren, wäre aber in der Lage, mehr umzusetzen. Ihm wird nun ein zinsloser Kredit angeboten, dessen Höhe dem Wert seines Warenlagers entspricht und mit der Zunahme des Lagers wächst. Soll er die Aufnahme dieses Kredits ablehnen, weil es sein könnte, daß er den Wert seiner Vorräte höher einschätzt, als er wirklich ist? Soll man etwa den ganzen Kredit kündigen, wenn seine Vorräte abnehmen? (...)

Wenn man mit 100 000 Pfund Handel treiben kann und dabei noch Überschüsse in der Zahlungsbilanz bestehen, dann würde die Anwendung der gleichen Maßnahmen und eine größere Geldmenge die Überschüsse noch größer machen. Auch darf man nicht annehmen, daß die zusätzliche Geldmenge, welche die Bank zur Verfügung stellt, verlorengeht, wenn auf Grund eines Überschusses der Handelsbilanz die Silbergeldmenge zunimmt: Der Kredit der Bank kann durch einen Zufall geschädigt werden, auch wenn das Geld reichlich ist. Dann aber würde der Kredit bald wiederhergestellt werden, er wird nur dann vernichtet, wenn das Geld knapp ist. Ein derartiger Kredit kann den Handel fördern, wenn dieser ohne Kredit zurückgehen würde, er kann aber keinen Schaden anrichten.

DAVID HUME
SCHULDSCHEINE

Öffentliche Schuldscheine sind bei uns zu einer Art von Gelde geworden, und gehen, nach dem jeweiligen Kurs, ebenso leicht von Hand zu Hand, wie Gold und Silber. Wo sich nur irgend eine gewinnvolle Unternehmung darbietet, wie große Auslagen sie auch erfordern mag, da sind sogleich Hände genug bereit, sich damit zu befassen; auch darf ein Gewerbsmann, welcher Summen in den Wertpapieren stehen hat, ohne Bedenken sich in das weitläufigste Geschäft einlassen, weil er mit den Fonds, die er besitzt, den plötzlichen Anforderungen, welche an ihn gemacht werden mögen, Genüge leisten kann. Kein Kaufmann findet es nötig, eine beträchtliche Kasse im Hause zu behalten. Bankobligationen und Schuldscheine der ostindischen Compagnie, insonderheit die letztern, dienen zu allem Behuf eben so gut, weil er sie in einer Viertelstunde bei einem Bankier verpfänden oder zu Geld machen kann; und zu gleicher Zeit sind sie, selbst wenn sie in seinem Schreibpult liegen, nicht tot, sondern bringen ihm ein beständiges Einkommen. Kurz, unsere Nationalschulden verschaffen den Kaufleuten eine Art von Geld, das sich beständig in ihren Händen vervielfältigt, und sichern Gewinn, neben den Profiten ihres Handels, hervorbringt. Das muß sie in den Stand setzen, auf geringeren Profit zu handeln. Der geringere Kaufmannsprofit macht die Ware wohlfeiler, verursacht einen größeren Absatz, belebt die Arbeit des gemeinen Volks und hilft Betriebsamkeit und Künste durch die ganze Gesellschaft verbreiten. (...)
Aber im Gegensatz auf diese zwei günstigen Umstände, welche vielleicht von keiner sehr großen Wichtigkeit sind, erwäge man die vielen Nachteile, welche für die

ganze innere Staatswirtschaft mit unsern öffentlichen Schulden verknüpft sind; man wird finden, daß zwischen den daraus entspringenden Vorteilen und Übeln gar keine Vergleichung stattfindet.
Erstens ist es gewiß, daß Nationalschulden einen mächtigen Zusammenfluß von Menschen und Reichtümern nach der Hauptstadt verursachen, weil daselbst die in den Provinzen zur Abtragung der Zinsen erhobenen großen Summen an die Staatsgläubiger ausgezahlt werden; und, vielleicht auch, weil daselbst der Kaufmann besser, als an jedem andern Ort in dem Königreich, die vorher erwähnten Vorteile aus den Wertpapieren ziehen kann.
Zweitens. Staatsschuldverschreibungen, da sie eine Gattung von Papierkredit sind, haben alle die Nachteile, welche das Papiergeld mit sich führt. Sie verdrängen Gold und Silber aus dem ansehnlichsten Handel des Staats, bringen es auf die gemeine Zirkulation zurück, und machen dadurch, daß alle Lebensmittel und Arbeit teurer werden, als sie sonst sein würden.
Drittens. Die Auflagen, welche erhoben werden, um die Zinsen dieser Schulden zu bezahlen, müssen entweder den Preis der Arbeit erhöhen oder die Klasse der Armen bedrücken.
Viertens. Da die Fremden einen großen Anteil an unsern Nationalfonds besitzen; so machen sie den Staat sich gewissermaßen zinsbar, und können Anlaß geben, daß mit der Zeit unsere Leute und unsere Gewerbe zu ihnen übergehen.
Fünftens. Da der größte Teil der öffentlichen Wertpapiere immer in den Händen müßiger Leute ist, die von ihrem Einkommen leben; so gibt unsere Nationalschuld, in dem Betracht, dem untätigen und unnützen Leben großen Vorschub.
Aber so bedeutend sich auch der Schaden im ganzen genommen zeigt, welcher für den Handel und die Betriebsamkeit aus unsern öffentlichen Fonds erwächst; so ist er doch eine Kleinigkeit, in Vergleichung

gegen das Unheil, welches dem Staat, als einem politischen Körper, der sich in der Gemeinschaft mit allen Nationen aufrechterhalten muß und mancherlei Angelegenheiten mit andern Staaten in Kriegen und Unterhandlungen abzumachen hat, daraus bevorsteht. Hier ist das Übel rein und unvermischt, ohne irgendeinen günstigen Umstand, der dasselbe vergütete; und es ist zugleich ein Übel von der höchsten und wichtigsten Art.

JEAN DE LA FONTAINE
DER SCHÄFER AM MEER

Von dem Ertrag, den Schafzucht ihm gewährte,
der ihn bescheiden aber sicher nährte,
lebt' einst ein Mann dem Meereshafen nah;
dem raubt' die Ruhe, was er täglich sah.

Was wurden da für Schätze ausgeladen! ...

Wie leicht erworben schien des Kaufmanns Gut! ...
Betört verhandelt er sein Vieh mit Schaden,
das Geld vertraut als Ware er der Flut ...
Doch Schiff und Last verschlang des Sturmes Wut.
Mit einem Schlag war unser Mann nun los
die schöne Herde, war des Geldes bloß!

Er mußte wieder sich als Hirt verdingen,
wie einst als Junge hinter fremdem Vieh
mit Stab und Hund sich täglich müde springen.
Er tat's geduldig, lebte karg, und sieh,
allmählich konnte er in ein'gen Jahren
sich eine eig'ne Herde neu ersparen ...

Und wieder sah er eines Morgens früh,
wie reichbelad'ne Schiffe stolz herzogen.
Da rief er fröhlich: »Glaub's, ihr schlimmen Wogen,
habt Appetit wohl wieder auf mein Geld?
Sucht andre Dumme! Ich bin schon geprellt!«

Die Fabel soll nicht nur vergnüglich sein,
sie präg' auch eine wicht'ge Wahrheit ein:
Ein Pfennig, Konto »Sicher« angelegt,
ist mehr wert als ein Taler, wohlgeprägt,
auf den man, wünschevoll, erst Hoffnung hegt.
Der Wünsche weites Meer kann mächtig locken ...
Doch bei dem Klang der Zukunftswunderglocken
bleib kühl, und wenn – beschränk den Einsatz klug!
Von hundert, die den Einsatz hoffend wagen,
hat einer Glück, die andern sind geschlagen ...
Bleibt bei Verlust dir immer noch genug?

J. H. G. VON JUSTI
STAATSWIRTSCHAFT

Man wird sich vielleicht wundern, warum ich Gold und Silber, und nicht vielmehr das Geld als den vorzüglichen Preiß und das allgemeine Vergütungsmittel aller Güter ansehe. Allein, das Gold und Silber, aber nicht das Geld ist darzu nothwendig und allgemein angenommen, besonders wenn es auf Commercien mit auswärtigen Völkern ankömmt. Das Geld ist nur in demjenigen Lande, wo es geschlagen ist, als ein allgemeines Vergütungsmittel der Güter anzusehen. Die Auswärtigen machen darauf keinen andern Betracht, als in so fern der wahre Werth an Gold und Silber darinnen befindlich ist und sie wissen es durch den Wechselcours, durch das Agio und durch den Preiß der Waaren, dergestalt einzurichten, daß sie es nie höher annehmen, als ihr innerlicher Gehalt beträgt. Das Geld, in Absicht auf die Auswärtigen, ist also in der That nichts anders, als selbst eine Waare, die sie bloß nach der Maaße im Tausche annehmen und vergüten, als der Preiß des Goldes und Silbers dermalen ist. Diese bleiben also im Grunde lediglich und allein das allgemeine Vergütungsmittel aller Güter.

Diejenigen Regenten, welche schlecht Geld ausmünzen lassen, irren sich also sehr, wenn sie glauben, daß sie dadurch etwas gewinnen wollen. Die Ausländer wissen es durch die hier berührten Mittel dergestalt einzurichten, daß sie es dennoch nicht höher annehmen, als sein wahrer Werth an Golde und Silber beträgt, ja um sicher zu gehen, lassen sie es nicht einmal in seinem wahren Werthe gelten. Da nun in andern Landen dergleichen schlecht Geld niemand verlanget: so geht es dennoch größtentheils in dasjenige Land zurück, wo es als das Geld des Landesherrn nicht verworfen werden kann. Von den Unterthanen geht es wieder in die Cassen des Regenten; und derselbe hat eine sehr eitle Einbildung, wenn er glaubt, durch sein Gepräge mehr zu besitzen, als Gold und Silber darinnen ist. So bald es auf einen Aufwand außer Landes ankommt: so fällt diese schmeichlerische Einbildung hinweg. Unterdessen leiden die Unterthanen dabey, die es von dem Regenten nach dem eingebildeten Werthe erhalten, und es doch bey den Ausländern nur nach ihrem innerlichen Gehalt nutzen können, auch von den Ausländern, wenn ihre Landesproducte in solchem Gelde ihres Regenten bezahlet werden, in der That viel weniger bekommen, als behandelt worden ist.

CHARLES SECONDAT DE MONTESQUIEU
EINGEBILDETES GELD

Montesquieu, Persische Briefe Nr. 142: Sohn des Aeolus (Windbeutel!) sagt: »Völker von Bätica, wollt Ihr reich sein? Bildet Euch ein, ich sei sehr reich und Ihr seid es auch; setzt Euch jeden Morgen in den Kopf, Euer Vermögen hätte sich über Nacht verdoppelt, dann steht auf, bezahlt Eure Gläubiger mit dem, was Ihr Euch einbildet und sagt dann, sie sollen sich's auch einbilden.«

ADAM SMITH
GELD IST
ANWEISUNG

Eine Goldmünze kann angesehen werden als eine Anweisung auf eine bestimmte Menge von Bedarfs- und Genußgütern auf alle Geschäftsleute in der Nachbarschaft. Das Einkommen des Empfängers dieser Münze besteht nicht so sehr in diesem Stück Gold, als in all dem, was er dafür bekommen kann. Könnte es für nichts eingetauscht werden, so würde es – wie eine Anweisung auf einen Zahlungsunfähigen – nicht mehr Wert haben als das unnützeste Stück Papier.
Obgleich wir daher oft das Einkommen eines Menschen in Metallstücken ausdrücken, die er alljährlich erhält, so geschieht das doch nur deshalb, weil diese Geldstücke den Umfang seiner Kaufkraft regeln, d. h. den Wert der Güter, die er im Laufe des Jahres verbrauchen darf. Obwohl der Lohn des Arbeiters ihm gewöhnlich in Geld ausgezahlt wird, besteht doch sein wirkliches Einkommen, wie das aller Menschen, nicht in dem Wertgehalt des Geldes, sondern in dem, was er dafür bekommen kann.

IMMANUEL
KANT
EINE THEORIE
DES GELDES

Geld ist eine Sache, deren Gebrauch nur dadurch möglich ist, daß man sie veräußert.
Hierauf läßt sich vorläufig eine Realdefinition des Geldes gründen: es ist das allgemeine Mittel, den Fleiß der Menschen gegeneinander zu verkehren; so: daß der Nationalreichtum, insofern er vermittels des Geldes erworben worden, eigentlich nur die Summe des Fleißes ist, mit dem Menschen sich untereinander lohnen, und welcher durch das in dem Volke umlaufende Geld repräsentiert wird. (...)
Die Sache nun, welche Geld heißen soll, muß also selbst so viel Fleiß gekostet haben, um sie hervorzubringen oder auch anderen Menschen in die Hände zu schaffen, daß dieser demjenigen Fleiß, durch welchen die Ware (in Natur- oder Kunstprodukten) hat erworben

werden müssen und gegen welchen jener ausgetauscht wird, gleichkomme. Denn wäre es leichter, den Stoff, der Geld heißt, als die Ware anzuschaffen, so käme mehr Geld zu Markte, als Ware feil steht, und weil der Verkäufer mehr Fleiß auf seine Ware verwenden müßte als der Käufer, dem das Geld schneller zuströmt: so würde der Fleiß in Verfertigung der Ware und so das Gewerbe überhaupt mit dem Erwerbsfleiß, der den öffentlichen Reichtum zur Folge hat, zugleich schwinden und verkürzt werden. – Daher können Banknoten und Assignaten nicht für Geld angesehen werden. (...)

Der intellektuelle Begriff, dem der empirische vom Geld untergelegt ist, ist also der von einer Sache, die, im Umlauf des Besitzes begriffen, den Preis aller anderen Dinge (Waren) bestimmt, unter welche letztere sogar Wissenschaften, sofern sie anderen nicht umsonst gelehrt werden, gehören: dessen Menge also in einem Volk die Begüterung desselben ausmacht. Denn Preis ist das öffentliche Urteil über den Wert einer Sache im Verhältnis auf die proportionierte Menge desjenigen, was das allgemeine stellvertretende Mittel der gegenseitigen Vertauschung des Fleißes (des Umlaufs) ist. – Daher werden, wo der Verkehr groß ist, weder Gold noch Kupfer für eigentliches Geld, sondern nur für Ware gehalten: weil von dem ersteren zuwenig, anderen zuviel da ist, um es leicht in Umlauf zu bringen und dennoch in so kleinen Teilen zu haben ist, als zum Umsatz gegen Ware oder eine Menge derselben im kleinsten Erwerb nötig ist. Silber (weniger oder mehr mit Kupfer versetzt) wird daher im großen Verkehr der Welt für das eigentliche Material des Geldes und den Maßstab der Berechnung aller Preise genommen; die übrigen Metalle (noch viel mehr also die unmetallischen Materien) können nur in einem Volk von kleinem Verkehr stattfinden. – Die ersteren beiden, wenn sie nicht bloß gewogen, sondern auch gestempelt, d. i. mit einem Zeichen, für wieviel sie gelten sollen, versehen worden, sind gesetzliches Geld, d. i. Münze. Geld ist also derjenige Körper, dessen Veräußerung das Mittel und zugleich der Maßstab des Fleißes ist, mit welchem Menschen und Völker untereinander Verkehr treiben.

SEBASTIEN LE PRESTRE DE VAUBAN
DAS KAPITAL DER KÖNIGE

Die Einkünfte von Privatpersonen fließen aus dem Boden, dem Handel, der Industrie; die wahren Grundlagen der Einkünfte der Könige sind die Menschen selber: Von ihnen beziehen sie ja nicht nur ihre gesamten Einnahmen, sondern über sie verfügen sie auch in allen ihren anderen Angelegenheiten. Die Menschen sind es, die ihr Geld hergeben, die alles tun, sich allen möglichen Gefahren aussetzen, um Güter und Leben ihres Herrschers zu schützen, die Kopf, Arm und Glieder zu seinem Dienst verwenden, ja nicht einmal heiraten und Kinder zeugen können, ohne daß der Fürst seinen Vorteil davon hat, denn er gewinnt ja dabei ebenso viele neue Untertanen ... Dieses Kapital gilt es sorgfältig zu behandeln und sein Anwachsen mit allen gesetzlichen Mitteln zu fördern, es in gutem Zustand zu erhalten und keiner Verschwendung auszusetzen. Das erreicht man mit Sicherheit, wenn man die Abgaben den Kräften eines jeden anpaßt, die Einkünfte sparsam verwaltet und die Untertanen nicht den Erpressungen der Steuerpächter, der willkürlichen Taille, den Gebühren und Zöllen, den Betrügereien der Salzsteuer (gabelle) und so vielen anderen drückenden Abgaben aussetzt, die zu unendlichen Quälereien Anlaß gegeben ... und das Königreich teilweise entvölkert haben. Diese Armeen von Steuerpächtern und Unterpächtern mit ihren Gehilfen aller Art sind die Blutegel des Staates, zahlreich genug, um die Galeeren zu füllen! Nachdem sie tausend nichtswürdige Betrügereien begangen, stolzieren sie hoch erhobenen Hauptes durch Paris, geschmückt mit dem geraubten Gut ihrer Mitbürger; anmaßend, als hätten sie den Staat gerettet. Vor der Erpressung durch diese Harpyien gilt es das kostbare Kapital, die Untertanen, zu schützen ... Der König hat um so mehr Interesse daran, sie gut zu behandeln und zu erhalten, als seine Eigenschaft als König, sein Glück und sein Schicksal untrennbar mit ihnen verbunden sind und diese Verbindung erst mit seinem Tode endet ...

JEAN-JACQUES ROUSSEAU VOM DINGLICHEN BESITZ

Jedes Glied überantwortet sich der Gemeinschaft in dem Augenblick, in dem sie sich bildet, so, wie es sich gerade befindet – sich und alle seine Kräfte, wozu auch die Güter gehören, die es besitzt. Es ist nicht etwa so, daß durch diesen Akt der Besitz, indem er in andere Hände übergeht, seine Natur änderte und Eigentum würde in den Händen des Souveräns: Aber da die Kräfte der Polis unvergleichlich größer sind als die eines Einzelnen, ist der öffentliche Besitz in der Tat auch stärker und unwiderruflicher, ohne rechtmäßiger zu sein, zumindest für die Staatsfremden. Denn der Staat ist hinsichtlich seiner Glieder durch den Gesellschaftsvertrag, der im Staat allen Rechten zur Grundlage dient, Herr über all ihr Gut; aber den anderen Mächten gegenüber ist er es nur aufgrund des Rechts des ersten Besitznehmers, das er vom Einzelnen übernommen hat.

JOHANN WOLFGANG GOETHE FAUST

KANZLER, *der langsam herankommt.*
Beglückt genug in meinen alten Tagen. –
So hört und schaut das schicksalschwere Blatt,
Das alles Weh in Wohl verwandelt hat.
Er liest. »Zu wissen sei es jedem, der's begehrt:
Der Zettel hier ist tausend Kronen wert.
Ihm liegt gesichert, als gewisses Pfand,
Unzahl vergrabnen Guts im Kaiserland.
Nun ist gesorgt, damit der reiche Schatz,
Sogleich gehoben, diene zum Ersatz.«
KAISER. Ich ahne Frevel, ungeheuren Trug!
Wer fälschte hier des Kaisers Namenszug?
Ist solch Verbrechen ungestraft geblieben?

SCHATZMEISTER. Erinnre dich! hast selbst es unterschrieben;
Erst heute nacht. Du standst als großer Pan,
Der Kanzler sprach mit uns zu dir heran:
»Gewähre dir das hohe Festvergnügen,
Des Volkes Heil, mit wenig Federzügen.«
Du zogst sie rein, dann ward's in dieser Nacht
Durch Tausendkünstler schnell vertausendfacht.
Damit die Wohltat allen gleich gedeihe,
So stempelten wir gleich die ganze Reihe,
Zehn, Dreißig, Funfzig, Hundert sind parat.
Ihr denkt euch nicht, wie wohl's dem Volke tat.
Seht eure Stadt, sonst halb im Tod verschimmelt,
Wie alles lebt und lustgenießend wimmelt!
Obschon dein Name längst die Welt beglückt,
Man hat ihn nie so freundlich angeblickt.
Das Alphabet ist nun erst überzählig,
In diesem Zeichen wird nun jeder selig.
KAISER. Und meinen Leuten gilt's für gutes Gold?
Dem Heer, dem Hofe gnügt's zu vollem Sold?
So sehr mich's wundert, muß ich's gelten lassen.

MARSCHALK. Unmöglich wär's, die Flüchtigen
einzufassen;
Mit Blitzeswink zerstreute sich's im Lauf.
Die Wechslerbänke stehen sperrig auf:
Man honoriert daselbst ein jedes Blatt
Durch Gold und Silber, freilich mit Rabatt.
Nun geht's von da zum Fleischer, Bäcker, Schenken;

Die halbe Welt scheint nur an Schmaus zu denken,
Wenn sich die andre neu in Kleidern bläht.
Der Krämer schneidet aus, der Schneider näht.
Bei »Hoch dem Kaiser!« sprudelt's in den Kellern,
Dort kocht's und brät's und klappert mit den Tellern.

(...)

MEPHISTOPHELES.
Ein solch Papier, an Gold und Perlen Statt,
Ist so bequem, man weiß doch, was man hat;
Man braucht nicht erst zu markten, noch zu tauschen,
Kann sich nach Lust in Lieb' und Wein berauschen.
Will man Metall, ein Wechsler ist bereit,
Und fehlt es da, so gräbt man eine Zeit.
Pokal und Kette wird verauktioniert,
Und das Papier, sogleich amortisiert,
Beschämt den Zweifler, der uns frech verhöhnt.
Man will nichts anders, ist daran gewöhnt.

So bleibt von nun an allen Kaiserlanden
An Kleinod, Gold, Papier genug vorhanden.

JAMES MADISON EINE ZENTRALBANK IN DEN VEREINIGTEN STAATEN

Vorteile:

1. Kapital würde zur Investition bereitgestellt.
2. Die Bank würde den Händlern bei der sofortigen Bezahlung der Zölle und anderer Steuern durch die Bereitstellung kurzfristiger Kredite für diese Zwecke helfen.
3. Die Bank könnte der Regierung Geld zur Verfügung stellen.
4. Der Wucher würde bekämpft.
5. Das Hamstern wertvoller Metalle würde durch deren Lagerung in den Tresoren der Bank verhindert und Papiergeld würde an deren Stelle ausgegeben werden.
6. Persönliche Geldsendungen aus entlegenen Orten, an denen Papiergeld in Umlauf ist, würden erleichtert.

Nachteile:

1. Wertvolle Metalle würden dem Kreislauf entzogen.
2. Die Öffentlichkeit wäre der Gnade möglicher Bankanstürme ausgesetzt.
3. Die Bank würde den Reichtum auf einen Platz zentralisieren.
4. Das Vorhaben würde eine kleine Gruppe von Investoren bevorzugen, denen es möglich wäre, Aktien zu erwerben, bevor die Leute an weit entfernteren Orten dazu in der Lage wären.

THOMAS HOBBES
DAS BEQUEMSTE MITTEL

Was die Zubereitung und Verwendung derselben übrigens betrifft, so läßt sich beides füglich mit dem Verdauungsgeschäfte im menschlichen Körper vergleichen. Da nämlich alle Nahrungsmittel nicht auf einmal verbraucht werden können, sondern auch zum künftigen Gebrauch aufgespart werden können, so ist durchaus nötig, daß sie in etwas umgesetzt werden, welches zwar einen gleichen Wert hat, aber bequemer von einem Orte zum andern gebracht werden kann, damit die Bürger am Verkehr mit den Nahrungsmitteln durch deren beschwerliches Fortbringen nicht gehindert werden, und ein jeder sich dieselben allenthalben zu verschaffen imstande sei. Ohne Gold- und Silbermünzen ist dies aber nicht möglich, denn diese beiden Metalle werden fast in der ganzen Welt nicht bloß um ihres inneren Wertes willen sehr geschätzt, sondern sie sind auch das bequemste Mittel, den Wert aller übrigen Güter zu bestimmen. Zu diesem Zweck reicht zwar jede noch so geringhaltige Münze, wenn sie nur das öffentliche Gepräge führt, in dem Staate selbst hin; aber Gold- und Silbermünzen gelten überall. Eine Münze geht aus einer Hand in die andere und durch den Umlauf derselben wird jeder Bürger ernährt, so daß sie dem Staate eben das ist, was das Blut dem menschlichen Körper. Denn dieses entsteht auch aus den Früchten der Erde, durchrollt im Kreislauf die Glieder des Körpers und ernährt dieselben.

Weil Gold- und Silbermünzen ihres inneren Gehaltes wegen geschätzt werden, so haben sie das Besondere: daß ein oder wenige Staaten nicht imstande sind, den Wert derselben zu erhöhen oder herabzusetzen. Geringhaltige Münzen können leicht einen hohen oder niedrigen Preis bekommen; sie hindern aber, daß der Staats auswärts, wo es nötig wäre, wirksam sich beweisen und Heere bewaffnen und besolden kann, welches bei Gold- und Silbermünzen nicht der Fall ist. Jene geringhaltige Münze schränkt sich nur auf den Staat ein, wo sie geprägt wird, kommt außerhalb desselben nicht in Umlauf, und gilt oft mehr oder weniger zum größten Schaden des jedesmaligen Besitzers derselben.

Das Geld geht von dem Inneren zu dem Äußeren des Staates, und von da wieder zurück, d. h. es wird ausgegeben und eingenommen. Die Einnahme geschieht durch die Unter- und Obereinnehmer, welche es an die Schatzmeister abliefern; von diesen wird wiederum die Ausgabe an diejenigen Diener des Staates besorgt, die die öffentlichen Gelder auszahlen, und so gelangt es bis zu den einzelnen Bürgern. – Ist es nicht im menschlichen Körper ebenso? Einige Adern führen das aus den äußeren Teilen herströmende Blut zu dem Herzen, von wo aus dasselbe durch andere Adern zurückgetrieben wird, die Glieder bewegt und deren Bewegung befördert.

1815

Die neue europäische Staatenordnung nach dem Wiener Kongreß bedeutet für Deutschland, daß 35 Fürstenterritorien und 4 freie Reichsstädte mit voller Souveränität im Deutschen Bund locker vereinigt sind. In Geld- und Finanzfragen wacht wiederum jeder Fürst eifersüchtig über sein Zoll- und Münzsystem, wobei die Währungen oft als Status- und Souveränitätssymbole dienen. Die mittlerweile typisch deutsche extreme Zersplitterung des Geldwesens setzt sich fort und behindert den Binnen- und Außenhandel erheblich. Zu den zahllosen Münzsorten aus dem In- und Ausland, die obendrein noch auf verschiedenen Münzfußen beruhen, gesellen sich zunehmend viele Papiergeldsorten.

1816

Als erstes Land führt England nach dem Sieg über Napoleon die Goldwährung ein. Diese Entscheidung wird richtungsweisend für die Währungspolitik fast aller europäischer Staaten im 19. Jahrhundert, in denen sich nach und nach und jeweils begleitet von heftigen politischen Auseinandersetzungen Gold gegenüber Silber durchsetzt. Das neue englische Goldgepräge zeigt den modernen, wie abgehackt aussehenden Königskopf, auf der Rückseite das Wappen, für die kleinen Münzen Wertziffern und auf einigen Sorten den heiligen Georg im Kampf mit dem Drachen.

1820

Eine erste Welle von Münzvereinheitlichungsvorschlägen schwappt über Deutschland. Der Deutschen Bundesversammlung in Frankfurt werden entsprechende Denkschriften zugeleitet, gegenüber der Wiener Ministerialkonferenz Petitionen verfaßt, und Kaufleute sowie Nationalstaatsverfechter fordern auf Flugschriften einen »allgemeinen teutschen Munzfuß«.

1821

Das »Gesetz über die Münzverfassung der Preußischen Staaten« vom 30. September 1821 vereinheitlicht das Münzwesen für Preußen und die neu erworbenen Gebiete. Es hält am Vierzehntalerfuß (14 Taler entsprechen einer Mark Silber) fest, der Groschen wird in 12 Pfennige geteilt und als Scheidemünze geprägt. Der modernen Scheidemünzen-Idee trauen die Preußen allerdings noch nicht ganz über den Weg, so daß der Groschen nicht aus Kupfer, sondern aus einer schlechten Silberlegierung (Billon, Silberlegierung mit weniger als der Hälfte an Silber) hergestellt und so zumindest die Illusion eines Stoffwertes erhalten wird. Fremde Münzen werden fortan an öffentlichen Kassen nicht mehr angenommen.

1821

Freiherr vom Stein schlägt für Preußen ein einheitliches Münzwesen auf der Grundlage des Dezimalsystems vor. Der König lehnt den Vorschlag jedoch ab. Dagegen tritt das Dezimalsystem in anderen europäischen Staaten seinen Siegeszug an: 1832 in Belgien, 1850 in der Schweiz, 1862 in Italien.

1823

Der Berliner Kassenverein wird von zehn Unternehmen gegründet. Sein erklärtes Ziel ist es, »das Zahlungsgeschäft in Handel und Wandel dadurch zu erleichtern, daß die Zahlungen in barem Gelde aus einer Hand in die andere entbehrlich gemacht werden«. Diese Giroorganisation gilt in Deutschland als Symbol für den Aufstieg des bargeldlosen Zahlungsverkehrs.

1824

Eine preußische Kabinettsorder vom 21. Dezember 1824 verfügt die Ersetzung der alten Tresorscheine durch neue Kassenanweisungen. Die neuen Scheine sollen barem Metallgeld gleichwertig sein. Damit will die Regierung das neuartige Instrument Papiergeld stärker einsetzen und verbreiten. Bei Steuerzahlungen muß sogar eine bestimmte Quote der Summe in Kassenanweisungen gezahlt werden.

1826

Die Ritterschaftliche Privatbank in Stettin wird gesetzlich gezwungen, ihre Noten zusammen mit der Königlichen Bank herauszubringen. Damit ist ein Präzedenzfall für die zentralisierte Notenausgabe geschaffen. Trotzdem setzen sich in Deutschland und Kontinentaleuropa anders als in Amerika private Banknoten anstatt staatlichem Papiergeld vorerst durch.

1828

In Rußland wird die Platinwährung eingeführt. Aus sibirischem Platin werden die sogenannten »weißen Dukaten« im Nennwert von 3, 6 und 12 Silberrubeln geschlagen (ein Dreirubelstück aus Platin wog gesetzlich 10,35332 Gramm, etwa ein Fünftel eines silbernen Dreirubelstücks). Das äußerst knappe Platingeld wird aber in den Folgejahren in großen Mengen ins Ausland geschafft, so daß der Zar 1845 verfügt, das Platingeld in seinem Reich wieder einzuziehen.

1830

Mit dem Isenburger Hofrat Becker stirbt der berühmteste Münzfälscher seiner Zeit. Becker, 1772 in Speyer geboren, war zunächst Wein-, Tuch- und Antiquitätenhändler und ein Freund Goethes. Nach der Verfassung eines Büchleins über römische Kaisermünzen, der Ernennung zum Hofrat und Bibliothekar in Isenburg beginnt Becker 1805 systematisch mit Münzfälschungen. Er soll rund 300 Stahlstempel für Münzen aller Zeiten hinterlassen und mehr als 360 verschiedene Gold- und Silbermünztypen gefälscht haben. 1825 räumt Becker seine Fälschungen als »Historienpflege« öffentlich ein und versucht, die Falschgeld-Sammlung für 8000 Konventionsgulden an die kaiserliche Münzsammlung in Wien zu verkaufen.

1832

In Großbritannien wird die Todesstrafe für Geldfälscher endgültig abgeschafft. In den letzten 30 Jahren sind insgesamt 628 wegen Geldfälschung verurteilte Personen gehängt worden. Vor allem die Papiergeldfälschung nimmt rapide zu, nachdem die Zahl der Notenbanken in Großbritannien auf mehr als 700 gestiegen ist. Die Härte der Justiz erregt allerdings die Empörung der Bevölkerung, so daß ab 1832 die Todesstrafe in lebenslängliche Haft umgewandelt wird. Auch in Deutschland humanisiert sich die Strafverfolgung der Geldfälscher. Zur Jahrhundertmitte sind überall Todesstrafen, Folterungen und Prangerstrafen abgeschafft. Auch die Freiheitsstrafen reduzieren sich in der Regel auf zwei bis zwölf Jahre.

1833/34

Die Noten der Bank of England werden mit dem »Bank Charter Act« quasi zum gesetzlichen Zahlungsmittel in England. Damit haben die Vertreter der »currency school« einen ersten politischen Sieg errungen. Der langanhaltende Wissenschafts- und Politdisput um die Frage nach dem Emissionsrecht, nach Deckungsvorschriften und dem richtigen Verständnis von Papiergeld ist damit allerdings noch nicht beendet. Die Lehrmeinungen der »currency-« und »banking-school« widerstreiten einander: David Ricardo und Lord Overstone behaupten, daß der Wert des Geldes mit der Garantie der Einlösbarkeit von Banknoten in Edelmetall stehe und falle (Currencyschule). Sie verlangen daher eine uneingeschränkte Verwirklichung dieses Dekkungsprinzips – Papiernoten seien als Geldersatz zu betrachten. Demgegenüber begründen die Anhänger der Bankingschule für eine »bankmäßige« Deckung (Banknoten gegen Handelswechsel einwandfreier Bonität). Der Notenumlauf passe sich so automatisch an reale Transaktionen an – Papiernoten seien eine Kreditform.

1834

Der Artikel 14 des Vertrages zum Deutschen Zollverein fordert: »Die Regierungen verpflichten sich, dahin zu wirken, daß in ihrn Landen ein gleiches Mass-, Münz- und Gewichtssystem in Anwendung komme und hierüber sofort besondere Verhandlungen einleiten zu lassen.«

1836

Preußen untersagt zur Stärkung der eigenen Kassenscheine den gesamten Banknotenumlauf. Die kleineren Nachbarstaaten nutzen allerdings die preußische Papiergeldabstinenz, um eigene Zettelemissionen zu exportieren.

1837

Der Münchner Münzvertrag vom 25. August 1837 begründet nach mehreren Anlaufversuchen endlich den süddeutschen Münzverein, dem sich Bayern, Württemberg, Baden, Hessen, Nassau, Frankfurt, Meiningen, Schwarzburg-Rudolstadt, Hessen-Homburg und die beiden Hohenzollern anschließen. Als einheitlicher Münzfuß wird der 24½-Gulden-Fuß angenommen, das heißt aus einer Kölnischen Mark feinen Silbers werden 24½ Gulden geprägt; der Gulden besteht aus 60 Kreuzern. Obwohl eine einheitliche Währung mit Souveränitätsverzicht der Einzelstaaten nicht entsteht, einigen sich die beteiligten Staaten immerhin auch auf einen gleichen Münzdurchmesser und einheitliche Revers. Sogar einheitliche Scheidemünzen (Sechs- und Drei-Kreuzer-Stücke aus Silberbillon) werden ausgebracht. Fremde Scheidemünzen werden dagegen außer Kurs gesetzt. Mit dem Münchner Münzvertrag entsteht ein fester Guldenblock in Süddeutschland, während im Norden weiterhin die (preußische) Talerwährung dominiert.

1838

Die Münzkonferenz der Zollvereinsstaaten beschließt am 30. 7. 1838 die Dresdner Münzkonvention. Diese legt zwei Währungsgebiete innerhalb des Zollvereinsgebietes fest:

das norddeutsche Talergebiet und das süddeutsche Guldengebiet. Damit sind die Münzverhältnisse im Deutschen Bund erheblich vereinfacht worden. Vertraglich werden entweder der 14-Taler Fuß oder der 24½-Gulden-Fuß zu alleinigen Münzfüßen auf Grundlage der Mark von 233,855 Gramm reinen Silbers. Als offizielles Wertverhältnis errechnet sich 1 Taler zu 1,75 Gulden oder 1 Gulden zu 4/7 Talern. Der Antrag Sachsens, den ganzen Zollverein auf ein dezimales Münzsystem mit dem Grundgewicht von 500 Gramm zu verpflichten, findet keine Mehrheit, nachdem Preußen sich dagegengestellt hat.

1839

Auf die Initiative Preußens und gegen den Widerstand Württembergs, Bayerns und Frankfurts wird bundesweit der »Vereinstaler« in Umlauf gebracht. Die neue Münze hat den Wert von 2 Talern oder 3,5 Gulden und soll in allen deutschen Staaten akzeptiert werden. Der Vereinstaler (auch Zweitalerstück genannt) erhält damit den Charakter einer überstaatlichen deutschen Einheitswährung. Die Bevölkerung nimmt die neue Münze dennoch kaum an, da sie für den Kleinverkehr zu groß und für größere Handelsgeschäfte zu unpraktisch ist. Im Volksmund wird der Vereinstaler daher »Champagnertaler« geschimpft. Gleichwohl ist er im geldgeschichtlichen Einigungsprozeß Deutschlands im 19. Jahrhundert ein wichtiges Symbol.

1840

Sachsen führt den »Neugroschen« auf Basis des Dezimalsystems ein. Das Land übernimmt zwar die Einteilung des preußischen Talers in dreißig Groschen, teilt diesen aber in 10 Pfennige. Ein Taler hat damit den Wert von 300 Pfennigen, der Dritteltaler den von 100 Pfennigen. Damit ist der Vorläufer der späteren Mark des Deutschen Reichs erfunden.

Die Industrialisierung in Deutschland, Eisenbahn und Dampfschiffahrt bringen auch schwunghafte Bewegungen in den Aktienmarkt. Hier eine Karikatur auf die Aktienflut der vierziger Jahre des 19. Jahrhunderts.

1841

Der britische Unternehmer Thomas Cook veranstaltet am 5. Juli 1841 die erste Pauschalreise der Weltgeschichte. In einem offenen »Vergnügungszug« reisen 570 Personen von Leicester nach Loughborough. Im Reisepreis von heute umgerechnet einer Mark sind Tee und Schinkenbrote inbegriffen. Die Menschen finden an den Reiseveranstaltungen Cooks derart Geschmack, daß wenige Jahre später schon Hunderttausende auf internationale Pauschalreisen gehen. Ihnen gibt der findige Thomas Cook Geldersatz in die Hand: Hotelkupons und die »Circular Note«, den Vorläufer des heutigen Reiseschecks.

1844

Mit der Peelschen Bankakte wird in England der Banknotenumlauf strikt begrenzt. Die Neugründung von Privatbanken wird verboten, das Notenausgaberecht der Bank of England gestärkt. Die »curreny theory« hat sich damit in England gegenüber der »banking theory« durchgesetzt. Zu Beginn des 19. Jahrhunderts existieren in England mehr als 700 Privatbanken, die Noten ausgeben. Nach den napoleonischen Kriegen sind es rund 600 und beim Inkrafttreten der Peelschen Akte noch 260. Bis zum Ende des Jahrhunderts schrumpft die Zahl auf gut 50. Dieser Prozeß verstärkt in der Wirtschaft des Landes den ohnehin sprunghaft steigenden Bedarf an bargeldlosen Zahlungsmitteln. Schon wenige Jahre später hat sich der Scheck als verbreitetes Zahlungsmittel in England durchgesetzt.

1848

Die Revolution befördert die Ausgabe von Papiergeld in Deutschland. Schon im Vormärz war es zu einigen aktienähnlichen Papiergeldemissionen, wie den Kassenscheinen von Eisenbahngesellschaften, gekommen. Die Wirtschaftskrise und Kapitalknappheit der Revolutionszeit führen nun dazu, daß mehrere Staaten mit der Ausgabe von Staatsnoten beginnen. Sie entdecken die Geldnote als

Kreditinstrument, als unverzinsliche Inhaberschuldverschreibung, mit denen auch militärische Operationen, wie die Feldzüge in Baden und Pfalz, finanziert werden können.

1848

Der preußische Finanzminister David Hansemann und der Geschäftsmann Gustav von Mevissen retten das zahlungsunfähig gewordene Kölner Bankhaus A. Schaaffhausen durch die Umgründung in einen »Schaaffhausenschen Bankverein«. Damit ist die Grundlage für die erste deutsche Aktienbank gelegt.

1849

Hermann Schulze-Delitzsch und Friedrich Wilhelm Raiffeisen gründen in ihren Heimatdörfern die ersten deutschen Kreditgenossenschaften. Der »Flamersfelder Hülfsverein zur Unterstützung unbemittelter Landwirte« und die Rohstoffgenossenschaften der Tischler und Schuhmacher in Delitzsch sind die Vorläufer deutscher Vorschußkassen (Volksbanken) für Bauern, Handwerker und Gewerbetreibende, die das wachsende Kreditbedürfnis dieser Bevölkerungsgruppe befriedigen. Die Kreditgenossenschaften vermehren sich in Deutschland rapide und erreichten binnen dreißig Jahren die stolze Zahl von 1000 Instituten.

1849

Große Goldfunde in Kalifornien lösen ein internationales »Goldfieber« aus. Auf der Suche nach dem gelben Edelmetall beginnt der massive Zustrom von Abenteurern aus aller Welt nach Kalifornien. Es folgen die gleichen sozialen Konflikte, die schon 1697 beim ersten großen Goldrausch der Geschichte in Brasilien aufgetreten sind. Dort mußte das Goldgebiet zum Sperrgebiet »Minas Gerais« erklärt werden.

1850

Durch die umfangreichen Goldgrabungen in Kalifornien und Australien verändert sich weltweit das Wertverhältnis von Gold zum Silber. In dem Jahrzehnt 1841 bis 1850 ist Silber 15,83mal so teuer wie Gold. Dieser Faktor sinkt nun bis auf fast 15 zurück. Da aber in einigen Ländern der Faktor 15,5 festgeschrieben ist, beginnt eine automatische Verdrängung des Silbers durch das Gold (Greshamsches Gesetz).

1852

Die Brüder Pereire gründen in Paris den Crédit Mobilier. Damit entsteht der Prototyp der europäischen Aktienbank. Der Crédit Mobilier will sowohl Eisenbahnbau-Finanzierungen bedienen als auch öffentliche Kredite vergeben. Er verläßt sich daher nicht mehr – wie bis dato üblich – auf sein Stammkapital, die Reserven und Einlagen, sondern gibt eigene verzinsliche Obligationen bis zur zehnfachen Höhe des Grundkapitals aus. Diese Initiative findet auch in Deutschland rasch Nachahmer. So kommt es bis 1856 zur ersten Gründungswelle von Aktienbanken in Deutschland.

1857

Mit dem Wiener Münzvertrag wird in ganz Deutschland das Münzwesen am Zollpfund zu 500 Gramm offiziell verankert. Die Zollvereinsstaaten vereinbaren außerdem mit Österreich und Liechtenstein den »Vereinstaler« als großdeutsche, gemeinsame Münze. Damit entsteht erstmals ein großes europäisches Wirtschaftsgebiet mit einheitlicher Währung (bis 1866). Die einzelnen Landeswährungen bleiben allerdings erhalten, im Norden der Taler (jetzt mit 30-Taler-Fuß) und im Süden der Gulden (52,5-Gulden-Fuß). Luxemburg, Holstein, Mecklenburg und die drei Hansestädte treten der Münzkonvention nicht bei. In Deutschland herrscht die Silberwährung (Ausnahme Bremen) vor. Mit dem Preußisch-Österreichischen Krieg von 1866 zerbricht die Währungseinheit.

Der aufstrebende Kapitalismus führt zuweilen zur Vergötterung des Geldes. Die Karikatur zeigt den andächtigen Geschäftsmann des Jahres 1850, vor seinem Altar mit Geldsack im Kerzenschimmer.

1857

Die älteste deutsche Notenbank (Preußische Giro- und Lehnbank von 1765) wird in die Preußische Bank umgewandelt. Aus ihr geht nach der Reichsgründung die Deutsche Reichsbank hervor. Da ein Teil des Kapitals der neuen Preußischen Bank von Privatpersonen übernommen wird und diese auch an der Verwaltung teilnehmen, fungiert das Institut als eine Mischung zwischen Staats- und Privatbank. Sie ist vom Finanzministerium unabhängig und untersteht einem Kuratorium, das sich aus vier Staatsministern und einem vom König besonders ernannten Mitglied zusammensetzt. Die Bank ist berechtigt, Noten in unbegrenzter Höhe auszugeben. Übersteigt der Notenumlauf aber 21 Millionen Taler, muß die Deckung zu einem Drittel in bar und der Rest in diskontierten Wechseln vorhanden sein. Die von der Preußischen Bank ausgegebenen Noten haben einen bestimmten Kurs, sind aber keine gesetzlichen Zahlungsmittel. Sie konkurrieren auf einem boomenden Markt von »Zetteln« verschiedener Notenbanken (davon gibt es 1857 in Deutschland 29).

1858

Die Zahl der Notenbanken in Deutschland ist inzwischen auf mehr als 30 gestiegen. Allein im papiergeldfeindlichen Preußen geben folgende Institute Noten aus: die Preußische Bank, die Seehandlung, der Berliner Cassen-Verein, die Ritterschaftliche Privatbank in Pommern, die Kölner Privatbank, die Communalständische Bank für die preußische Oberlausitz, die Königsberger Privatbank, die Danziger Privat-Actienbank, die Provinzial-Actienbank Posen, die Ostbank für Handel und Gewerbe und die Magdeburger Privatbank. Mit der wachsenden Zahl von geldwerten Zetteln steigt die Zahl der Fälschungen. Zeitgenössische Berichte veranschlagen das Falschgeldvolumen auf mehr als zehn Prozent des Papiergeldumlaufs.

1859

Es scheitern einige währungspolitische Initiativen, nach dem Vorbild des Wiener Münzvertrages auch das Papiergeldwesen in Deutschland zu ordnen. Damit bleibt weiterhin jeder Staat berechtigt, Papiergelder mit Zwangskursen auszugeben oder ausgeben zu lassen. Nur eine Einschränkung sieht der Wiener Münzvertrag vor: Es darf keine Pflicht bestehen, Papiergelder auf Verlangen der Inhaber in vollwertiges Silbergeld umzutauschen.

1861

Auf dem ersten deutschen Handelstag in Heidelberg stellen die Vertreter Sachsens den Antrag, die künftige deutsche Einheitswährung »Mark« anstatt »Taler« zu nennen. Die (Kölnische Silber-)Mark sei seit Jahrhunderten in ganz Deutschland die übergreifende Richtgröße für Münzprägungen gewesen und werde daher auch in Süddeutschland eher akzeptiert als der norddeutsche Taler.

1865

Die Talermünzen setzen sich in ganz Deutschland zunehmend durch. Dagegen vermindert sich der Gebrauch und die Emissionen von süddeutschen Gulden. Die Zahl der neuen Ein- und Zweitalerprägungen übertrifft die der Guldenemissionen mittlerweile um das Fünfzigfache.

1865

Anläßlich der Pariser Weltausstellung treffen sich die Vertreter von 20 Staaten zu einer internationalen Münzkonferenz. Ziel der Veranstaltung ist die Schaffung einer Weltmünzeinigung. Der Streit um Goldwährung, Silberwährung oder Bimetallismus wird erstmals international ausgetragen. Die deutsche Delegation muß bekennen, daß sich im eigenen Land noch nicht einmal ein einheitliches Münzsystem durchgesetzt hat.

1865

Auf der Brüsseler Münzkonferenz wird die Lateinische Münzunion gegründet. Unter der Führung Frankreichs schließen sich eine Reihe von Ländern (darunter Belgien, Italien, Schweiz, später Griechenland, Rumänien und einige südamerikanische Staaten) dem bimetallistischen Währungsgebiet an. Nach dem Prinzip der Doppelwährung dürfen in jedem der beteiligten Staaten Kurantmünzen der anderen Staaten auf der Basis der Frankenwährung umlaufen. Frankreich erhofft sich von der Initiative, die französische Frankenwährung und den französischen Bimetallismus (Gold/Silber-Relation 1 zu 15,5) zum Weltgeldsystem zu machen. Mit dem Preisverfall des Silbers zerfällt auch die Lateinische Münzunion in den siebziger Jahren. Im Ersten Weltkrieg bricht sie dann völlig auseinander. Die Währungsbezeichnung »Franken« ist allerdings bis heute in mehreren europäischen Staaten beibehalten worden.

1866

Mittlerweile gibt es in Deutschland 59 Notenbanken. Noch immer beherrschen Bank-Noten anstelle von einheitlichem, staatlichem Papiergeld die Geldbeutel. Die Verfechter der »privaten« Notengeldversorgung führen folgende Argumente in die sich verschärfende Papiergelddiskussion. Erstens sei die Geschäftsführung bei einer Bank solider, kaufmännischer und professioneller als bei einer politischen Institution. Zweitens sei eine private Notenbank im Krisenfall (Krieg, Staatsbankrott) mit ihren Edelmetallreserven weniger gefährdet. Und drittens könne die Bank durch die Bedingungen beim Ankauf von Handelswechseln den Bargeldumlauf besser den wirtschaftlichen Bedürfnissen anpassen (»Banking Theory«).

DAVID RICARDO
DER WECHSELKURS

Der Wechselkurs wird daher stets ein ziemlich gutes Erkennungszeichen sein, nach dem wir die Entwertung des Umlaufgeldes, deren Ursache entweder im Beschneiden der Münze oder dem Sinken des Notenwertes zu suchen ist, bemessen können.

Sir James Steuart hat die Bemerkung gemacht, daß, wenn das Längenmaß plötzlich in ganz England abgeändert würde, indem von seiner festgesetzten Länge ein bestimmter Teil weggenommen oder ihr ein Stück hinzugefügt werden sollte, diese Veränderung sich am besten feststellen ließe durch einen Vergleich zwischen dem neuen Fuß mit dem Pariser Maß oder dem irgendeines anderen Landes, das keine Veränderung erfahren hat.

»Genauso verhält es sich, wenn ein Pfund Sterling, das die englische Einheit ist, sich irgendwie als verändert erweist und die mit ihm vorgegangene Veränderung infolge der verwirrenden Nebenumstände sich schwer feststellen läßt. Dann wird man der Sache am besten auf den Grund kommen, wenn man einen Vergleich anstellt zwischen seinem früheren und seinem jetzigen Werte mit dem Werte des Geldes anderer Staaten, in denen es keinen Veränderungen unterworfen war. Dies wird der Wechselkurs mit der größten Genauigkeit feststellen.«

THOMAS ROBERT MALTHUS
GRUNDSÄTZE DER POLITISCHEN ÖKONOMIE

Ich will hiermit natürlich nicht geleugnet haben, daß Sparsamkeit oder sogar eine vorübergehende Einschränkung des Verbrauchs oft im höchsten Grade nützlich, ja bisweilen sogar durchaus notwendig für das Fortschreiten des Reichtums ist. Ein Land kann freilich durch Vergeudung ruiniert werden; aus diesem Grunde kann eine Einschränkung der tatsächlichen Ausgaben sich als notwendig erweisen; ja, wenn das Kapital in einem Lande, im Vergleich zu der Nachfrage nach seinen Erzeugnissen unzureichend ist, so wird eine vorübergehende Einschränkung des Verbrauchs erforderlich, um das Angebot von Kapital zu bewirken, das allein die Mittel zu einem größeren Verbrauch in der Zukunft bietet. Ich will lediglich beweisen, daß ein Volk unmöglich nur durch eine Kapitalsanhäufung, die auf einer fortdauernden Abnahme des Verbrauchs beruht, reich werden kann. Da eine solche Anhäufung über das zur Befriedigung der wirksamen Nachfrage nach Waren Erforderliche hinausgeht, wird ein Teil bald seinen Nutzen und Wert verlieren, und aufhören, den Charakter des Reichtums zu besitzen.

JEREMY BENTHAM GELD-VERBESSERER

Ich schlage vor, das jetzt ›Banknoten‹ genannte Papiergeld, das sind einlösbare Noten der Bank von England, in bestimmtem Umfang durch anderes Papiergeld zu ersetzen, das ich ›Annuitätennoten‹ nenne. Es gilt dann, diese neuen Geschöpfe der Finanz auf dem Markt beliebter zu machen als ihre Konkurrenten, die ihn gegenwärtig fast ausschließlich beherrschen.
Damit dieses neue Papiergeld im Verkehr den Noten der Bank von England vorgezogen wird, müssen sie vor allem eine Eigenschaft haben: Sie müssen Zins tragen. Das wird in der Höhe des Zinses ein eindeutiger Vorteil sein und damit ein Grund, sie vorzuziehen. Was die übrigen Eigenschaften betrifft, so wird schon viel geschafft sein, wenn sie jenen illustren Werken der Kunst, den Banknoten, gleich sind. Diese anderen Eigenschaften sind: jede denkbare Erleichterung der Zirkulation und jede nur mögliche Sicherheit gegen Fälschung. Was den erstgenannten Punkt betrifft, wird es dem neuen Papiergeld kaum möglich sein, es den Banknoten völlig gleichzutun, was mit der Gewährung von Zinsen zusammenhängt, auf die nicht verzichtet werden kann; in letzterer Hinsicht sollte es nicht unmöglich sein, die Noten der Bank von England sogar noch zu übertrumpfen.

GEORG FRIEDRICH WILHELM HEGEL
GELDSCH–R

Es ist ein schöner Zug, welche Verachtung man in Deutschland gegen das *Geld* hat und zeigt. Die Deutschen dichten ihm einen Ursprung an, der nicht verächtlicher und niedriger sein kann. Man stellt ihn fürs Auge in Figuren dar, die Geldsch–r genannt werden. Es soll eine mythologische Beziehung zugrunde liegen. Eine Bratwurst oder was es sei, mag man nicht mit einer so niedrigen Entstehungsart zusammendenken.

ARTHUR SCHOPENHAUER
PARERGA UND PARALIPOMENA

Hinsichtlich der *Lebenskraft* sind wir, bis zum 36sten Jahre, Denen zu vergleichen, welche von ihren Zinsen leben: was heute ausgegeben wird ist morgen wieder da. Aber von jenem Zeitpunkt an ist unser Analogon der Rentenier [von Zinsen Lebende], welcher anfängt, sein Kapital anzugreifen. Im Anfang ist die Sache gar nicht merklich: der größte Theil der Ausgabe stellt sich immer noch von selbst wieder her: ein geringes Deficit dabei wird nicht beachtet. Dieses aber wächst allmälig, wird merklich, seine Zunahme selbst nimmt mit jedem Tage zu: sie reißt immer mehr ein, jedes Heute ist ärmer, als das Gestern, ohne Hoffnung auf Stillstand. So beschleunigt sich, wie der Fall der Körper, die Abnahme immer mehr, – bis zuletzt nichts mehr übrig ist. Ein gar trauriger Fall ist es, wenn beide hier Verglichene, Lebenskraft und Eigenthum wirklich zusammen im Wegschmelzen begriffen sind: daher eben wächst mit dem Alter die Liebe zum Besitze. – Hingegen Anfangs, bis zur Volljährigkeit und noch etwas darüber hinaus, gleichen wir, hinsichtlich der Lebenskraft, Denen, welche von den Zinsen noch etwas zum Kapitale legen: nicht nur das Ausgegebene stellt sich von selbst wieder ein, sondern das Kapital wächst. Und wieder ist auch Dieses bisweilen, durch die Fürsorge eines redlichen Vormundes, zugleich mit dem Gelde der Fall. O glückliche Jugend! o trauriges Alter!

N. W. SENIOR
DER WERT
DES GELDES

Ich habe in dieser langen Auseinandersetzung vorwiegend die Absicht gehabt, zu zeigen, daß der Wert des Geldes, insoweit er von inneren Ursachen bestimmt wird, nicht andauernd von der Menge des Geldes abhängt, die im Besitze eines bestimmten Gemeinwesens ist, auch nicht von der Umlaufsgeschwindigkeit oder der überwiegenden Anwendung des Austausches von Ware gegen Ware, oder des Kreditsystems, oder, in Kürze, von irgendeiner anderen Ursache, außer von den Produktionskosten. Es mögen wohl zeitweilig andere Ursachen wirksam sein, aber ihr Einfluß verschwindet, sowie der Vorrat der im Lande befindlichen Edelmetalle sich den Bedürfnissen der Bevölkerung angepaßt hat. So lange genau 17 Grän Gold durch die Arbeitsleistung eines Tages hervorgebracht werden können, so lange wird jede Ware, die mit demselben Arbeitsaufwand hergestellt ist, vorausgesetzt, daß kein natürliches oder künstliches Monopol besteht, für 17 Grän Gold verkäuflich sein, sei es nun, daß die Gesamtsumme des vorhandenen Geldes täglich, oder alle 14 Tage oder einmal in 4 Jahren in andere Hände übergeht, sei es, daß jeder einzelne hauptsächlich selbst verbraucht, was er durch eigene Arbeit hervorgebracht hat, oder daß er alle Bedürfnisse auf dem Wege des Tauschhandels deckt; sei es, daß diese Tauschhandlungen durch den Austausch von Ware gegen Ware, durch Kreditgewährung, oder durch die tatsächliche Vermittlung des Geldes erledigt werden; sei es, daß 1 700 000, sei es, daß nur 170 000 Grän im Lande befindlich sind.

Unter allen diesen Gesichtspunkten ist mein isolierter Staat mit seinen 10 000 Familien im kleinen ein Abbild der ganzen Welt. Die ganze Welt kann als eine Gemeinde betrachtet werden, die Gold und Silber zu Geldzwecken benutzt und den Wert anderer Waren bestimmt, indem sie deren Gestehungskosten an denjenigen von Gold und Silber mißt. Und wenn auch die Menge der Edelmetalle im Besitze jedes einzelnen Volkes durch viele Ursachen verändert werden kann, so kann doch nichts dauernd ihren Wert verändern, insoweit dieser Wert von inneren Ursachen bestimmt wird, es sei denn, daß ihre Gestehungskosten davon berührt würden.

DAMEN-CONVERSATIONS-LEXICON 1846

»Geld der Nerv aller Dinge, der Inhalt des Füllhorns alles Wuenschensweerthen, die vermittelnde Macht zwischen Willen und Besitz, der versoehnende Gott zwischen Beduerfniss und Ueberfluss, ewig im hoechsten Recht, weil es in der hoechsten Gewalt ist. Geld, ist das allgemeine Tauschmittel fuer alle Gueter, der Traeger ihres Werths, den es bestimmt. Nicht allein Metallstuecke, wie sie in der ganzen civilisirten Welt als das Element der Werthbestimmung aller Dinge gelten, nicht allein Steine, Muscheln, Vogeleier u.s.w., um welche die Wilden ihre Beduerfnisse eintauschen, sind Geld, obwohl das Alterthum durch Jahrtausende kein anderes kannte. Das Papiergeld, ein Resultat des Mangels an gemuenztem Metall, die Garantie fuer die Gesetzlichkeit der bestehenden Staaten, fuer den Kredit der Regierenden und das Vertrauen der Regierten, ist eine Erfindung der neuern Zeit. Die Phoenizier praegten zuerst Metallstuecke, Sparta kannte nur eiserne Muenzen; bis in die Zeiten des Mittelalters herab war der Werth alles Geldes ein unendlich hoeherer und erst die Entdeckung von Amerika fuehrte fuer die gesammte Thaetigkeit der Welt eine neue Aera herauf. Seitdem fliessen alljaehrlich aus den Minen Sued- und Nordamerika's unerschoepfliche Reichthuemer, die der Handel mit dem Orient und die wachsende Bevoelkerung frueher unbewohnter Gegenden eben so schnell verschlingt.«

WILLIAM STANLEY JEVONS
GELD UND GELDVERKEHR

Von seiten kurzsichtiger Personen ist gegen die Bestrebungen zur Einführung eines internationalen Geldes der Einwurf erhoben worden, daß die Verwirklichung des Plans doch nur der verhältnismäßig geringen Anzahl derer zugute kommen würde, welche in verschiedenen Ländern umherzureisen haben. Der für Reisende entspringende Vorteil ist aber wohl die geringste Wohltat, welche eine allgemeine Gleichförmigkeit des Geldes zur Folge haben müßte. In erste Linie möchte ich den enormen Vorteil stellen, daß alle Rechnungen, Preise, statistische Angaben, wenn sie in einer und derselben Werteinheit gemacht sind, ohne weiteres allgemein verständlich würden.

In zweiter Linie steht unter den Vorteilen eines internationalen Geldes die größere Schnelligkeit und Sicherheit, mit welcher sich die Wechselkurse zwischen entfernten Plätzen fixieren und ins Gleichgewicht setzen würden, wenn man Münzen aus einem Lande direkt in größerem Maßstab in ein anderes Land einführen könnte, in Umlauf setzen könnte. Die Kosten der Umprägungen würden erspart werden, ein Vorteil, der allerdings mit den andern verglichen nur von nebensächlicher Bedeutung ist; ein weit größerer würde darin bestehen, daß die Edelmetallhändler und andere Geschäftsleute, deren Gewinnst zum Teil auf den durch die jetzige Verschiedenheit der Geldsysteme geschaffenen Schwierigkeiten des Edelmetallhandels beruht, in Zukunft weniger Gelegenheit zu Gewinn haben würden. Die für Reisende entstehende Ersparnis an Mühe und ihr geringer Verlust beim Wechseln sind auch von keineswegs gering anzuschlagendem Vorteil.

Eine bisher noch nicht genügend hervorgehobene Wohltat eines internationalen Geldsystems würde jedenfalls die Verbesserung sein, welche ein solches in dem Umlaufsmittel kleiner und erst halbzivilisierter

Staaten bewirken würde. In vielen Teilen der Welt gibt es noch immer eine bunte Mischung von Münzen von ganz verschiedenem und ungewissem Wert, und solange als die bedeutenderen Völker noch Geld nach gänzlich verschiedenen Systemen prägen, werden jene Münzen fortfahren zu zirkulieren und Verwirrung anzurichten. Wenn sich nun sämtliche leitende Völker gegenseitig verbindlich machten, Münzen von gleichem Gewicht und gleicher Größe auszugeben, so würden diese allmählich auch das Geld der nicht selbst prägenden Staaten bilden und damit eine Reform des Geldes in den entlegensten Teilen der Welt bewirken.

JOHN STUART MILL
DIE AUFGABEN DES KREDITS

Der Kredit ist an sich keine produktive Macht, wenngleich ohne ihn die schon vorhandenen produktiven Kräfte nicht zur vollen Anwendung gelangen könnten. Ein mehr verwickelter Teil der Theorie des Kredits ist sein Einfluß auf die Preise, – die hauptsächliche Ursache der meisten Erscheinungen in der Handelswelt, wodurch die Beobachter in Verwirrung gebracht werden. In einem Handelszustande, wo gewöhnlich viel Kredit gegeben wird, sind die Preise im allgemeinen zu jeder Zeit weit mehr abhängig vom Stande des Kredit als von der im Umlauf befindlichen Quantität Geld. Denn obschon Kredit keine produktive Macht ist, so gewährt er doch die Macht zu kaufen, und jemand, der im Besitz von Kredit sich mit dem Kaufe von Waren abgibt, schafft genausoviel Nachfrage nach den Waren und trägt ebensoviel bei zur Steigerung ihrer Preise, als wenn er Ankäufe zu gleichem Betrage mit barem Gelde machen würde.

KARL MARX
WELTGELD

Mit dem Austritt aus der innern Zirkulationssphäre streift das Geld die dort aufschießenden Lokalformen von Maßstab der Preise, Münze, Scheidemünze und Wertzeichen, wieder ab und fällt in die ursprüngliche Barrenform der edlen Metalle zurück. Im Welthandel entfalten die Waren ihren Wert universell. Ihre selbständige Wertgestalt tritt ihnen daher hier auch gegenüber als Weltgeld. Erst auf dem Weltmarkt funktioniert das Geld in vollem Umfang als die Ware, deren Naturalform zugleich unmittelbar gesellschaftliche Verwirklichungsform der menschlichen Arbeit in abstracto ist. Seine Daseinsweise wird seinem Begriff adäquat.

In der innern Zirkulationssphäre kann nur eine Ware zum Wertmaß und daher als Geld dienen. Auf dem Weltmarkt herrscht doppeltes Wertmaß, Gold und Silber.

Das Weltgeld funktioniert als allgemeines Zahlungsmittel, allgemeines Kaufmittel und absolut gesellschaftliche Materiatur des Reichtums überhaupt (universal wealth). Die Funktion als Zahlungsmittel, zur Ausgleichung internationaler Bilanzen, herrscht vor. Daher das Losungswort des Merkantilsystems – Handelsbilanz! Zum internationalen Kaufmittel dienen Gold und Silber wesentlich, sooft das herkömmliche Gleichgewicht des Stoffwechsels zwischen verschiednen Nationen plötzlich gestört wird. Endlich als absolut gesellschaftliche Materiatur des Reichtums, wo es sich weder um Kauf noch Zahlung handelt, sondern um Übertragung des Reichtums von einem Land zum andren, und wo diese Übertragung in Warenform entweder durch die Konjunkturen des Warenmarkts oder den zu erfüllenden Zweck selbst ausgeschlossen wird.

Wie für seine innere Zirkulation, braucht jedes Land für die Weltmarktszirkulation einen Reservefonds. Die

Funktionen der Schätze entspringen also teils aus der Funktion des Geldes als inneres Zirkulations- und Zahlungsmittel, teils aus seiner Funktion als Weltgeld. In der letzteren Rolle ist stets die wirkliche Geldware, leibhaftes Gold und Silber, erheischt, weswegen James Steuart Gold und Silber, im Unterschied von ihren nur lokalen Stellvertretern, ausdrücklich als money of the world charakterisiert.

Die Bewegung des Gold- und Silberstroms ist eine doppelte. Einerseits wälzt er sich von seinen Quellen über den ganzen Weltmarkt, wo er von den verschiednen nationalen Zirkulationssphären in verschiednem Umfang abgefangen wird, um in ihre inneren Umlaufskanäle einzugehn, verschlissene Gold- und Silbermünzen zu ersetzen, das Material von Luxuswaren zu liefern und zu Schätzen zu erstarren. Diese erste Bewegung ist vermittelt durch direkten Austausch der in Waren realisierten Nationalarbeiten mit der in edlen Metallen realisierten Arbeit der Gold und Silber produzierenden Länder. Andrerseits laufen Gold und Silber fortwährend hin und her zwischen den verschiednen nationalen Zirkulationssphären, eine Bewegung, die den unaufhörlichen Oszillationen des Wechselkurses folgt.

Länder entwickelter bürgerlicher Produktion beschränken die in Bankreservoirs massenhaft konzentrierten Schätze auf das zu ihren spezifischen Funktionen erheischte Minimum. Mit gewisser Ausnahme zeigt auffallendes Überfüllen der Schatzreservoirs über ihr Durchschnittsniveau Stockung der Warenzirkulation an oder unterbrochenen Fluß der Warenmetamorphose.

CONRAD FERDINAND MEYER
FÜLLE

Genug ist nicht genug! Gepriesen werde
Der Herbst! Kein Ast, der seiner Frucht entbehrte!
Tief beugt sich mancher allzureich beschwerte,
Der Apfel fällt mit dumpfem Laut zur Erde.

Genug ist nicht genug! Es lacht im Laube!
Die saftge Pfirsche winkt dem durstgen Munde!
Die trunknen Wespen summen in die Runde:
»Genug ist nicht genug!« um eine Traube.

Genug ist nicht genug! Mit vollen Zügen
Schlürft Dichtergeist am Borne des Genusses,
Das Herz, auch es bedarf des Überflusses,
Genug kann nie und nimmermehr genügen!

1867

Die Geldfälschung erreicht in Deutschland einen Höhepunkt. Alle Techniken der Münz- und Papiergeldfälschung werden massenweise erprobt und die Zersplitterung des Geldwesens ebenso konsequent ausgenutzt wie die Unsicherheit der Bevölkerung mit den neuen Zahlungsmitteln. Eine neue Zeitschrift der Falschmünzerei trifft auf derart große Lesernachfrage, daß die 15 000 Abonnentendrucke nicht ausreichen und die ersten beiden Jahrgänge als Sonderdrucke in ganz Deutschland verbreitet werden. Die Henzesche Falschgeldzeitschrift nimmt sich vor allem der Münzvergehen an, beschreibt die Fälschungsmethoden und bildet die Falsifikate ab.

1870

Der Bundesrat beschließt eine »Enquete über die bei der Ordnung des Münzwesens in Betracht kommenden Verhältnisse« einzurichten und fordert zugleich die Schaffung eines einheitlichen nationalen Münzsystems mit dezimaler Teilung. In Deutschland existieren noch immer fünf Münzsysteme: die Talerwährung in Nord- und Mitteldeutschland, die Guldenwährung in Süddeutschland, die lübische Währung in Hamburg und Lübeck, die auf Feinsilberbarren begründete Hamburger Banco-Währung und die Talergoldwährung in Bremen (Pistolen). Hinzu kommt die Frankenwährung in Elsaß-Lothringen, auf das Deutschland gegenüber Frankreich Anspruch erhebt.

1871

Der Sieg im Deutsch-Französischen Krieg, die Kaiserproklamation und die Reichsgründung bedeutet für die deutsche Geldgeschichte eine wichtige Zäsur. Das Geld- und Kreditwesen wird durch eine Reihe von Gesetzen nun reichsweit vereinheitlicht und grundlegend neu geordnet. An die Stelle der verschiedenen Silbermünzsysteme tritt die Markwährung auf Goldbasis als einheitliches Münzsystem und ausschließliches gesetzliches Zahlungsmittel. Damit geht

Deutschland als zweite große Handelsnation nach Großbritannien zum Goldstandard über. Auch die Dezimalteilung (Mark geteilt in 100 Pfennige) wird jetzt eingeführt.

1871

Ein eigenes Gesetz vom 11. November 1871 regelt die Bildung eines »Reichs-Kriegsschatzes«. Als Grundausstattung werden 120 Millionen Mark aus der französischen Kriegsentschädigung entnommen und im Juliusturm der Festung Spandau niedergelegt. 1913 wird der Kriegsschatz deutlich erhöht. Ein Gesetz verfügt, daß weitere 120 Millionen Mark dem Schatz »in gemünztem Golde« zuzuführen seien.

1872

Das Banknotensperrgesetz führt dazu, daß die deutschen Bundesstaaten mit der Rückzahlung ihrer Staatsschuldverschreibungen aus dem Erlös der französischen Kriegsentschädigungen (5,57 Milliarden Francs, davon 273 Millionen in Gold) beginnen. Der zielstrebige Zentralisierungsprozeß der Notenpolitik ist eröffnet. Noch immer kursieren in Deutschland über 100 Arten papierner Geldzeichen.

1872

Zwischen 1871 und 1873 erlebt der deutsche Kapitalmarkt eine bislang beispiellose Ausweitung. 857 Aktiengesellschaften werden gegründet. Deren Grundkapital beläuft sich insgesamt auf drei Milliarden Mark – ebensoviel wie für alle Aktiengesellschaften zusammen, die zwischen 1826 und 1871 gegründet worden sind. Auch die drei heute noch bestehenden Großbanken Deutsche Bank, Dresdner Bank und Commerzbank entstehen in dieser Phase.

1873

Der Gründerkrach zwingt 127 Aktiengesellschaften in Deutschland zur Liquidation. Die überschäumende Spekulationswelle der Gründerjahre mündet in Börsenkrächen, im Zusammenbruch vieler Unternehmungen und reihen-

Wieder einmal hat ein Börsen-Krach an der Wall Street alles in Schutt und Asche gelegt. Aus den Trümmern der Finanzspekulation kriecht, wie die Karikatur zeigt, die schwache Tugendhaftigkeit hervor.

weisen Bankrotten. Auch einige Banken kollabieren. Das erste Mal in der Finanzgeschichte zeigt sich, daß die internationale Kapitalverflechtung so weit fortgeschritten ist, daß kaum ein entwickeltes Land sich dem »Crash« entziehen kann. Es zeigt sich aber auch, daß ein immer engerer Zusammenhang von der Kredit- zur Realwirtschaft entsteht.

1873

Das Münzgesetz vom 9. Juli 1873 läßt offiziell die Goldwährung an die Stelle der Landeswährungen treten. Silber wird als Währungsmetall nur noch für kleine Münzen zugelassen. Als neue Richteinheit gilt nun das goldne Zehnmarkstück mit der Bezeichnung Krone. Dazu prägt man Doppel-Kronen (Zwanzigmarkstücke) und halbe Kronen (Fünfmarkstücke). Der Münzfuß der neuen Mark beträgt 139,5 Stück Goldmünzen aus einem Pfund Feingold, die Goldparität wird auf 1390 Mark Feingold je Pfund festgesetzt. Das Umtauschverhältnis zu den wichtigsten Nachbarwährungen wird bequem, der österreichische Gulden ist 2 Mark, der englische Schilling 1 Mark, der französische Franc ⅘ Mark wert. Auch in den Vereinigten Staaten und einer Reihe anderer Staaten wird die Silberwährung abgeschafft.

1874

Mit dem Gesetz über die Ausgabe von Reichskassenscheinen wird die erste Phase der Reichswährungsreform abgeschlossen. Die Reichskassenscheine ersetzen im ganzen Reich das einzelstaatliche Papiergeld, bleiben aber »fakultatives« Geld ohne Annahmezwang. Das Volumen wird zunächst auf 120 Millionen Mark beschränkt. Die Staaten, die eigenes Papiergeld ausgegeben haben, bekommen je Kopf der Bevölkerung 3 Mark. Die neuen Scheine werden nur in kleinen Stücken zu 5, 20 und 50 Mark ausgegeben, auch um eine Konkurrenz mit anderen Privatnotenbanken zu vermeiden, die keine Noten unter 100 Mark ausgeben sollen. Der Umlauf österreichischer Gulden wird dagegen im Deutschen Reich verboten.

1875

Das Bankgesetz vom März 1775 schafft die Reichsbank (Vorläufer der Bundesbank) als Aktiengesellschaft in Berlin. Ihr wird die Aufgabe übertragen, den Goldstandard zu sichern, den Geldumlauf im gesamten Reichsgebiet zu regeln und Papiergeld in Umlauf zu bringen. Der Reichsbankpräsident und das Direktorium werden durch den Kaiser auf Lebenszeit ernannt. Die Notenbankpolitik gilt fortan als ausschließliche Reichssache. Für die Reichsbank gilt eine Einlösungs- und Ankaufspflicht von Gold zum Preis von 1392 Mark je Pfund Feingold. Das Geldvolumen muß an die jeweiligen Währungsreserven angepaßt sein. Die Notenausgabe ist durch die Drittel-Golddeckungspflicht und Steuerzwang bei Überschreiten des festgelegten Notenkontingentes (insgesamt 385 Millionen Mark für alle 32 Notenbanken) begrenzt. Die Reichsbanknoten sind noch nicht als gesetzliches Zahlungsmittel konzipiert. Sie müssen nicht angenommen werden. Aus Anlaß der Reichsbankgründung geben von den 32 verbliebenen Notenbanken in Deutschland 13 ihr Privileg sofort auf. Die meisten anderen folgen bis 1906 nach.

1876

Erstmals werden Reichsbanknoten zu 100 und 1000 Mark ausgegeben. Im Zahlungsverkehr nehmen die Papiergelder allerdings noch einen sehr bescheidenen Platz ein. Während aber das Metallgeld durch die papiernen Noten nur langsam verdrängt wird, wächst die Bedeutung der Buchgelder rasant. 1876 nimmt die Reichsbank einen (eigenen) Giroverkehr auf. Bis zum Ersten Weltkrieg verfünfundzwanzigfachen sich die deutschen Giralgeldumsätze. Der Giroverkehr der Reichsbank macht 1876 auf Anhieb 40 Prozent der Gesamtumsätze aus, bis 1913 klettert der Anteil auf mehr als 90 Prozent. Das Zeitalter des zentral organisierten, immateriellen Geldverkehrs beginnt.

1876 werden erstmals Reichsbanknoten zu 100 und 1000 Mark ausgegeben. Für die Hunderter wird die Farbe Blau gewählt, woran sich bis heute nichts geändert hat.

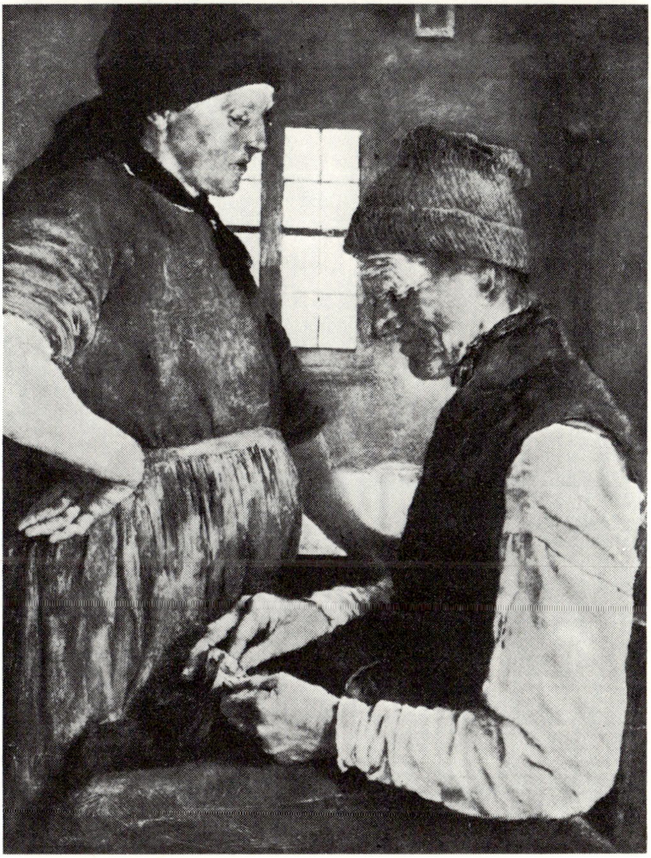

»Der Sparstrumpf« heißt dieses Bild von Wilhelm Leibl aus dem Jahre 1877. Die Sparstrümpfe kommen erst aus der Mode, als Papiergeld das Münzgeld weitgehend verdrängt.

1876

Dem Bundesrat wird das Recht zugesprochen, den Silbertaler als Währungsgeld abzuschaffen und ihn zur Scheidemünze zu erklären. Zwar macht der Bundesrat erst 1907 von diesem Recht Gebrauch. Doch die Verdrängung des Talers aus dem Zahlungsverkehr schreitet voran. Das Deutsche Reich verfügt noch immer nicht über eine reine Goldumlaufwährung, sondern eine »hinkende Goldwährung«, da der Taler noch Währungsgeld bleibt.

Die Fünf-Mark-Goldmünze aus dem Jahre 1877 zeigt das Porträt König Karls von Württemberg und den deutschen Reichsadler.

1877

Die erste Fünf-Mark-Goldmünze wird ausgegeben. Im Zahlungsverkehr setzt sich diese Münze allerdings nicht durch, so daß 23 Jahre später die 6 Millionen Exemplare wieder außer Kurs gesetzt werden. Ein ähnliches Schicksal erleiden die Zwanzig-Pfennig-Münzen.

1878

Auf der Internationalen Münzkonferenz von Paris steht der internationale Streit »Goldwährung oder Bimetallismus« auf der Tagesordnung. Die Goldwährungsgegner warnen davor, daß die Weltgoldmenge zur Geldversorgung aller Staaten nicht ausreiche. Man solle deshalb Silber und Gold als Doppelwährungen einführen. »Die Golddecke ist zu kurz«, lautet der Schlachtruf der Bimetallisten.

1879

Trotz der Warnung der Bimetallisten setzen Deutschland und andere Goldstandard-Staaten ihre Silberverkäufe weiter fort. Das Deutsche Reich verkauft 1879 allein Silber im Wert von 629 Millionen Mark. Der Silberpreis ist inzwischen auf den Gold/Silber-Faktor 18 gefallen. Obwohl Deutschland den Silberverkauf einstellt, wird sich der Silberpreis bis 1894 nochmals halbieren.

1882

Die staatliche Münze in Darmstadt stellt ihre Arbeit ein und folgt damit Hannover (1878) und Frankfurt (1879). Damit verschwinden auf den Neuprägungen die Kenn-Buchstaben B, C und H. Denn laut Reichs-Münzgesetz müssen die Prägungen unterschiedliche Buchstaben-Zeichen der neun verschiedenen Münzstätten zeigen. Sie sind alphabetisch und nach historischem Hoheitsrang geordnet: Berlin A, Hannover B, Frankfurt C, München D, Dresden E, Stuttgart F, Karlsruhe G, Darmstadt H und Hamburg I. Diese Buchstaben-Einteilung ist bis heute in Deutschland gültig, obwohl sich die Zahl der Münzstätten weiter verkleinert hat.

1885

Die erste Emission der Reichskassenscheine wird eingezogen und durch angeblich fälschungssicheres Papier ersetzt. Dazu hat die Preußische Staatsdruckerei dem amerikanischen Fabrikanten Wilcox das Herstellungsrecht für das sogenannte »Wilcoxpapier« gesichert. Das neue Verfahren besteht darin, bunte Pflanzenfasern in die Papiermasse einzubringen. Das Wilcoxpapier wird auch für die Reichsbanknoten verwendet und ausdrücklich unter gesetzlichen Schutz gestellt.

1885

Eine Petitionsflut zugunsten der Doppelwährung Gold und Silber erreicht den Reichstag. Die Bimetallisten verweisen auf Konjunkturprobleme wegen der Liquiditätsversorgung und die Stagnation der Weltgoldproduktion. Sie kritisieren den staatlich organisierten Verkauf von Silberbarren und eingeschmolzenen Vereinstalern an andere Staaten (vor allem Ägypten). Demgegenüber formiert sich ein »Verein zum Schutz der Goldwährung«, der sich für die »währungspolitische Stabilität«, für die »internationale Anerkennung Deutschlands« und die »deutsche Stellung im Welthandel« unter dem Banner der Goldwährung stark macht. Der Goldmechanismus (automatischer Zahlungsbilanzausgleich zwischen den Staaten) und die Sicherheit gegenüber staatlichem Mißbrauch der Währungspolitik sind die Argumente der Monometallisten.

1886

Die Städtische Sparkasse Mühlheim an der Ruhr beantragt bei den preußischen Behörden, ihr die Einführung des Scheckverkehrs zu gestatten. Das Ersuchen wird abgelehnt. In einem Erlaß des Preußischen Innenministeriums vom 5. Februar 1886 wird der Scheckverkehr bei preußischen Sparkassen generell abgelehnt. Auch der Deutsche Sparkassenverband hält den Scheckverkehr »zur Zeit für nicht geboten«. Obwohl sich das Zahlungsmittel Scheck in England und Amerika schon sehr weit verbreitet hat, dauert es in Deutschland bis 1908, ehe ein Scheckgesetz dem neuen Instrument bargeldloser Zahlung zum Durchbruch verhilft.

1891

Am 5. August zahlt im Leipziger Hotel »Hauffe« erstmals ein amerikanischer Gast mit einem gegengezeichneten Reisescheck.

1891

Auf den internationalen Münzkonferenzen in Brüssel und Paris kommt es im Streit um den Bimetallismus zu keiner Einigung. Der Silberpreis verfällt weiter, und immer mehr Staaten (1892 auch Österreich-Ungarn) gehen zur Goldwährung über. Vor allem die Silberbastionen Indien und Vereinigte Staaten stellen 1893 ihre Silberprägungen ein. Gleichzeitig steigt die Weltgoldproduktion sprunghaft an, was den Bimetallisten das Argument von der zu kurzen Golddecke entkräftet. In Deutschland erreicht die Golddekkung 1895 mit 64,3 Prozent ihren höchsten Stand (niedrigster Stand: 1881 mit 27,9 Prozent).

1898

Die Reichsbank beginnt mit dem Ankauf von Auslandswechseln. Es beginnt eine Politik der Wechselkursbeflussung. Wenig später startet die Reichsbank außerdem mit der direkten Hereinnahme von Reichswechseln, erste »Offenmarktgeschäfte« werden getätigt.

1900

Die Vereinigten Staaten erklären den Golddollar offiziell zur Währungseinheit (Gold-Standard-Act). Damit findet der langjährige Streit um den Bimetallismus auch in Amerika ein Ende. In Deutschland verfügt eine Münzgesetznovelle den Einzug aller Fünf-Mark-Goldmünzen. Dafür wird allerdings der Bestand an Silberscheidemünzen je Kopf von 10 auf 15 Mark erhöht.

1906

Die Reichsbank gibt erstmals Banknoten zu 50 und 20 Mark aus. Der Anteil der »kleinen« Scheine wächst von 5 Prozent (1906) auf 26,3 Prozent (1913) am gesamten Notenumlauf. Die letzten vier Privatnotenbanken (Bayern, Sachsen, Württemberg und Baden) dürfen die kleinen Nominalen dagegen nicht ausgeben. Die Reichskassenscheine werden daraufhin auf 10 und 5 Mark Nennbetrag kleingestückelt. Papiergeld setzt sich damit zunehmend im Alltagsverkehr durch, vor allem nachdem es zu Lohnzahlungen eingesetzt wird.

1907

Die Silbertaler werden am 1. Oktober 1907 außer Kurs gesetzt. Damit ist das Ende der »hinkenden Goldwährung« besiegelt. Es beginnt in Deutschland eine geldpolitische Phase der reinen Goldwährung, die allerdings nur bis zum Ersten Weltkrieg dauert.

1908

Die Chekiang Provincial Bank in China bringt die kleinste Banknote der Weltgeschichte heraus. Der Fünf-Cent-Schein ist nur 55 Millimeter lang und 30 Millimeter breit.

1908

Im Oktober 1908 tritt die »Reichsgoldwährung« in Kraft. Der Silbertaler ist fortan kein gesetzliches Zahlungsmittel mehr. An seine Stelle tritt das Dreimarkstück als Scheidemünze. Als Reichsmünzen werden nun ausgeprägt: Zwanzig- und Zehnmarkstücke aus Gold, Silberstücke zu 5, 3, 2, 1 und 0,50 Mark, Pfennigstücke aus Nickel zu 25, 10 und 5 Pfennigen sowie Zwei- und Einpfennigstücke aus Kupfer. Die Goldmünzen tragen weiterhin auf der einen Seite den Reichsadler mit der Inschrift »Deutsches Reich«, die Wertangabe und eine Jahreszahl, auf der Rückseite ein Bildnis des Landesherren oder Hoheitszeichen der Freistädte. Je Kopf der Bevölkerung sollen nicht mehr als 20 Mark Silbergeld und 2,5 Mark Nickel- und Kupfergeld ausgegeben werden.

1908

Der Postscheckverkehr wird in Deutschland eingeführt. Im binnenstaatlichen Geldverkehr gewinnt der Giro- und Scheckverkehr rapide an Bedeutung. Einige Sparkassen und Banken schließen sich zu Giroverbänden zusammen und erproben den massenhaften, bargeldlosen Zahlungsverkehr. Mit dem Scheck wird es möglich, Buchgeld von Hand zu Hand zu reichen. Er ist damit ein klassisches Zahlungsmedium der Übergangsphase zwischen Bar- und Buchgeldzeitalter, zwischen dinglichem und immateriellem Geld. Seine kreditorische Funktion läßt ihn aber im Gegensatz zur aufkommenden Überweisung als Übergangsmedium erscheinen.

1909

Reichsbanknoten werden gesetzliches Zahlungsmittel, so daß jeder sie annehmen muß. Die Reichsbank bleibt allerdings verpflichtet, die Scheine auf Verlangen in Goldmünzen umzutauschen. Gleichwohl laufen insgesamt nur für 2 Milliarden Reichsmark Noten um. Der Umlauf an Goldmünzen liegt dagegen bei 2,7 Milliarden Reichsmark. Papiergeld ist also noch immer nicht das dominierende Bargeld in Deutschland.

1913

Im letzten Jahr vor dem Ersten Weltkrieg beträgt der Weltgoldbestand 41,2 Milliarden Mark, der Weltsilberbestand 14,7 Milliarden Mark. Der deutsche Reichskriegsschatz wird um 120 Millionen auf 240 Millionen Mark erhöht. Dieser Betrag reicht allerdings nach Ausbruch des Ersten Weltkrieges nur wenige Tage.

1914

Am Vorabend des Ersten Weltkrieges zeigt die Bilanz der Reichs-Geldgeschichte eine Gesamt-Goldausprägung von 5,12 Milliarden Mark (von 1871 bis 1914). Die Statistiken der Reichsbank weisen einen Goldmünzen-Bestand von 2,755 Milliarden Reichsmark im Bargeldumlauf des Jahres 1914 aus. Der Bargeldumlauf insgesamt wird auf 8,7 Milliarden Mark beziffert, wovon die Reichsbanknoten mit 5 Milliarden Mark den größten Anteil übernehmen.

1914

Die kriegführenden Staaten heben nach Ausbruch des Ersten Weltkrieges die Goldeinlösungspflicht ihrer Notenbanken auf und vollziehen damit ungewollt den Übergang zu einem Geld- und Kreditsystem, das auf Papiergeld und bargeldlosem Zahlungsverkehr beruht. Reichsschatzwechsel und Schatzanweisungen gelten für die Reichsbank jetzt als deckungsfähig. Die Notensteuer wird beseitigt und Darlehenskassen als Nebennotenbanken errichtet. Die

Reichsregierung wird ermächtigt, fünf Milliarden Mark Kredite aufzunehmen. Die Reichsbank stellt am 31. Juli entgegen dem Bankgesetz die Goldeinlösung der Banknoten ein, nachdem sie binnen Tagen 100 Millionen Mark ihres Goldbestandes eingebüßt hat. Auch die Bank of England erlebt einen Run und muß eine Minderung des Goldbestandes von 38,6 auf 26 Millionen Pfund hinnehmen.

Die letzte deutsche Bergbaumünze ist dieser Mansfelder Segentaler von 1915 mit dem heiligen Georg als Drachentöter. Der Taler zu 3 Mark wird vor allem an Gewerkschaftsmitglieder vergeben.

1915

Am 2. März wird die zweite Kriegsanleihe begeben und mit 9,06 Milliarden Mark gezeichnet. Die erste von insgesamt neun freiwilligen Kriegsanleihen (Gesamtvolumen fast 100 Milliarden Mark, 5 Prozent Zinsen) hat sechs Monate zuvor rund 4,5 Milliarden Mark eingebracht. Die dritte Anleihe vom September 1914 erbringt 12,1 Milliarden Mark. Damit zeichnet sich ab, daß die Kriegskosten in Deutschland hauptsächlich aus Anleihen und nicht – wie etwa in Amerika und Großbritannien – über Steuern finanziert werden. Im Dezember zahlt die Reichsbank erstmalig 200 Millionen Mark Kriegsabgabe. Die Aus- und Durchfuhr von Gold wird verboten.

1915

Die 100 Darlehenskassen, die eigens für den Kriegsfall schon eingerichtet sind, beginnen zügig mit der Ausgabe ihrer Darlehenskassenscheine – schon ein Jahr nach Kriegsausbruch haben mehrere Milliarden Mark Papiergeld auf diese Weise den Notenumlauf vergrößert. Bis zum Kriegsende erreicht das Kontingent der Kassenscheine sogar 30 Milliarden Mark. Die Noten lauten auf 1, 2, 5, 10, 20 sowie 50 Mark und ersetzen damit das vielerorts auftauchende Notgeld. Die Kassen geben Darlehen gegen Sicherheiten (Wertpapiere, unverderbliche Waren, Boden- und Bergwerkserzeugnisse, Schuldbuchforderungen) an jedermann aus. Der Mindestbetrag für ein Darlehen beträgt 100 Mark. Die Laufzeit 3 oder 6 Monate. Der Übergang Deutschlands von der Gold- zur Papierwährung hat damit eine weitere Etappe genommen.

1916

Mit dem Ersten Weltkrieg gerät in Deutschland das Geldsystem aus den Fugen. Das Ermächtigungsgesetz vom August 1914 hat die Voraussetzung für die Beseitigung aller gesetzlichen Hemmnisse und eine maßlose Ausdehnung des Stückgeldumlaufs geschaffen. Inflation, eine starke Geldschein-Vermehrung bei gleichzeitigem Kleingeldmangel (das Metall verschwindet zu Kriegszwecken und durch Hortung) ist die Folge, so daß man vielerorts Notgeld in Metall und Papier herausgeben muß, was vielfach durch die Gemeinden erfolgt. In der ersten Notgeldperiode bis 1916 geben insgesamt 328 Ausgabestellen 8,5 Millionen Mark Notgeld in der Stückelung von 50 Pfennigen und weniger aus. Zwischen 1915 und 1918 händigen 1532 Ausgabestellen 67 Millionen Mark aus. Da für Nickel- und Kupfermünzen das nötige Metall fehlt, werden Geldstücke aus Eisen und Aluminium ausgeprägt.

Im Jahre 1916 wird das teuerste Notgeld der Welt geprägt. In Deutsch-Ostafrika lassen deutsche Kolonialherren mehr als 16 000 Goldstücke im Nennwert von je 15 Rupien prägen.

1916

Um neue Finanzquellen für die Kriegskosten zu erschließen, wird eine Kriegsgewinnsteuer und eine Umsatzsteuer eingeführt. Nach dem Kriegsgewinnsteuergesetz werden Steuerhinterziehungen, die bis dato als Kavaliersdelikte gegolten haben, unter Freiheitsstrafe gestellt. Das ist ebenso neu wie die Umsatzsteuer, die zunächst 1 Promille vom Wert der verkauften Ware beträgt. Die Strafsanktionen und die Umsatzsteuer (heute Mehrwertsteuer) sind in Deutschland bis heute erhalten geblieben. Trotz der neuen Regelungen werden insgesamt nur etwa 6 Prozent der Kriegsausgaben in Deutschland über Steuern aufgebracht.

FANNY LEWALD-STAHR
LUXUS IM BÜRGERTUM

Sie würden erstaunen, Königliche Hoheit, wenn Sie einen Blick würfen in den Luxus der Kreise, in denen wir leben. Ich begegne in den Gesellschaften Toiletten, die – ohne ihren Brillantschmuck – tausend Taler und darüber an Spitzen und selbst an geringeren Kinkerlitzchen wert sind – und der Luxus der Wohnungseinrichtungen – der Tafelluxus sind unglaublich in der Kaufmannswelt, die mehr oder weniger auf die anderen Stände zurückwirkt.
Die Zahl der gebildeten Familien, die wie wir von der alten bürgerlichen Lebensweise nicht abgegangen sind, ist nicht groß; und die jener anderen, welche wie wir ihre Freunde bei und mit einer Tasse Tee empfangen, könnte ich Ihnen an meinen Fingern abzählen – und würde noch einige übrig behalten …

JULIUS VON ECKARDT
GRÜNDERZEIT

Im buchstäblichen Sinne des Wortes wurde das Geld zum Fenster hinausgeworfen, – von den einen für Feste und Luxusaufwendungen, von den andern für Spekulationen aberwitzigster Art. Man brauchte nur zuzugreifen, um Gewinne einzuheimsen, die zu der aufgewendeten Arbeit außer allem Verhältnis standen. Ein mir bekannter Agent für Papier, ein ehemaliger Offizier, der über ein nur höchst beschränktes Maß von Kenntnissen gebot und sonst froh gewesen war, wenn er 2000 Taler jährlich verdiente, erhielt 4000 Taler für die Wertabschätzung einer kleinen, auf Absatz in der Provinz angewiesenen holsteinischen Papierfabrik, die in ein großes Aktienunternehmen verwandelt wurde, das zwei Jahre später jämmerlich Bankrott machte. Für eine »Gründungsidee«, die er aus Wien mitgebracht und bei der er mich durchaus »beteiligen« wollte, erhielt einer meiner Bekannten so viele Tausende von Talern, als die Reise ihn Hunderte gekostet hatte. Für uns Nichtbeteiligte war das beste an der Sache, daß die

Gehälter der Beamten an der Börsenhalle erhöht wurden und daß der hamburgische Staat eine allgemeine Gehaltserhöhung um 20 vom Hundert bewilligte. Unberechtigt konnte diese Maßregel nicht genannt werden, da feststand, daß der deutsche Lebenszuschnitt eine Steigerung erfahren hatte, wie sie sonst nur die Wirkung von Jahrzehnten zu sein pflegt.

RAINER MARIA RILKE
SONETTE AN ORPHEUS

»Irgendwo wohnt das Gold in der verwöhnenden Bank
und mit Tausenden tut es vertraulich. Doch jener
Blinde, der Bettler, ist selbst dem kupfernen Zehner
wie ein verlorener Ort, wie das staubige Eck unterm Schrank.

In den Geschäften entlang ist das Geld wie zuhause
und verkleidet sich scheinbar in Seide, Nelken und Pelz.
Er, der Schweigende, steht in der Atempause
alles des wach oder schlafend atmenden Gelds.

O wie mag sie sich schließen bei Nacht, diese immer offene Hand.
Morgen holt sie das Schicksal wieder, und täglich
hält sie sie hin: hell, elend, unendlich zerstörbar.

Daß doch einer, ein Schauender, endlich ihren langen Bestand
staunend begriffe und rühmte. Nur dem Aufsingenden säglich.
Nur dem Göttlichen hörbar.«

KARL KAISER
ARBEITER-
IDYLLE

Solang er lebte noch zu Haus
Bei seinen Eltern, hielt er's aus.
Es ging halbwegs erträglich
Mit zwei Mark täglich.

Da starben sie, er stand allein,
Da fiel ihm nächtlich oftmals ein:
Solch Leben ist doch kläglich –
Trotz zwei Mark täglich.

Da sah er sie – sie sah ihn auch –
Er liebte sie, uralter Brauch,
Versteht sich ganz unsäglich –
Mit zwei Mark täglich.

Zum Standesamtspfaff kam Besuch,
Ließ registrieren sich ins Buch –
Die Zeilen grinsten fräglich:
Mit zwei Mark täglich!! –

Sie rackerten, sie darbten viel
Und kamen endlich auch ans Ziel:
Verreckt sind sie buchstäblich
Mit zwei Mark täglich! –

GEORG SIMMEL
GELD –
DIE ABSOLUTE
BEWEGUNG

Für den absoluten Bewegungscharakter der Welt nun gibt es sicher kein deutlicheres Symbol als das Geld. Die Bedeutung des Geldes liegt darin, daß es fortgegeben wird; sobald es ruht, ist es nicht mehr Geld seinem spezifischen Wert und Bedeutung nach. Die Wirkung, die es unter Umständen im ruhenden Zustand ausübt, besteht in einer Antizipation seiner Weiterbewegung. Es ist nichts als der Träger einer Bewegung, in dem eben alles, was nicht Bewegung ist, völlig ausgelöscht ist, es ist sozusagen actus purus; es lebt in kontinuierlicher Selbstentäußerung aus jedem gegebenen Punkt heraus und bildet so den Gegenpol und die direkte Verneinung jedes Fürsichseins.

SILVIO GESELL
TAUSCHMITTEL

Das Geld ist Tauschmittel, nichts anderes. Es soll den Austausch der Waren erleichtern, die Schwierigkeiten des Tauschhandels umgehen. Der Tauschhandel war unsicher, schwerfällig, kostspielig und versagte wohl auch oft; das Geld, das ihn ablösen soll, muß darum den Austausch der Waren sichern, beschleunigen, verbilligen.

Das ist es, was wir vom Geld fordern. Der Grad der Sicherheit, Schnelligkeit und Billigkeit, womit die Waren ausgetauscht werden, bildet den Prüfstein für die Brauchbarkeit des Geldes.

Wenn wir noch nebenbei fordern, daß uns das Geld durch körperliche Eigenschaften möglichst wenig belästige, so ist das eine Forderung, die entschieden erst dann in Betracht kommt, wenn sie die Erreichung des Geldzweckes nicht hindert.

Läßt sich die Sicherung, Beschleunigung und Verbilligung des Warenaustausches mit einem Geld erzielen, das die Motten nicht fressen und das sich obendrein trefflich sparen läßt – gut, so mag man solches Geld einführen. Leidet aber die Sicherheit, Schnelligkeit

und Billigkeit des Warenaustausches darunter, so sagen wir: weg damit!
Das herkömmliche Geld als Tauschmittel, das gesetzmäßig in der Weise arbeitet, daß es sich zurückzieht, wenn es zu fehlen beginnt, und das in Masse auf dem Markt erscheint, wenn es dort schon übermäßig vertreten ist, kann nur dem Schwindel und Wucher dienen und muß als unbrauchbar bezeichnet werden, mag es auch, rein körperlich betrachtet, manche angenehme Eigenschaften haben.
Geld, das wie eine Zeitung veraltet, wie Kartoffeln fault, wie Eisen rostet, wie Äther sich verflüchtigt, kann allein sich als Tauschmittel von Kartoffeln, Zeitungen, Eisen und Äther bewähren. Denn solches Geld wird weder vom Käufer noch vom Verkäufer den Waren vorgezogen. Man gibt dann nur noch die eigene Ware gegen Geld her, weil man das Geld als Tauschmittel braucht, nicht, weil man vom Besitz des Geldes einen Vorteil erwartet.
Wir müssen also das Geld als Ware verschlechtern, wenn wir es als Tauschmittel verbessern wollen.

GEORG FRIEDRICH KNAPP
GELD – EIN GESCHÖPF DES RECHTS

Alle Menschen begreifen leichter die Erscheinungen der sinnlichen Welt als die der geistigen Welt; alle Laien verstehen leichter die Erfindungen der Technik als die Erfindungen des Rechtslebens. Gezogene Kanonen und rauchloses Pulver sind verständlicher als die Organisation des Heeres. So ist auch in der Verfassung des Zahlungswesens der sinnliche Teil weit faßlicher als der administrative Teil. Jedermann versteht den Autometallismus, den wir nicht mehr haben; aber nur wenige verstehen die Chartalverfassung des Geldes, die wir haben: denn sie beruht auf Rechtssätzen, die den Gebrauch der Stücke regeln, und auf einer Verwaltungstätigkeit, welche den internationalen Kurs in Ordnung hält. Die Rechtsordnung ist immer formalistisch, deshalb ist auch die staatliche Theorie des

Geldes im Grunde ganz formalistisch. Wer das Geldwesen begreifen will, der muß sich auf den Boden des Rechtslebens stellen, und dann ist nicht mehr die Frage, ob man formalistisch denken will oder nicht – sondern dann ist das formalistische Denken eine Notwendigkeit.

Die Aufgabe des Theoretikers ist so gestellt: von welchem Grundgedanken aus erscheint die Rechtsordnung des Geldwesens innerlich folgerichtig? Diesen Grundgedanken zu finden, ist die Sache des analytischen Verstandes. Wir finden ihn in dem oft erwähnten Satze: die Werteinheit ist nominal, sie ist ein historischer Begriff, und sie hat an sich keinen technischen Inhalt. Wem dies Ergebnis nicht gefällt, der muß entweder nachweisen, daß wir uns in der Entwickelung des Grundgedankens irren; oder er muß sagen: eine solche Rechtsordnung soll nicht bestehen. Dann aber muß er eine andere Rechtsordnung vorschlagen und dafür sorgen, daß sie sich verwirklicht. Bis jetzt hat man nicht erlebt, daß einzelne Besserwissende die Rechtsordnung umschaffen; denn sie beruht auf einem historischen Werden, dessen Ziele nicht von vorn herein vorschweben, sondern erst nachträglich werden diese Ziele vom Theoretiker erkannt, nachdem die unbewußt handelnde Praxis einen Tatbestand geschaffen hat.

Und so ist es heute schon ganz klar: das Geldwesen ist durch Erfindungen der Technik in seinem Werden unterstützt, es ist aber nicht eine Ausgeburt der Technik, sondern ein Geschöpf des Rechts. Die Rechtsordnung aber wird nicht von vorn herein fertig gemacht, sie entsteht nach und nach aus Bruchstücken, die von den Praktikern dargeboten werden, – das weiß jeder Historiker – und erst nachträglich wird das so Gewordene durch die Rechtshistoriker auf seine Grundgedanken zurückgeführt. Dies für das Gebiet des Geldwesens zu leisten, ist das Ziel der staatlichen Theorie des Geldes.

SIGMUND FREUD
GELDINTERESSE UND DEFÄKATION

Am ausgiebigsten erscheinen die Beziehungen, welche sich zwischen den anscheinend so disparaten Komplexen des Geldinteresses und der Defäkation ergeben. Jedem Arzte, der die Psychoanalyse geübt hat, ist es wohl bekannt geworden, daß sich auf diesem Wege die hartnäckigsten und langdauerndsten sogenannten habituellen Stuhlverstopfungen Nervöser beseitigen lassen ... In der Psychoanalyse erzielt man diese Wirkung ..., wenn man den Geldkomplex der Betreffenden berührt und sie veranlaßt, denselben mit all seinen Beziehungen zum Bewußtsein zu bringen ... In Wahrheit ist überall, wo die archaische Denkweise herrschend war oder geblieben ist, in den alten Kulturen, im Mythus, Märchen, Aberglauben, im unbewußten Denken, im Traume und in der Neurose das Geld in innigste Beziehungen zum Drecke gebracht. Es ist bekannt, daß das Geld, welches der Teufel seinen Buhlen schenkt, sich nach seinem Weggehen in Dreck verwandelt, und der Teufel ist doch gewiß nichts anderes als die Personifikation des verdrängten unbewußten Trieblebens. Bekannt ist ferner der Aberglaube, der die Auffindung von Schätzen mit der Defäkation zusammenbringt, und jedermann vertraut ist die Figur des ›Dukatenscheißers‹ ...

JOHN MAYNARD KEYNES
LIEBE ZU GELD

Die Liebe zu Geld als Besitz – anders als die Liebe zu Geld als Mittel zur Erfüllung persönlicher Wünsche und Bedürfnisse – wird als das erkannt, was sie eigentlich ist. Nämlich eine irgendwie ekelerregende Krankhaftigkeit, eine dieser halbkriminellen, halbkrankhaften Veranlagungen, die man nur mit Schauder an die Spezialisten für Geisteskrankheiten weiterreicht.

George Grosz, »In meinem Gebiet soll's so weit kommen, daß Kartoffeln und Dünnbier ein Traktament für Festtage werden ...«, Lithographie aus der Mappe »Die Räuber«, 1922.

1917

Der Goldbestand der Reichsbank erreicht den Höchststand von 2,45 Milliarden Mark (Kriegsausbruch: 1,25 Milliarden), nachdem die Bevölkerung private Goldhortungen auflöst (»Gold geb' ich für Eisen«). Gleichzeitig rutscht die Mark-Notierung an der Züricher Börse auf 63,75 (1914: 122) Franken ab. Im Inland treten Preisbindungen für lebensnotwendige Waren in Kraft. Auf Versorgungsengpässe wird mit Lebensmittelkarten reagiert. Tauschgeschäfte und der Kleinverkehr werden entmonetarisiert. Die Devisenbewirtschaftung wird verschärft.

Im Ersten Weltkrieg geben viele Gemeinden Notgeld aus. Dieser Schein stammt aus Emmendingen (1917) und ist von Ratsschreiber und Bürgermeister unterschrieben.

1917

Das Chicagoer Kaufhaus Sears führt kleine Metalltäfelchen ein, auf denen die wichtigsten Daten zu jedem Kunden festgehalten sind. Damit soll das umständliche »Anschreiben« von Kunden, die nicht gleich bezahlen wollen, erleichtert werden. Beim Einkauf machen die Kassierer von diesen »Kauftafeln« dann nur noch eine Papierkopie. Die erste Kreditkarte ist erfunden.

1918

Mit dem Ende des Krieges balanciert das deutsche Geldsystem auf einer großen Kreditblase aus Kriegsanleihen (100 Milliarden), Darlehenskassenscheinen (30 Milliarden), Reichsbanknoten (19 Milliarden mehr als 1914), Schatzanweisungen (51 Milliarden), Auslandsanleihen (3 Milliarden) und massiven Forderungen vielfältigster Art (kurzfristige Haushaltsschulden etc.). Die Gesamtkriegskosten belaufen sich für Deutschland mindestens auf das Dreifache des Vorkriegs-Bruttosozialprodukts. Zum Jahresende 1918 erreicht der Bargeldumlauf in Deutschland mehr als 33 (1914: 8,7; 1915: 10; 1916: 12,3; 1917: 18,5) Milliarden Mark. Der Zahlungsmittelumlauf pro Kopf der Bevölkerung hat sich damit seit Kriegsbeginn vervierfacht.

1919

Nach der Annahme des Versailler Vertrages durch die Nationalversammlung und der Verabschiedung der Weimarer Verfassung beginnen im August 1919 die Reparationssachleistungen – nach Artikel 231 des Versailler Vertrages muß Deutschland für alle »Verluste und Schäden verantwortlich« sein. Die finanziellen Belastungen der Kriegsfolgen sind enorm. Zur Konsolidierung der desolaten Reichsfinanzen wird der fiskalische Verwaltungsapparat neu geordnet und zentralisiert. Die sogenannte Erzbergersche Finanzreform beschert Deutschland einheitliche Finanzämter im ganzen Reich, das damit von Finanzüberweisungen der Länder unabhängig wird. Aber auch neue Steuererhöhungen, Reichsabgaben, Landessteuern, Notopfer und die Erhebung der Zölle in Gold reichen bei weitem nicht aus. Kapitalflucht setzt ein und der Reichshaushalt finanziert sich immer stärker über neue Kredite (schon 1920 zu 60 Prozent).

Auch nach dem Krieg (1920) kommt man vielerorts ohne Notgeld nicht aus. Diese Scheine aus Lebus stammen von der örtlichen Sparkasse.

1920

Eine Serie von Konferenzen der Alliierten zur Friedensregelung und Reparationsfrage findet statt. 12 Prozent der deutschen Ausfuhr werden als Reparationsleistung eingefordert. In Brüssel tagt erstmals eine internationale Währungskonferenz auf Einladung des Völkerbundes. Beraten wird die Währungsstabilisierung und die mögliche Wiedereinführung des Goldstandards. Fast alle industrialisierten Staaten stecken in einem Inflationsprozeß. Die Vereinigten Staaten sind Weltgläubigernation geworden und nehmen im zunehmend internationalisierten Finanz- und Währungswesen künftig die führende Stellung ein.

1921

Die Reparationskonferenz von Paris legt die Reparationsleistungen Deutschlands zunächst auf 269, dann auf 132 Milliarden Goldmark fest, die mit jährlich sechs Prozent zu verzinsen und zu tilgen sind. Den Forderungen der Alliierten

Deutsches Notgeld aus den Inflationsjahren nach dem Ersten Weltkrieg kursierte noch lange nach dem Zweiten Weltkrieg als Spielgeld in deutschen Kinderzimmern. Heute haben die sonderbaren Noten einen hohen Sammlerwert. In eigenartigem Widerspruch zum Ernst der Lage stehen die teilweise humoristischen Darstellungen.

wird mit der Besetzung Duisburgs und Düsseldorfs Nachdruck verliehen. Die neue Reichsregierung unter Kanzler Josef Wirth nimmt das Zahlungsultimatum (Londoner Ultimatum) unter Druck an. Am 31. August wird die erste Milliarde Mark der Reparationskommission übergeben. Reichsfinanzminister Matthias Erzberger wird ermordet. Der Verfall der Reichswährung beschleunigt sich. Deutschland bittet dringend um Nachlaß der Reparationsforderungen.

1922

Die Hyper-Inflation beginnt, und die Alliierten hegen den Verdacht, Deutschland zerstöre seine Währung absichtlich, um die Unmöglichkeit der Reparationsforderungen zu beweisen. Sie fordern eine von der Reichsregierung unabhängige Reichsbank. Daraufhin wird das Autonomie-Gesetz erlassen, das die Reichsbankgeschäfte nicht dem Kanzler, sondern nur noch dem Bankdirektorium unterstellt. Die Reichsbank gewährt allerdings der Regierung Notenbankkredite wie zuvor. Der Währungsverfall setzt sich verstärkt fort. Ein Dollar, der vor Kriegsbeginn 1914 noch 4,20 Mark gekostet hat, ist im Januar 1922 noch 192 Mark wert, im Dezember schon 7600 Mark. Dann folgt der deutsche Währungs-Kollaps. Ende Januar 1923 sind 50 000 Mark erreicht, im Juni 100 000 Mark, im Juli braucht man 1 Million Mark für den Dollar, Mitte September schon 100 Millionen, am 1. November 100 Milliarden und am 14. November 1 Billion. Ab dem 20. November kann der Dollarkurs bei 4,2 Billionen Mark gehalten werden.

1922

Die Herstellung der Inflations-Geldscheine wird auf 135 private Druckereien ausgedehnt. In der Reichsdruckerei arbeiten rund um die Uhr 7500 Menschen bei der Papiergeldherstellung. Der Kupfertiefdruck muß aufgegeben werden; anstelle der Tiefdruckpressen treten Schnellpressen und Rotationsmaschinen. Die Fälschungssicherungen werden immer dürftiger. Die Serien-Nominale erreichen

1923 und 1924 erreicht die Inflation in Deutschland ihren Höhepunkt. Die staatlichen Gelddrukkereien kommen mit immer neuen Auflagen kaum nach. Private Druckereien werden mit der Geldscheinherstellung beauftragt.

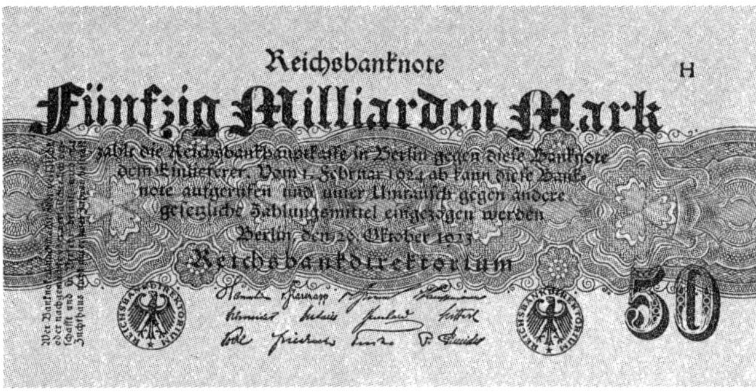

Auch große Arbeitgeber, wie die Reichsbahn, drucken bald eigene (Gut-)Scheine.

Billionen. Insgesamt sollen in der Inflationsphase mehr als 10 Milliarden Geldscheine im Gesamtnennwert von 3900 Trillionen Mark gedruckt worden sein. Dazu liefern drei Dutzend Klischeeanstalten rund 400 000 Druckplatten. Die Herstellung und Verteilung der Inflationsnoten ist eine enorme logistische Leistung. Die rückströmenden Geldscheinfluten werden bald nur noch als Altpapier an Papierfabriken verkauft oder als Heizmaterial abgegeben. Die Münzversorgung bricht völlig zusammen. Silber- und Goldmünzen werden gehortet, Aluminium-Prägungen von zunächst 3, dann 200 und 500 und schließlich 200 000 und 500 000 sowie 1 Billion Mark sind überholt, ehe sie ausgeliefert werden. Allerdings taucht auf ihnen erstmals der republikanische Wappenadler auf, der bis heute deutsche Münzen ziert.

1923

Das Ruhrgebiet wird von französischen Truppen besetzt, der passive Widerstand der Bevölkerung gewaltsam erstickt. Nach dem Rücktritt der Regierung Cuno treibt die Krise in Wirtschaft, Politik und dem Geldwesen ihrem Höhepunkt entgegen. Die Papiermark verliert für den Zahlungsverkehr und die Staatsfinanzen ihre Bedeutung. Ersatzwährungen und Notgelder machen sich breit, das Finanzwesen Deutschlands versinkt im Chaos. Auch neue Steuern (außerordentliche Kriegsabgabe, Vermögenszuwachssteuer, Erbschaftssteuer, Grunderwerbssteuer, Zündwarensteuer, Spielkartensteuer, Tabaksteuer) retten die desolaten Staatsfinanzen nicht mehr und können durch die galoppierende Inflation kaum sinnvoll eingetrieben werden. Die inneren Schulden des Reiches werden durch die Inflation allerdings fast völlig entwertet. Breite Bevölkerungsschichten verlieren dagegen ihre Ersparnisse und verarmen, viele Mittelständler gehen Bankrott, das Staatsvertrauen erleidet massiven Schaden, die Wirtschaft ist von einer tiefen Krise erfaßt. Nie zuvor hat in Deutschland eine Geldinflation derart tiefgreifende gesellschaftliche Auswirkungen gehabt.

1923

Die neue Reichsregierung unter Stresemann wird ermächtigt, wirtschaftliche, finanzielle und soziale Maßnahmen zu treffen, die von der Verfassung nicht gedeckt sind. Hjalmar Schacht wird Reichsbankpräsident und »Reichskommissar für Währungsangelegenheiten«. Am 1. November 1923 wird die Deutsche Rentenbank gegründet und die Rentenmark als Zwischenwährung bis zur endgültigen Neuordnung des deutschen Geldwesens eingeführt. Die wirtschaftspolitisch hoch umstrittene Rentenmark ist fiktiv durch hypothekarische Belastung des gesamten deutschen Grundbesitzes gedeckt. Eine streng restriktive Geldpolitik (Diskontsatz bis zu 90 Prozent) und drastische Haushaltskürzungen begleiten die gewagte Aktion. Die Bevölkerung nimmt die neue Währung mit großer Erleichterung auf (»Wunder der Rentenmark«). Das Umtauschverhältnis beträgt eine Billion Papiermark zu einer Rentenmark. Die große Inflation ist beendet.

1924

Hjalmar Schacht will in Deutschland die Goldwährung wieder einführen. Dazu wird am 7. April 1924 die Golddiskontbank gegründet, am 15. Juli die Goldwährung per Gesetz festgelegt und am 11. Oktober die neue Reichsmark eingeführt. Die Anhänger der Goldwährung hoffen, das Vertrauen der Mark mit diesen Schritten auch im Ausland rasch wiederherzustellen, obwohl die Goldeinlösungspflicht vom ersten Tag an suspendiert bleibt. Es bleibt in Deutschland also bei einer verstümmelten Golddevisenwährung, nachdem auch Devisen in die gesetzlich geforderte Dritteldeckung des Banknotenumlaufs aufgenommen werden dürfen. Der Dawes-Plan regelt die Zahlungsweisen der Reparationen in festen Raten, jedoch nicht die endgültige Höhe und Dauer der Zahlungen. Dawes-Anleihen werden im Ausland gezeichnet und vom Reich bedient. Die Zeit der unkontrollierten Demontagen ist vorbei.

1925

Die Währungsreform wird mit Durchführungsgesetzen (z. B. Aufwertungsgesetz, Anleiheablösungsgesetz) abgeschlossen. Ausländisches Kapital beginnt wieder nach Deutschland zu strömen. Jetzt werden auch die neuen Reichsmark-Münzen ausgegeben. Das neue Fünfzigpfennigstück fällt allerdings derart der Fälschungswut zum Opfer, daß schon nach kurzer Zeit die neue Münze mancherorts nicht mehr angenommen wird. Bei der Nürnberg-Fürther Straßenbahn zum Beispiel nimmt man an, daß rund 80 Prozent der Fünfziger »falsche Fuffziger« sind. Die Münze wird daraufhin wieder eingezogen und ab 1928 durch eine Nickelmünze zu ½ Mark ersetzt.

1925

Das deutsche Bankenwesen hat sich durch die Inflation gründlich verändert. Eine Konzentrationsbewegung, eine Gründungswelle und die massive Filialisierung des Bankgewerbes sind ebenso Inflationsergebnis wie die Begründung des gewaltigen Übergewichts der Groß- vor den Provinzialbanken und die Wandlung der Sparkassen zu Universalbanken. Die Modernisierung des Zahlungsverkehrs ist außerdem ein fast beiläufiges Produkt des Krisenmanagements der Inflationszeit. Im Jahr 1925 gliedert sich das deutsche Bankenwesen folgendermaßen: 18 445 ländliche Kreditgenossenschaften, 2622 Sparkassen, 1406 Privatbankiers, 1170 Volksbanken, 562 sächsische Girokassen, 306 Provinzbanken, 85 Branchen- und Hausbanken, 84 Arbeitnehmerbanken, 40 Kommunalbanken, 38 Hypothekenbanken, 29 Girozentralen und Landesbanken, 29 öffentlich-rechtliche Bodenkreditinstitute, 26 ländliche Zentralkassen, 15 gewerbliche Zentralkassen, 9 Staatsbanken, 8 Berliner Großbanken, 4 deutsche Auslandsbanken, 4 Privatnotenbanken, 3 Bausparkassen und die Reichsbank.

1926

Die Kreditrationierung wird beendet. Der Diskontsatz der Reichsbank beträgt am Jahresanfang neun Prozent und sinkt binnen 20 Monaten auf 5 Prozent. Zum Jahresende löst sich die Lateinische Münzunion auf.

1927

Die Zahl der Girokonten in Deutschland übersteigt 1,5 Millionen. Immer mehr Menschen machen sich die modernen Instrumente des bargeldlosen Zahlungsverkehrs zunutze. Die zwanziger Jahre bringen in allen Industrieländern dem Giro-, Scheck- und Überweisungsverkehr den Durchbruch. Gleichzeitig werden die flächendeckende Versorgung mit Bankfilialen abgeschlossen und Gironetze geflochten. Zeitgenössische Zeitungen schwärmen von der »Giro-Dekade«.

1927

In Anbetracht des rapide steigenden Bargeldumlaufs in Deutschland – der größte Teil der umlaufenden Noten entfällt auf den Fünfzig-Reichsmark-Schein – ordnet Hjalmar Schacht restriktive Maßnahmen der Reichsbank an. Die unmittelbare Folge ist noch am gleichen Tag (13. Mai 1927 – »Schwarzer Freitag«) ein Börsenkrach mit stark fallenden Kursen. In den folgenden vier Wochen werden rund eine Milliarde Mark an Gold und Devisen aus Deutschland abgezogen. Der »Schwarze Freitag« gilt als ein Warnsignal und Vorbote der kommenden Finanzkrise.

1928

Die Staatsquote erreicht in Deutschland ein Rekordniveau von 38,2 (1913: 18,6; 1925: 31,6) Prozent. Gleichzeitig hat sich das deutsche Finanzwesen in einem bislang beispiellosen Maße international verflochten. Auslandsanleihen sind zu einem Regulierungsinstrument der Geldbeschaffung geworden. Die Goldreserven der Reichsbank erreichen mit 2,7 Milliarden Reichsmark einen Rekordstand seit dem Ersten Weltkrieg. Gleichwohl zeigen sich im Konjunkturbild erste Schatten. Ein internationaler Wirtschaftsabschwung, der zur Weltwirtschaftskrise führen wird, setzt ein.

1928

Die Reichsbank bereitet die Ausgabe einer neuen Banknotenserie vor. Die Holbein-Serie von 1924, die sämtlich Kopfbilder nach Gemälden Hans Holbeins zeigen – soll abgelöst werden. Auf den neuen Scheinen erscheinen Albrecht Daniel Thaer (Begründer der rationellen Landwirtschaft – Zehnmarkschein), Werner von Siemens (Industrieller – Zwanzigmarkschein), David Hansemann (Finanzpolitiker und Gründer der Feuerversicherungsgesellschaft – Fünfzigmarkschein). Wegen dieser Personen nennt man die neue Notenreihe bald »die Wirtschaftsserie«. Hinter der unpolitischen und wirtschaftsfreundlichen Motivwahl zeigt sich auch ein verändertes, rationaleres, nüchterneres Geldverständnis. Die betont solid-konservative Gestaltung kontrastiert scharf gegen die Bewegtheit der Kunstszene der Weimarer Republik und zeigt auch etwas von der schamhaft-biederen Staatssymbolik eines weithin ungeliebten Staates.

1929

Der große Börsenkrach vom 29. Oktober 1929 (»Schwarzer Freitag«) weitet sich von Amerika über das gesamte Welt-Finanzsystem aus. Das labile Gleichgewicht aus amerikanischen Krediten an Deutschland und deutschen Reparationsleistungen an die Siegermächte gerät ins Wanken. In allen Industrieländern steht die akute Liquiditätskrise ins Haus. Es kommt binnen kurzer Zeit zu vielen Zusammenbrüchen von Unternehmen und Banken, zu massiven Produktionsstockungen und enormer Arbeitslosigkeit mit der Folge sozialer Massenverelendung und politischer Krisen. Buchstäblich aller Welt wird vor Augen geführt, wie weit die internationalen Wirtschafts- und Finanzverflechtungen inzwischen fortgeschritten sind.

1929

Der Young-Plan regelt die Reparationsfrage neu. Gegenüber dem Dawes-Plan werden die Zahlungsverpflichtungen Deutschlands herabgesetzt. Zunächst sollen 37 Jahresraten von durchschnittlich 2,05 Milliarden Reichsmark, danach 22 Jahresraten von 1,65 Milliarden gezahlt werden. Die internationale Finanzkontrolle über die Reichsbank wird beendet, und internationale Anleihen sollen die Leistungen finanzieren. Die KPD und extreme Rechtsparteien agitieren gegen den Plan, ein Volksbegehren scheitert allerdings. Die NSDAP verbucht mit diesem Thema allerdings wichtige Popularitätspunkte.

1929

Die Reichsbank wagt die Ausgabe der ersten Gedenkmünze politischen Inhalts seit dem Weltkrieg. Aus Anlaß des zehnjährigen Verfassungsjubiläums zeigen die 3,6 Millionen Münzen das Kopfbild des Reichspräsidenten Hindenburg und die Schwurhand. Von linken und rechten Verfassungsgegnern wird die »Bekenntnismünze« verhöhnt.

1930

Die Bank für Internationalen Zahlungsausgleich wird in Basel gegründet. Über sie wickelt Deutschland einen Rest der Reparationszahlungen ab. Sie kann jedoch angesichts des egoistischen Verhaltens der meisten Länder in der Weltwirtschaftskrise keine Zahlungsbilanzverwerfungen ausgleichen. Durch die Devisenbewirtschaftungen, den scharfen Protektionismus und den darunter leidenden Handel verschärft sich die Wirtschaftskrise sogar weiter.

1930

Eine erste Notverordnung zur »Sicherung von Wirtschaft und Finanzen« des Reichspräsidenten aufgrund von Artikel 48 der Verfassung tritt in Kraft. Es beginnt die Deflationspolitik des neuen Reichskanzlers Heinrich Brüning

Am »Schwarzen Freitag«, dem 29. Oktober 1929, versammeln sich Tausende von Betroffenen vor der Börse in der New Yorker Wall Street.

durch Lohn-, Preis- und Kostensenkungen sowie eine strenge Spar- und Haushaltspolitik. Im Rahmen der Devisenbewirtschaftung werden sogar Auslandsreisen faktisch unterbunden. Kurzzeitig muß für jede Auslandsreise eine Gebühr von 100 Reichsmark bezahlt werden.

1931

Mit der sich entfaltenden Weltwirtschaftskrise zeigt sich, wie fatal die kurzfristige Auslandsverschuldung auch für Deutschland ist. Am 11. Mai 1931 kommt es zum Zusammenbruch der Österreichischen Creditanstalt. In Deutschland erreicht die Bankenkrise mit dem Zusammenbruch der Danatbank am 13. Juli ihren Höhepunkt. Auch die Dresdner Bank und andere Großbanken haben plötzlich nicht mehr die erforderliche Liquidität – ein Run auf die Banken setzt ein. Mit Bankfeiertagen wird verhindert, daß die gesamte Kreditwirtschaft einer Panik zum Opfer fällt. Angesichts der Kapitalflucht aus Deutschland verfügt die Regierung, daß der freie Devisenverkehr aufgehoben wird. Es folgt nun eine Flut von Gesetzen zur Devisenzwangsbewirtschaftung. Der amerikanische Präsident ruft in Anbetracht der ernsten Lage ein »Weltfeierjahr« aus – ein einjähriges Moratorium für zwischenstaatliche Schulden.

1933

Die Vereinigten Staaten geben den Goldstandard auf. Damit ist der vollständige Zerfall des Goldwährungssystems offenbar. Nachdem die Bank of England schon 1931 das Pfund Sterling vom Goldstandard gelöst und damit eine Kettenreaktion von Währungsabwertungen ausgelöst hat, sind an die Stelle des weltumspannenden Währungsgefüges Blöcke (Sterling-Block, Franc-Block) getreten. Die Einführung der Devisenbewirtschaftung bereitet dem System des internationalen Gold-Devisen-Standards sowie der Freizügigkeit des internationalen Geld- und Kreditverkehrs ein Ende.

1933

Nach der Machtergreifung durch die Nationalsozialisten in Deutschland wird ein neues Fünfmarkstück emittiert. Die neue Münze soll nur noch 29 Millimeter Durchmesser haben und 13,889 Gramm wiegen. Damit setzen die neuen Machthaber eine Größen-Norm, die nach dem Krieg in beiden deutschen Staaten und bis heute im wiedervereinten Deutschland Bestand hat. Äußerlich verändert sich an den Münzen zunächst nur, daß die altdeutsche Frakturschrift an die Stelle der Antiqua tritt. Gleichzeitig wird zum 31. Dezember 1934 die Drei-Mark-Münze aus dem Verkehr gezogen. Die Ära der Drei-Mark-Münze hat nach der Jahrhundertwende begonnen, als sie für den Vereinstaler ersatzweise eingeführt worden ist.

1934

Am 15. Juni stellt Deutschland den Bartransfer an die BIZ ein. Damit sind die Reparationszahlungen beendet. Mit dem Reichsgesetz über das Kreditwesen sichern sich die Nationalsozialisten den Zugriff zur deutschen Finanzwirtschaft, obwohl die Verstaatlichung des Bankwesens umgangen wird.

1934

Am 5. Dezember wird das Reichsgesetz über das Kreditwesen erlassen. Damit weitet sich die Kontrolle über die Banken erheblich aus. Mit dem Reichskommissar und dem Aufsichtsamt für das Kreditwesen werden zwei zentrale Kontrollorgane eingesetzt. Eine ausreichende Sicherheit und Liquidität der Kreditinstitute soll durch mehrere Vorschriften erreicht werden.

1935

Zum Jahresende 1935 wird den verbliebenen vier Privatnotenbanken im Deutschen Reich (Bayerische Notenbank in München, Sächsische Bank in Dresden, Württembergische Notenbank in Stuttgart, Badische Bank in Karlsruhe)

Seit 1924 ist der 30. Oktober für deutsche Sparkassen ein »Spartag«. In den dreißiger Jahren wird die Sparsamkeit als nationale Tugend verbrämt, zur Pflicht erklärt und als »Dienst am Volk« angepriesen.

Schon 1937 lassen die Nationalsozialisten Rentenbankscheine zu 1 und 2 Mark als Notfallvorsorge für den Krieg herstellen.

die Befugnis zur Notenausgabe entzogen. Die Noten werden eingezogen, und die Goldbestände der vier Banken im Wert von insgesamt 74 Millionen Mark müssen an die Deutsche Golddiskontbank, eine Tochtergesellschaft der Reichsbank, abgeführt werden.

1935

Das Geltungsgebiet der deutschen Währung wird auf das Saarland ausgedehnt. Im Dezember 1935 werden Sonderwechsel für die Arbeitsbeschaffung und Rüstung in Höhe von 4 Milliarden Reichsmark ausgestellt. Nun beginnt die getarnte Rüstungsfinanzierung über sogenannte »Mefo-Wechsel«. Die Metallurgische Forschungsgesellschaft ist von Reichsbank und Reichswehrministerium gegründet, Gesellschafter sind vier Rüstungsunternehmen. Lieferanten von Militär- und Rüstungsgütern ziehen auf diese Tarnfirma Mefo-Wechsel, die bei der Geschäftsbank diskontiert und bei der Reichsbank rediskontiert werden können. Die Reichsbank wiederum kann sie wie Handelswechsel zur Notendeckung nutzen und damit den Geldumlauf erhöhen. Insgesamt werden bis 1938 12 Milliarden Mark über Mefo-Wechsel zur Rüstung aufgebracht.

1936

Die Nationalsozialisten bereiten Deutschland auf den Krieg vor. Die Kreditnachfrage zur Finanzierung der Kriegsvorbereitungen steigt enorm. Um eine Inflation zu verhindern, werden Lohn- und Preisstop erlassen. Preiserhöhungen sind danach grundsätzlich verboten, die Rationierungswirtschaft setzt ein.

1936

Auf den Silbermünzen erscheint der Hakenkreuzadler. Das Geld – auch die Papiernoten – wird zunehmend als Propagandainstrument mißbraucht. Eine Probe-Serie von Fünfmarkstücken, die die Rückgliederung des Saargebietes 1935 feiert, wird erstellt. Die Nationalsozialisten wollen außerdem die sechs deutschen Münzstätten (Berlin, München, Dresden, Stuttgart, Karlsruhe, Hamburg) auflösen und in einer Berliner Zentrale zusammenfassen. Von 1935 an wird in Berlin der Bau einer »Reichsmünzstätte« begonnen, aber nicht mehr vollendet. Nach dem Anschluß Österreichs 1938 werden in Wien Reichsmünzen unter dem Prägebuchstaben »B« hergestellt.

1937

Der New Yorker Diskontsatz erreicht mit 1 Prozent seinen historisch niedrigsten Stand. Im Krisenjahr 1930 hat der Satz immerhin noch bei 4 Prozent gelegen. In Frankreich wird die Goldparität des französischen Franc aufgehoben. In Deutschland tritt Hjalmar Schacht als Reichsbankpräsident zurück.

1937

Die Autonomie der Reichsbank wird beseitigt. Aus dem Bankgesetz wird der Satz gestrichen: »Die Reichsbank ist eine von der Reichsregierung unabhängige Bank.« Gleichzeitig wird durch die Veränderung der Deckungsvorschriften die Reichsmark zu einer reinen Papierwährung. Alle formalen Hindernisse für die Ausweitung des Notenumlaufs sind beseitigt, die letzten Bindungen an das Gold abgeschafft. Deutschlands Währung ist – anders als 1914 – auf den Krieg vorbereitet. Wie zur Veranschaulichung dessen läßt die Regierung Rentenbankscheine zu ein und zwei Rentenmark als Notfallvorsorge herstellen. Sie sollen im Kriegsfall das Kleingeld ersetzen oder ergänzen.

1938

Die Reichsregierung läßt den Bargeldumlauf erhöhen, führt die unverzinslichen »Lieferschatzanweisungen« zur Rüstungsfinanzierung ein und begibt in einem Jahr vier Anleihen über mehr als sechs Milliarden Mark. Gleichzeitig verhindert ein Hypothekensperrerlaß, daß Kapitalmarktkonkurrenten Geld an sich ziehen. Hypothekenbanken dürfen nur noch zu staatswichtigen Aufgaben Kredite vergeben.

Am Golde hängt, zum Golde drängt die Wirtschaft.
Ein Goldbarren aus unseren Tagen.

Reichsbanknoten aus der Zeit vor dem 1. Weltkrieg (1908), der Kriegszeit (1914 und 1915) sowie aus den Inflationsjahren eine Eintausendmarknote vom 15. Dezember 1922, 1923 umgestempelt auf eine Milliarde Mark.

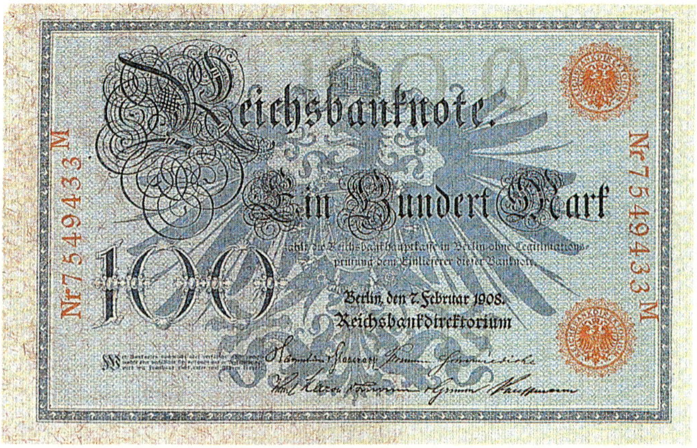

20
Reichsbanknote
Zwanzig Mark
zahlt die Reichsbankhauptkasse in Berlin
gegen diese Banknote dem Einlieferer.
Berlin, den 4. November 1915.
Reichsbankdirektorium
G·3056183
G·3056183
Wer Banknoten nachmacht oder verfälscht, oder nachgemachte oder verfälschte sich verschafft und in Verkehr bringt, wird mit Zuchthaus nicht unter zwei Jahren bestraft.

20
M
G·3056183
G·3056183
Wer Banknoten nachmacht oder verfälscht, oder nachgemachte oder verfälschte sich verschafft und in Verkehr bringt, wird mit Zuchthaus nicht unter zwei Jahren bestraft.

134E
941194
Reichsbanknote
Eintausend
Mark
zahlt die Reichsbankhauptkasse in Berlin
gegen diese Banknote dem Einlieferer
Berlin, den 15. Dezember 1922
Reichsbankdirektorium
1000
1000

Internationale Banknoten: USA: 5 Dollar von 1899, mit dem Porträt des Sioux-Indianerhäuptlings Onepapa. USA: 2 Dollar-Note 1976, mit dem Porträt von Thomas Jefferson im Kreise von Parlamentariern. Japan: Nippon Ginko, 10 000 Yen, 1958, mit dem Porträt von Shotoku-Taishi. Frankreich: 5000 Francs, 1947, vier Porträts, die Union Française symbolisierend. England: 5 Pfund, 1951, mit dem bis dahin charakteristischen Ornamentschmuck. Sowjetrepublik Rußland: 10 000 Rubel, 1919, charakteristisch der Aufdruck »Proletarier aller Länder, vereinigt Euch« in sieben Sprachen.

5000
BANQUE DE FRANCE
083483659
5000
659
J.3340
LE CONTROLEUR Gal
LE CAISSIER Gal
LE SECRÉTAIRE Gal
F.D.20=3=1947.F.D.
J.3340
CINQ MILLE
FRANCS
659

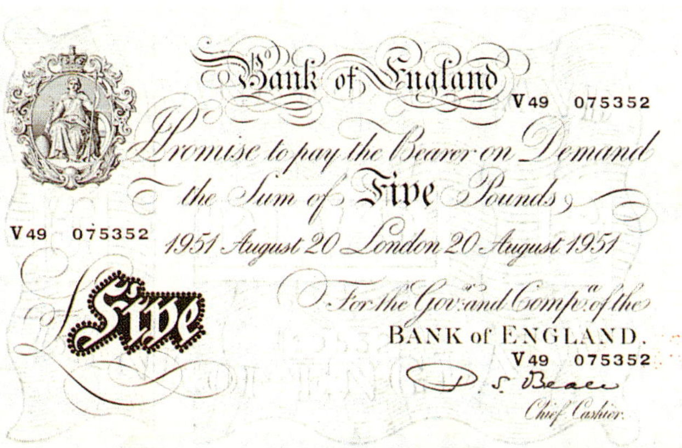
Bank of England
V49 075352
I Promise to pay the Bearer on Demand
the Sum of Five Pounds
V49 075352
1951 August 20 London 20 August 1951
Five
For the Govr. and Compa. of the
BANK of ENGLAND.
V49 075352
Chief Cashier.

PROLÉTAIRES DE TOUS LES PAYS, UNISSEZ-VOUS!
PROLETARI DI TUTTI I PAESI, UNITEVI!
10000
РУБЛЕЙ
10000
РУБЛЕЙ
ПРОЛЕТАРИИ ВСЕХ СТРАН СОЕДИНЯЙТЕСЬ
1919
ПОДДЕЛКА РАСЧЕТНЫХ ЗНАКОВ ПРЕСЛЕДУЕТСЯ ПО ЗАКОНУ
WORKERS OF THE WORLD, UNITE!
PROLETARIER ALLER LÄNDER, VEREINIGT EUCH!

Andy Warhol, »U.S. Dollar sign«,
Siebdruck auf Leinwand.

Andy Warhol,
»$ 4; Quadrant«;
»$ 9, 1982.«
Portefolio
of Screen Prints.

Vergänglichkeit und Bestand: Die Münzen der ehemaligen Deutschen Demokratischen Republik und Markstücke.

Ob die Deutsche Mark um die Jahrtausendwende vom Ecu abgelöst wird?

1938

Mit dem Anschluß Österreichs an das Deutsche Reich wird die Reichsmark in Österreich gesetzliches Zahlungsmittel. Eine Reichsmark wird einem Schilling gleichgesetzt. Die Österreichische Nationalbank wird von der Reichsbank kurzerhand übernommen. Per Verordnung werden die goldenen Zehn- und Zwanzigmarkstücke außer Kurs gesetzt.

1939

Die nach fünfjähriger Gesamtlaufzeit fällig werdenden Mefo-Wechsel im Betrag von zwei Milliarden Reichsmark werden von der Regierung nicht eingelöst. Die Kosten durch den Bau des Westwalls und die Eingliederung Österreichs und des Sudetenlandes sind dafür zu hoch. Die Konflikte zwischen Regierung und Reichsbankführung enden mit dem Rücktritt Hjalmar Schachts und der Mehrzahl der Direktoriumsmitglieder. Der »Neue Finanzplan« führt nach den Arbeitsbeschaffungswechseln, Sonderwechseln, Mefo-Wechseln und Lieferschatzanweisungen nun als neues Finanzierungspapier »NF-Steuergutscheine« ein. Mit diesen Papieren zahlt der Staat fortan 40 Prozent jedes Rechnungsbetrages. Die Empfänger können später damit ihre Steuerschulden tilgen. Die Steuergutscheine werden beschränkte gesetzliche Zahlungsmittel und erreichten zu Kriegsbeginn schon ein Volumen von 4,7 Milliarden Reichsmark.

1940

Unmittelbar nach Kriegsausbruch wird das Hamstern von Münzen unter Strafe gestellt. Gleichzeitig beginnt im Deutschen Reich die Einziehung der Münzen zu 50 Pfennigen und zu 1 Mark, weil sie aus kriegswichtigem Nickelmetall bestehen. Die Fünfzigpfennigstücke werden durch Aluminiumfünfziger ersetzt, die mit der Jahreszahl 1935 schon vor dem Krieg für diesen Fall bereitgehalten worden sind. Die Markstücke werden durch Papiergeld in Gestalt von neuen Rentenbankscheinen abgelöst. Im Verlauf des Krieges wird auch Kupfer immer knapper, so daß man zur Kriegsproduktion auf das Metall der Kleinmünzen zu 1, 2, 5 und 10 Reichspfennigen zurückgreift. Zu ihrem Ersatz werden von 1940 bis 1944 die Münzen gleicher Nominale aus Zink in großen Mengen geprägt.

1941

Zur Kriegsfinanzierung werden sogenannte »Eiserne Sparkonten« eingeführt, auf denen jeder Arbeitnehmer bis zu 26 Reichsmark monatlich und Sondervergütungen (Weihnachtsgeld) überweisen soll. Die Guthaben werden wie Spareinlagen mit gesetzlicher Kündigungsfrist verzinst. Als Anreiz zu diesem »freiwilligen« Zwangssparen bleiben die Einlagen steuerfrei. Die Regierung vermeidet es wie im Ersten Weltkrieg, zur Zeichnung von Kriegsanleihen aufzurufen. Vielmehr funktioniert die legendäre »geräuschlose Kriegsfinanzierung« dadurch, daß durch die Kriegsumstände und den zunehmenden Warenmangel die Bevölkerung zwangsspart und diese Mittel über Regierungsanleihen bei der Kreditwirtschaft wieder abgezogen werden. Die Kaufkraft der Bevölkerung wird damit nach und nach abgeschöpft.

1942

Erstmals wird eine Reichsbanknote zu fünf Mark gedruckt. Das Papier mit dem Datum 1. August 1942 gelangt ab 1943 in den Verkehr. Sie soll den kriegsbedingten Kleingeldmangel lösen. Zu sehen ist das »Kopfbild eines jungen deutschen Mannes von soldatischem Ausdruck«. Die Rückseite zeigt den Braunschweiger Dom mit dem Löwendenkmal, flankiert von Bäuerin und Schreiner.

1943

Auch zehn Jahre nach der Machtergreifung Hitlers gibt es im Deutschen Reich keine Münze und keinen Geldschein, der sein Bild trägt. Ende 1942, auf dem Höhepunkt der militärischen Expansion der deutschen Wehrmacht, werden erstmals Proben eines Stückes zu 5 Reichsmark mit dem Münzzeichen A hergestellt, die das Kopfbild Hitlers ohne Umschrift zeigen. Anfang 1943 wird Hitler diese Probe vorgelegt, doch der Diktator entscheidet, daß Münzen mit seinem Bild »erst nach der Erringung des Endsieges« geprägt werden sollen.

1944

In dem kleinen Örtchen Bretton Woods (New Hampshire, USA) beraten vom 1. bis zum 22. Juli 1944 Vertreter aus 44 Staaten die Zukunft der Weltwährungsordnung. Sie vereinbaren für die Nachkriegszeit ein internationales System fester Wechselkurse und eine Gold-Dollar-Parität. Grundlage des Systems bildet die Verpflichtung der Vereinigten Staaten, Dollars von ausländischen Notenbanken zu einem festen Preis von 35 Dollar je Unze in Gold einzutauschen. Gleichzeitig wird die Gründung des Internationalen Währungsfonds beschlossen, um die internationale Zusammenarbeit bei Währungsfragen zu fördern, das neue System aufrechtzuerhalten und Zahlungsungleichgewichte auszugleichen.

Im Konzentrationslager Theresienstadt läßt der Ältestenrat 1943 internes Ersatzgeld für die Insassen drucken.

1945

Der Bargeldumlauf des Deutschen Reiches beläuft sich zu Kriegsende auf 73 Milliarden Mark. Vor Kriegsausbruch 1939 liefen nur rund 11 Milliarden Mark um. Damit hat sich in den sechs Kriegsjahren ein erhebliches Inflationspotential angestaut.

1945

In den letzten Kriegsmonaten gibt die Reichsbank über einige Filialen noch Notgeld aus. In Süddeutschland werden Reichsbanknoten zu 10, 50 und 100 Mark eilends fotomechanisch vervielfältigt. Bei einigen Fotokopien dieser Fünfzigmarkscheine bleibt die Rückseite sogar unbedruckt.

1945

Mit der Kapitulation Deutschlands am 8. Mai 1945 ist der Zweite Weltkrieg in Europa beendet. Deutschland verfügt über keine funktionsfähige Währung mehr. Geschäftsbanken, Sparkassen und das übrige Geld- und Kreditgefüge sind räumlich und funktionell gestört. Mangel und Hunger beherrschen das Bild einer auf Naturaltauschebene zurückgeworfene Wirtschaft. Es etablieren sich naturelle Nebenwährungen wie Zigaretten, Schokolade, Kaffee und Strümpfe. Einige Städte und Gemeinden geben auch primitive Notgeldscheine aus. Vor allem aber die Besatzungsbehörden geben jetzt Militär-Marknoten zu 0,50, 1, 5, 10, 20, 50, 100 und 1000 Mark aus.

1947

Mit dem Marshallplan fließt amerikanisches Kapital in das kriegszerstörte Europa. Das »European Recovery Program« (ERP) führt zur Wiederbelebung der wirtschaftlichen Aktivitäten. In Deutschland übernimmt die Kreditanstalt für Wiederaufbau die Aufgabe der Kreditzuweisung.

1947

In Erwartung einer Währungssanierung setzt eine Flucht in Sachwerte ein. Die zurückgestaute Inflation aus dem Krieg zeigt sich an den stark steigenden Reichsmarkpreisen am Schwarzmarkt. Auch Geldmünzen werden jetzt verstärkt gehamstert, da die Bevölkerung annimmt, daß diese bei einer Währungsreform zumindest einige Zeit weiter im Verkehr bleiben. Der daraus resultierende Mangel an Kleingeld führt zur Zahlung mit Rabattmarken, Briefmarken und anderen Hilfsmitteln im Kleinverkehr. In der französischen Besatzungszone geben die Banken Notgeldschecks über runde Pfennigbeträge aus. Allein in Rheinland-Pfalz kommen so 550 000 Zehn-Pfennig-Scheine, 300 000 Fünfzig-Pfennig-Scheine und 150 000 Fünf-Pfennig-Scheine in den Umlauf.

Bis zur Währungsreform war dieser Rentenbankschein im Deutschen Reich im Umlauf. Abgebildet ist ein Bauernmädchen, das an die Landwirtschaft als eine der vier Stützen der Rentenbank, neben Industrie, Handel und Gewerbe, erinnern soll.

1948

Nach fast drei Jahren ohne eine zentrale Notenbank in Deutschland wird am 1. März in Frankfurt von der amerikanischen und britischen Militärregierung die Bank deutscher Länder mit Sitz in Frankfurt errichtet. Präsident des Direktoriums der neuen Zentralbank wird Karl Vocke. Nach amerikanischem Vorbild entsteht ein zweistufiges Zentralbankensystem mit Landeszentralbanken in den Ländern der drei Westzonen. Wie im Reichsbankengesetz von 1924 wird die Bank deutscher Länder als regierungsunabhängiges Noteninstitut eingerichtet. Im Gegensatz zur Reichsbank hat die Bank deutscher Länder vorübergehend auch das Münzprivileg, das nach 1950 wieder an die Regierung zurückfällt. Sie gibt Pfennigmünzen aus plattiertem Eisen (Einpfennig mit Kupfer, Fünf- und Zehnpfennig mit Tombak) sowie Fünfzigpfennigmünzen aus Kupfernickel mit der Aufschrift »Bank deutscher Länder« heraus. Erst am 25. März darf die neue Zentralbank auch in der französischen Zone die Arbeit aufnehmen. Zuvor hat Frankreich im Saargebiet den Franc als Währung eingeführt.

1948

Die Währungsreform führt in Deutschland die D-Mark ein, die in hundert Pfennige unterteilt ist. Gleichzeitig wird die Reichsmark, die Rentenmark und die Alliierte Militärmark für ungültig erklärt, und zwar sowohl Scheine als auch Münzen. Kleine Noten und Münzen dürfen noch für kurze Zeit zu einem Zehntel ihres Nennwertes in Zahlung gegeben werden. Jeder Bewohner der Westzonen erhält einen Kopftauschbetrag von 40 (plus 20) DM (Tauschverhältnis 1 zu 1 – auch für Löhne, Gehälter, Renten und Pensionen). Reichsmarkguthaben werden im Verhältnis 10 zu 1 (später 100 zu 6,5) umgestellt. Die öffentliche Hand wird von allen Verbindlichkeiten befreit, Sachwertbesitz bleibt erhalten. Banken und Versicherungen erhalten Ausgleichsforderungen. Gleichzeitig wird die Bewirtschaftung und Preiskontrolle aufgehoben. Die neue D-Mark wird von der Bevölkerung als allgemeingültiges Zahlungsmittel akzeptiert, und Deutschland hat wieder eine funktionierende Geldordnung. Gleichzeitig aber ist das Währungsgebiet seit 1871 wieder gespalten, da die Ostzone mit der Ost-Mark (später DDR-Mark) eigene Wege gehen muß.

1948

In Ostdeutschland wird ebenfalls eine – allerdings überstürzte – Währungsreform durchgezogen. Zunächst gibt es nicht einmal neues Geld, vielmehr werden die alten Reichsmarkscheine mit Wertkupons beklebt. Die Berliner nennen die neue Ostmark Tapetengeld. In ihrer Stadt gelten jetzt zwei deutsche Währungen.

Vor den Umtauschstellen bei der Währungsreform am 20. Juni 1948 bilden sich riesige Menschenschlangen.

JOSEPH SCHUMPETER
GELDWERT

»Geldwert« kann also nichts anderes bedeuten als die Kaufkraft der Einkommenseinheit, die weder ein Tauschwert ist noch auf einem Gebrauchswert beruht. Das Geldwertproblem ist einfach das Kaufkraftproblem und dieses ist lediglich das Problem des Geldpreises der einzelnen Waren, dessen reziproker Wert eben die Kaufkraft der Einkommenseinheit gegenüber der einzelnen Ware ist. Hat man einmal erfaßt, daß das Geld nichts anderes ist als ein technisches Hilfsmittel des Wirtschaftsverkehrs, eine Spielmarke ohne Eigenbedeutung, so verliert jeder andere Standpunkt seinen Boden. Dem Kaufkraftbegriff liegt der Preisbegriff zugrunde, die Kaufkraft setzt den Preis voraus. Versucht man beide zu trennen, so entschlüpft der Kern der Sache.

GERTRUDE STEIN
GELD IST SEHR KOMISCH

Geld ist sehr komisch. Die Sache, die Menschen von Tieren unterscheidet, ist Geld. Alle Tiere haben die gleichen Gefühle und dasselbe Verhalten wie Menschen. Jeder, der Tiere um sich hat, weiß das. Aber was kein Tier kann, ist zählen. Menschen können zählen, und sie tun es, und deshalb haben sie Geld. Daher werden, solange die Erde sich dreht, Menschen auf ihr sein, und solange Menschen auf ihr sind, werden sie zählen, und sie werden Geld zählen.

ROBERT MUSIL
GELD IST
DAS MASS
ALLER DINGE

»Die Formel dieser Zeit des Kapitalismus, auf die es im Zusammenhang mit den Tatsachen ankommt, lautet: das Geld ist das Maß aller Dinge. Ihr negativer Ausdruck heißt: das menschliche Tun trägt kein Maß mehr in sich. Worte über ihre weitreichende Berechtigung sind überflüssig; sie ist oft genug erörtert worden. Ich möchte hervorheben, wie sehr heute der ›Erfolg‹ sogar für das ›Verständnis‹ entscheidet, unter besten Menschen.
Wichtiger erscheint es, das Positive, man zögere nicht zu sagen: das Gute hervorzuheben, das in diesem Zustand liegt. Es ist die kräftigste und elastischeste Organisationsform, welche die Menschen bisher erreicht haben.
Es ist in diesem Zusammenhang aber nichts als eine geordnete Ichsucht; die ungeheuerlichste Organisation der Ichsucht nach der Rangordnung der Kräfte Geld zu schaffen. Bei dem Mangel jeder giltigen andren Rangordnung ist es geradezu unentbehrlich. Wo das Geld nicht ordnet – wie etwa in der Beamtenhierarchie oder in der akademischen – dort springen sofort Nepotismus und Protektionswesen ein. Würde heute das Geld abgeschafft, so würde dadurch nicht berührt ›die Übermacht dessen, der Vorteile zu vergeben hat‹. In der Zeit des Umsturzes und Durcheinanders etablierte sich allerorten eine Naturalwirtschaft aller erdenklichen Protektionen. Man muß das sagen, weil manche zu glauben scheinen, daß mit dem Geld auch die Ichsucht abgeschafft würde. Sie ist aber so alt und so ewig wie ihr Widerspiel der sozialen Gefühle. Das Geld ist nicht ihre Ursache, sondern ihre Folge; allerdings hat nichts so wie das Geld und seine Gebilde sie ins Ungeheure gesteigert.
Der Zusammenhang mit den ›Tatsachen‹ ist der, daß die Ichsucht die verläßlichste Eigenschaft des menschlichen Lebens ist. Von unwirksamen Ausnahmen abge-

sehn ist durch Reizung des Begehrens und Einschüchterung der Mensch zu allem zu bringen. (...) Wer auf Stein bauen will im Menschen muß sich der Gewalt oder der Begierden bedienen. Dieses mit den schlechten Fähigkeiten des Menschen rechnen ist eine Spekulation à la baisse. Eine Ordnung à l.[a] b.[aisse] ist dressierte Niedrigkeit. Sie ist die Ordnung der heutigen Welt. Ich lasse dich gewinnen, damit ich mehr gewinne oder ich lasse dich mehr gewinnen, damit ich überhaupt etwas gewinne, diese List eines überlegenen Parasiten ist die Seele der anständigsten Geschäfte, welche abgeschlossen werden.

GEORGE BERNARD SHAW
DAS ALLERWICHTIGSTE

»Geld ist das Allerwichtigste auf der Welt. Es bedeutet ebenso offenkundig Gesundheit, Kraft, Ehre, Großmut und Schönheit, wie der Mangel daran Krankheit, Schwäche, Nichtachtung, Niedrigkeit und Häßlichkeit. Nicht der geringste seiner Vorzüge ist der, daß es gemeine Seelen ebenso sicher zugrunde richtet, als es edle Menschen stärker und wertvoller macht. Nur wenn es für die einen bis zur Wertlosigkeit verbilligt und für die andern bis zur Unerschwinglichkeit verteuert wird, dann erst wird es zum Fluch. Kurz, es ist ein Fluch nur in so verrückten gesellschaftlichen Verhältnissen wie den unsern, wo das Leben selbst ein Fluch ist; denn die zwei Begriffe hängen unauflöslich zusammen: Geld ist das Rechnungsmittel, das eine gesellschaftliche Teilung des Lebens möglich macht; Geld ist Leben, so wahr wie Goldkronen und Banknoten Geld sind.«

JOHAN G. KOOPMANS
NEUTRALES GELD

Mit diesen Ausführungen stellen wir uns also in einen ziemlich schroffen Gegensatz zu den Theorien des ›Banking-Principle‹, bzw. dessen mehr oder weniger modernisierten Erscheinungsformen, nach denen mit Bezug auf die Geldversorgung alles in schönster Ordnung sei, solange nur der ›Parallelismus‹ zwischen Gesamtgeldmenge und Gesamtwarenmenge gewährleistet bleibt. Diesen ganzen Gedankengang betrachten wir in der Tat als eine der verhängnisvollsten Irrlehren auf dem Gebiete der Geldtheorie überhaupt, in ihren Konsequenzen jedenfalls von weit größerer Bedeutung als sämtliche Vernünfteleien über das ›Wesen‹ des Geldes. Vielleicht der Form nach etwas überspitzt, im Prinzip aber durchaus ernst gemeint, halten wir jenen Abarten der sogenannten ›Bedarfsgeld‹lehre die Behauptung entgegen, daß die Änderungen in der ›Güterwelt‹ an und für sich die Neutralität des Geldes überhaupt nicht zu zerstören vermögen und daß diesen Änderungen somit für die Bestimmung der jeweiligen ›Sollgeldmenge‹ auch keinerlei direkte Bedeutung beizulegen ist. Wenn es schon überhaupt einen funktionellen Zusammenhang zwischen den Änderungen des Handelsvolumens und denen jener ›Sollgeldmenge‹ geben dürfte, existiert diese vielmehr nur indirekt, nämlich über das Zwischenglied des Hortens, bzw. des Enthortens. Solange wir aber die oben eingeführte Hypothese beibehalten, nach der weder neues Horten noch Enthorten stattfindet, wäre unseres Erachtens in der Tat, ungeachtet irgendwelcher Änderungen in dem Produktionsumfang bzw. in dem Handelsvolumen, die Neutralität des Geldes nur durch absolute Konstanz der Gesamtgeldmenge aufrechtzuerhalten.

FRIEDRICH BENDIXEN
DAS WESEN DES GELDES

Um das wirtschaftliche Wesen des Geldes richtig zu erkennen, muß man sich also der Hilfsfunktion bewußt werden, die es ausübt. Niemand dient um des Geldes selbst willen, sondern um der Vorteile willen, die es bietet. Das Gewicht, das dem Geld in der Sprache des Lebens beigelegt wird, darf nicht die dienende Art seines Wesens verschleiern.

Das Geld ist der Vermittler zwischen Produktion und Konsumtion. Wer für eine Leistung Geld erhält, ist damit nur privatrechtlich abgefunden, volkswirtschaftlich erscheint er mit dem Geld in der Hand als Legitimationsträger für entsprechende Gegenleistungen.

So stellt sich das Geld, das juristisch Zahlungsmittel ist, volkswirtschaftlich als ein durch Vorleistungen erworbenes Anrecht an der verkaufsreifen konsumtiblen Produktion dar.

Es wird nur in der Konsequenz liegen, wenn man dem Staate oder der von ihm eingesetzten zentralen Geldquelle eine Geldschöpfungspflicht zuschreibt. Der Staat hat dafür zu sorgen, daß Geldzeichen als Legitimation für Gegenleistungen in dem durch die Vorleistungen bedingten Umfang vorhanden sind. Er muß also neuschöpfend auftreten, wenn mit dem Fortschritt des wirtschaftlichen Lebens die Produktion wächst, und muß bei sinkender Produktion für die Einziehung der Geldzeichen Sorge tragen. Diese Aufgabe erfüllt er in der Tat. Bei aufsteigender Konjunktur und wachsender Bevölkerung nimmt infolge starker Wechseldiskontierungen die Notenzirkulation zu. Entgegengesetztenfalls werden die Neudiskontierungen durch die Rückzahlungen an die Reichsbank auf Grund fälliger Wechsel überwogen, und die Notenzirkulation schränkt sich ein. So erfüllt der in der Reichsbank und ihrer Gesetzgebung repräsentierte Staat seine Pflicht zur Geldschöpfung und Geldvernichtung.

Die Pflicht des Staates, Neugeld zu schaffen, setzt also ein bei dem Kreditbedürfnis des Produzenten. Indem er dieses befriedigt, erfüllt der Staat seine Geldschöpfungspflicht.

Die Geldschöpfung darf, wenn sie dem Wesen des Geldes gerecht werden will, nicht gebunden sein an irgendwelche Kapitalbildung, wie sie anderseits auch nicht zum Zwecke der Kapitalbildung (richtiger: Kapitalvortäuschung) erfolgen darf. Der Geldbegriff in seiner Reinheit hat mit dem Kapital nichts zu tun.

LUDWIG v. MISES
DIE STELLUNG
DES GELDES

Daß die naive Vorstellung des Laien, die Dinge hätten ›an sich‹ Wert, notwendig dazu führt, die Grenze zwischen Geld und Geldsurrogat anders zu ziehen, als die Lehre, die den Wert vom abhängigen Nutzen ableitet, sie zieht, ist klar. Wer den Wert als den Dingen inhärente Eigenschaft faßt, der muß notwendigerweise zur Unterscheidung zwischen stofflich wertvollem Geld und den Gelddienst versehenden stofflich wertlosen Tauschmitteln gelangen. Es ist nicht schwer, auf diesem Wege bald zu einer Gegenüberstellung des normalen Geldes und des schlechten, abnormalen Geldes, das eigentlich gar kein Geld ist, zu kommen.

Doch wir brauchen uns mit dieser Lehre heute nicht mehr auseinanderzusetzen. Für die moderne subjektivistische Wertlehre ist die Sache längst entschieden. Niemand wird es noch einfallen, für das ganze Gebiet oder für ein Teilgebiet der Wert- und Preislehre offen eine Auffassung zu vertreten, wonach der Wert den Dingen inhärent, d.i. unabhängig von der Bewertung durch die wirtschaftenden Menschen gegeben sei. Hat man einmal dies zugegeben, hat man bereits dem Grundgedanken der subjektivistischen Wertlehre, der Grenznutzentheorie, zugestimmt.

GÜNTER SCHMÖLDERS PSYCHOLOGIE DES GELDES

Von diesem Blickwinkel aus betrachtet, wird die Aufrechterhaltung der Währungsstabilität also in der Tat zu einem menschlichen, letztlich zu einem psychologischen Problem, zu einer Frage nach den Einstellungen und Verhaltensweisen der Käufer und Sparer, der Unternehmer und Bankdirektoren, der Politiker und Behördenleiter, kurz der am Schalthebel der Volkswirtschaft tätigen oder von ihr abhängigen Menschen.

Betrachtet man die Geschichte der Geldentwertungen, insbesondere aber die der sogenannten »säkularen« oder schleichenden Inflation, so steht an ihrer Wiege das widersprüchliche Verhalten der Menschen, die nur zu leicht geneigt sind, über ihre Verhältnisse zu leben; mit dem Anspruchsniveau, der wachsenden Begehrlichkeit der Massen, denen mit nominellen Lohnerhöhungen scheinbar Erfüllung gewährt wird, wächst die Nachfrage über das vorhandene und mögliche Angebot hinaus. Die Lebensansprüche, die sich so leicht und gern nach oben schrauben lassen, weisen bekanntlich in der entgegengesetzten Richtung ein ungemein starkes Beharrungsvermögen auf; ein einmal erreichtes Lebensniveau wird ungern nach unten korrigiert, selbst wenn eine derartige Korrektur durch das Auseinanderklaffen der Wünsche und Möglichkeiten zwingend erforderlich geworden ist. Ähnlich wie im privaten Haushalt gibt es ein derartiges »Über-die-Verhältnisse-Leben« auch in den Unternehmungen; Investitionen, Betriebserweiterungen und Vorratskäufe werden auf Grund irrationaler Motive, aus Geltungssucht, Nachahmungsstreben und Modeströmungen getätigt, selbst wenn die nüchterne Kalkulation der zukünftigen Gewinnerwartungen sie nicht rechtfertigt. Der Ausweg steht nicht dem einzelnen Haushalt offen, wohl aber die Gesamtheit aller Konsumenten und Produzenten in Gestalt immer weiterer Vorgriffe auf die künftige Produktionsleistung der Volkswirtschaft; der Nachfrageüberhang wird zum Dauerzustand, und der Ausgleich der Ansprüche, die alle zugleich an das Sozialprodukt gestellt werden, gelingt nicht mehr auf dem Wege ehrlicher Auslese, sondern nur noch auf dem der Vortäuschung einer gleichzeitigen Befriedigung aller, d. h. der inflationären Steigerung der Nominaleinkommen.

MAX HERRMANN-NEISSE
WEIHNACHTSLIED

»Stille Nacht, heilige Nacht« –
Haben Sie Dollars, tschechische Kronen?
In den Schaufenstern ballt sich die Pracht:
Würste, Schokladen, Liköre, Melonen,
Pelze, Juwelen, unendliche Fracht,
Nippes und Luxuskinkerlitzen,
alles schläft, einsam wacht
morgen damit unterm Christbaum zu sitzen
über den Kursen das traute Paar:
Staatskokotte und Kapitalist.
Wir sind die Stützen, wir feiern in bar
den Heiligen Christ!
Des laßt uns alle fröhlich sein
und mit den Hirten gehn hinein
ins Hotel zur Nachtigall
und zum weißen Rinde,
der Dollarstern steht überm Stall
und unsrer Sektpfropfen Geknall

Folgende Doppelseite:
Das klassizistische Äußere der New Yorker Börse in der Wall Street will die ordnende Kraft des Aktien- und Geldgeschäfts symbolisieren. Die hektische Betriebsamkeit im Innern scheint chaotische wie erschöpfende Auswirkungen zu haben: Doch diese Aktivitäten haben ihre eigene Ordnung.

1948

Am 2. August eröffnet die Frankfurter Wertpapierbörse den amtlichen Handel. Frankfurt wird in den Jahrzehnten nach dem Zweiten Weltkrieg zum allesdominierenden Finanzplatz in Deutschland. Im September werden als erste festverzinsliche Wertpapiere 10 Millionen D-Mark-Pfandbriefe aufgelegt. Im Oktober wird dann die erste D-Mark-Anleihe begeben. Es handelt sich dabei um eine sechseinhalbprozentige Anleihe der Schluchsee-Werke über 10 Millionen DM und einer Laufzeit von zehn Jahren. Die erste öffentliche Anleihe nach dem Krieg kommt im Juni 1949. Es ist eine Bahnanleihe zu 6 Prozent, von der binnen weniger Wochen rund 340 Millionen DM bei staatlichen und institutionellen Anlegern untergebracht werden.

1949

Die neugeschaffene D-Mark wird alleiniges gesetzliches Zahlungsmittel in West-Berlin. Als Dollar/D-Mark-Parität wird von den westlichen Alliierten 1 zu 4,20 DM festgelegt. Die amerikanischen Goldbestände erreichen einen historischen Höchststand von 24,6 Milliarden Dollar – das sind zwei Drittel des gesamten Währungsgoldbestandes der Welt. Die Vereinigten Staaten gehen aus dem Zweiten Weltkrieg als die unangefochtene Supermacht in Wirtschafts-, Währungs- und Finanzfragen hervor. Drei Viertel des auf der Welt investierten Kapitals und zwei Drittel der intakten Industriekapazitäten liegen in Amerika. Das Wohlstandsniveau liegt doppelt so hoch wie in Europa.

1950

Auf den Pfennigmünzen wird die Inschrift »Bank deutscher Länder« durch den Schriftzug »Bundesrepublik Deutschland« ersetzt. Am 22. März wird außerdem die erste Fünf-D-Mark-Note herausgegeben, gleichzeitig der erste deutsche Geldschein mit Metallfaden. Für den neuartigen Fünfmarkschein bedarf die Notenbank ausdrücklich der Zustimmung der Bundesregierung, weil dieser Wert mit dem

Fünfmarkstück in Wettbewerb tritt, dessen Münzgewinn künftig wieder dem Bund zusteht. Da in Deutschland die Herstellung von Notenpapier und der Notendruck noch unmöglich sind, werden die neuen Fünfmarkscheine bei der Londoner Druckerei Thomas de la Rue hergestellt. Bei der graphischen Gestaltung der neuen Geldscheine setzt man die Tradition der Weimarer Republik fort und zeigt seitliche Kopfbilder nach alten Meistern. Die ersten Noten zu 50 und 100 DM werden in der Druckerei der Bank von Frankreich in Clermont-Ferrand hergestellt. Das erklärt auch die Verwendung des dünnen Ramiefaserpapiers und die pastellartigen Farben. Noch bis 1962 werden die Scheine aus Frankreich nachgeliefert.

1950

Der New Yorker Geschäftsmann Frank McNamara stellt nach einem Restaurantbesuch fest, daß er sein Geld vergessen hat. Der blamierte Gast gibt dem Ober seine Adresse, gelobt spätere Zahlung und erfindet hernach eine Art Identifikationskarte, die es dem Inhaber erlauben soll, in Lokalen bargeldlos zu bezahlen. Die weiß-roten Karten im Brieftaschenformat sind aus Pappe gefertigt und beinhalten ein Verzeichnis von einem Dutzend Restaurants in Manhattan, die den Karteninhabern Kredit gewähren. Gemeinsam mit einem befreundeten Rechtsanwalt und dem Inhaber eines Warenhauses gründet McNamara damit den »Diners Club« – die erste Kreditkartengesellschaft.

1950

Der Koreakrieg löst in Deutschland eine Kauf- und Entsparungswelle aus. Es kommt zu einer ernsten Zahlungsbilanzkrise, die später durch Sonderkredite der Europäischen Zahlungsunion (EZU) überwunden wird. Die EZU wird am 19. September von den OEEC-Ländern gegründet. Als Clearing-Zentrale dient die Bank für Internationalen Zahlungsausgleich (BIZ) in Basel.

Folgende Seite:
Ein Blick in die Goldkammer der Deutschen Bundesbank in Frankfurt am Main läßt etwas vom Reichtum Deutschlands erahnen, obwohl Gold in der zweiten Hälfte des 20. Jahrhunderts als Finanzmedium an Bedeutung verliert.

1951

Der März 1951 wird zum ersten Monat in der Geschichte der Bundesrepublik, in dem ein Überschuß in der Leistungsbilanz erwirtschaftet wird. Gleichzeitig versucht die Bank deutscher Länder die Folgen der Korea-Hausse zu korrigieren. Der Diskontsatz wird von 4 auf 6 Prozent erhöht, die Kreditinstitute werden aufgefordert, ihr Kreditvolumen nicht weiter auszudehnen, und es werden Refinanzierungskontingente (ab 1952 Rediskontkontingente) eingeführt.

1952

Die Bundesrepublik Deutschland wird Mitglied im Internationalen Währungsfonds und der Weltbank, nachdem sie dem Bretton-Woods-Abkommen beigetreten ist. Kurze Zeit später wird in Frankfurt die Devisenbörse eröffnet. Damit vollzieht sich die Einbindung Deutschlands in das internationale Währungsgefüge. Offiziell wird damit 1 Dollar mit 4,20 DM bewertet. Erst zehn Jahre später wird diese Parität auf 1 zu 4 geändert.

1952

Im Dezember wird die erste Anleihe der Bundesrepublik Deutschland in Höhe von 500 Millionen DM zu 5 Prozent und einer Laufzeit von 5 Jahren aufgelegt und gezeichnet. Dem von der Bank deutscher Länder geführten Konsortium gehören insgesamt 72 Kreditinstitute an.

1953

Das Londoner Schuldenabkommen wird unterzeichnet. Die Bundesrepublik Deutschland übernimmt damit als Rechtsnachfolgerin des Deutschen Reiches dessen ehemalige Finanzverpflichtungen. Die deutschen Vorkriegsschulden (rund 4,3 Milliarden DM) und die Verpflichtungen aus der Nachkriegshilfe (rund 5 Milliarden DM) werden anerkannt.

1953

Die Bundesbank gibt die erste Gedenkmünze nach dem Zweiten Weltkrieg heraus. Die Münze (Anlaß: Hundert Jahre Germanisches Museum) mit der Umschrift »Germanisches Museum Eigenthum der deutschen Nation« und der Abbildung der Adlerfibel aus dem Grab einer ostgotischen Prinzessin wird als politisches Bekenntnis zur deutschen Einheit aufgefaßt. Die Auflage beträgt 200 000 Stück. In den ersten fünfzehn Jahren der bundesrepublikanischen Geschichte werden insgesamt nur vier Gedenkmünzen (Schiller, Türkenlouis und Eichendorff) mit der kleinen Stückzahl von jeweils 200 000 emittiert.

1954

Der deutsche Kapitalmarkt wird von wesentlichen Nachkriegsrestriktionen befreit. Inländer dürfen fortan Devisen annehmen. Ausländer können Zinseinkünfte frei transferieren. Alle Sperrguthaben werden freigegeben, die Sperrmark abgeschafft. Als erste deutsche Auslandsanleihe nach dem Weltkrieg wird am 3. Dezember eine Teilschuldverschreibung der Dortmund-Hörder-Hüttenunion in Amsterdam aufgelegt. Die Bank deutscher Länder senkt den Diskontsatz am 20. Mai von 3,5 auf 3 Prozent – der niedrigste Stand in Deutschland seit 1905.

1954

In London gibt es erstmals seit 15 Jahren wieder einen freien Goldmarkt. Für den Weltgoldhandel wird London – wie vor dem Krieg – wieder zum Hauptplatz, auch weil auf ihm traditionell die südafrikanischen Minen ihre Produktion absetzen. Die Führungsrolle des Goldes für das Weltfinanzgefüge neigt sich allerdings dem Ende entgegen. Als Umlaufwährung ist Gold inzwischen fast überall verschwunden, aber auch als Währungsreserve wird das gelbe Metall immer unwichtiger.

1955

Das Europäische Währungsabkommen (EWA), das einen europäischen Fonds und ein System des multilateralen Zahlungsausgleichs begründet, wird unterzeichnet. Da die Europäische Zahlungsunion (EZU) noch bis 1959 fortbesteht, tritt das Abkommen zunächst nicht in Kraft.

1957

Völlig überraschend erklärt die DDR am 13. Oktober ihr Papiergeld für ungültig und ruft die eigene Bevölkerung zu einem Notenumtausch auf. Das Regime gibt als Begründung bekannt: »Diese Maßnahmen werden getroffen, weil die Monopolisten und Militaristen in Westdeutschland gewisse Mengen von Banknoten in ihren Besitz gebracht haben mit dem Ziel zu spekulieren, Störungen in unserer Volkswirtschaft zu organisieren und Agenten- und Spionageorganisationen zu finanzieren.« Die neuen Noten zu 5, 10, 20, 50 und 100 Mark gelten ab 13. Oktober, 20 Uhr, als alleingültiges Zahlungsmittel. Die kleinen Noten zu 50 Pfennig und 1 Mark bleiben unberührt. Insgesamt werden 1,5 Milliarden Mark aus dem Verkehr gezogen.

1957

Die Deutsche Bundesbank nimmt als Nachfolgerin der Bank deutscher Länder am 1. August 1957 offiziell ihre Tätigkeit auf. Ausdrücklich ist die neue deutsche Zentralbank von der Bundesregierung unabhängig. Der Zentralbankrat wird das oberste Entscheidungsorgan und bestimmt die Währungs- und Kreditpolitik. Die bisher selbständigen Landeszentralbanken werden in Hauptverwaltungen der Bundesbank umgewandelt.

1958

Mit der Konvertierbarkeitserklärung vom 27. Dezember 1958 wird nach mehr als 25 Jahren die Devisenbewirtschaftung in Deutschland wieder aufgehoben. Alle Transferbestimmungen sind aufgehoben. Da auch die meisten anderen EZU-Mitgliedsländer zu Konvertibilität übergehen, wird die EZU überflüssig und aufgelöst. Die D-Mark hat sich auch international als anerkannte und stabile Währung ausgezeichnet. Die hohe Ergiebigkeit des deutschen Rentenmarktes führt dazu, daß Pfandbriefe zu 5 Prozent Nominalzins bei Laufzeiten von 40 Jahren und mehr emittiert werden können. Als erste ausländische Aktie wird die Philips-Aktie in Frankfurt amtlich eingeführt. Das Jahr 1958 ist auch das Wendejahr von der Dollarknappheit zur Dollarschwemme.

1959

Im Saarland wird nach Ablauf der mit Frankreich vereinbarten Übergangsfrist die D-Mark gesetzliches Zahlungsmittel.

1960

Unerwartet viel Kapital strömt in das deutsche Wirtschaftswunderland. Die Bundesbank versucht durch kreditpolitische Beschlüsse (Zinserhöhungen) zunächst die überschäumende Konjunktur zu dämpfen. Auslandseinlagen werden mit einem Verzinsungsverbot belegt. Mit der »Blessing-Milliarde« (benannt nach dem Bundesbankpräsidenten) wird eine Liquiditätsbegrenzung vereinbart. Die Bundesbank veranlaßt die deutschen Kreditinstitute, nicht handelbare Mobilisierungstitel im Betrag von 1 Milliarde DM für die Dauer von zwei Jahren ins Portefeuille zu nehmen. Im November muß die Bundesbank ihren kreditpolitischen Kurs im Blick auf die Zahlungsbilanz ändern. Der Diskontsatz wird gesenkt. Das hohe Zinsniveau hat Auslandsgelder angezogen und zu hohen Leistungsbilanzüberschüssen geführt.

1961

Deutschland zahlt aus zahlungsbilanzpolitischen Gründen seine Nachkriegsschulden im Gesamtbetrag von 3,2 Milliarden DM vorzeitig zurück. Die Vereinigten Staaten erhalten 587 Millionen Dollar, England 67,5 Millionen Pfund und

Frankreich 5,3 Millionen Dollar. Die D-Mark wird gleichzeitig von 4,20 auf 4 DM je Dollar aufgewertet, um den Liquiditätsstrom nach Deutschland einzudämmen.

1961

Die Bundesbank beginnt am 10. Februar mit der Ausgabe der neuen Notenserie. Die Größen der einzelnen Scheine werden systematisch einander zugeordnet. Der Fünfmarkschein mißt fortan 60 mal 120 Millimeter, dann steigen die Maße jeweils in der Breite um 5 Millimeter und in der Länge um 10 Millimeter, so daß der neue Tausender 90 Millimeter breit und 180 Millimeter lang ist. Gleichwohl sind die neuen D-Mark-Noten kleiner als die letzten Scheine der Reichsbank. Bei den Grundfarben knüpft man allerdings an die Reichsbank-Tradition an: Grün für die Scheine zu 5 und 20 DM, blau für 10 und 100 DM, braun für 50 und 1000 DM. Die neue Note zu 500 DM erhält ein ästhetisch umstrittenes Rot.

1962

Das Jahr 1962 wird für die internationalen Finanzmärkte zu einem Jahr der Turbulenzen. Der Mauerbau in Berlin und die Kubakrise lösen an den Kapital- und Edelmetallmärkten erhebliche Kursschwankungen aus. Am 29. Mai 1962 kommt es an der Frankfurter Aktienbörse zu einem Kursrutsch. Der F.A.Z.-Aktienindex verbucht mit minus 7,09 Prozent den größten Tagesverlust seiner Geschichte.

1964

Die DDR bedruckt erstmals ihr eigenes Papiergeld mit Kopfbildnissen. Zwischen Staatsbank und Politbüro der SED entsteht ein Streit, welche Köpfe zu welchen Nominalen zugeordnet werden. Die orthodoxen Kommunisten setzen sich durch. Auf dem Hundertmarkschein prangt fortan Marx, der Fünfzigmarkschein ist Engels vorbehalten. Die kleinen Nominale sind für Humboldt, Schiller und Goethe gut genug.

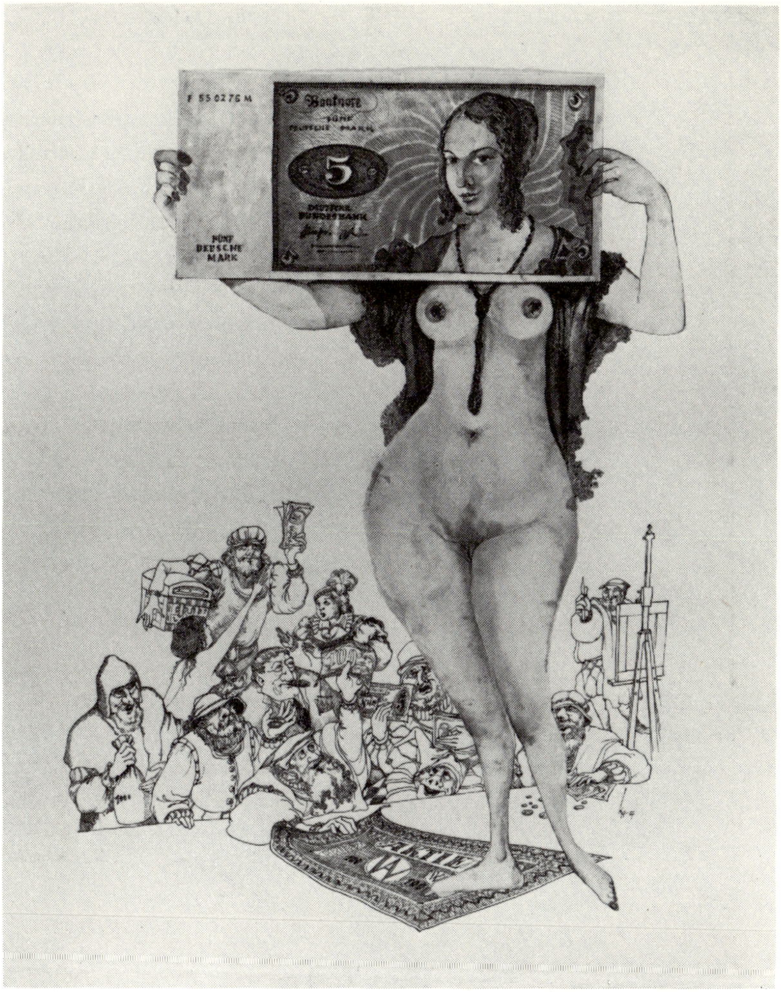

Kurt Halbritter,
Monetäre Vergangenheit

L. ALBERT HAHN
GELD- UND KREDIT-VERMEHRUNG

Aus alledem ergibt sich: die quantitätstheoretische, im übrigen auch von so gut wie allen Zins-, Kredit- und Kapitaltheoretikern geteilte Meinung, daß die Geld- bzw. Kreditvermehrung nicht gütervermehrend wirken könne, ist nicht nur ungenau, sondern direkt falsch. Jede Kreditvermehrung bewirkt Vermehrung der Güter, infolge Veränderung ihrer Verteilung. Der Kredit zieht die Güter aus dem Nichts heraus, in dem sie ohne Kreditvermehrung unproduziert verblieben wären. Ob freilich aus diesem Grunde eine Kreditexpansion stets von Vorteil für ein Land ist oder nicht, ist dadurch noch nicht entschieden. Darüber, ob eine größere Gesamtproduktion mit einer Expropriierung der Geldbesitzer und Rentner erkauft werden soll und darf, kann nur von gewissen außerwirtschaftlichen Gesichtspunkten aus ein Urteil abgegeben werden. Das Problem, scheinbar ein theoretisches, ist in Wahrheit ein politisches.

BERTOLT BRECHT
NIEDRIG GILT DAS GELD

»Niedrig gilt das Geld auf dieser Erden
Und doch ist sie, wenn es mangelt, kalt
Und sie kann sehr gastlich werden
Plötzlich durch des Gelds Gewalt.
Eben war noch alles voll Beschwerden
Jetzt ist alles golden überhaucht
Was gefroren hat, das sonnt sich
Jeder hat das, was er braucht.«

OTTO VEITH
WARENGELD
UND
ZEICHENGELD

Gold und andere Waren werden gewonnen unter Aufwand von Kosten. Unter Einrechnung der Unternehmergewinne von Produzenten und Verteilern entsprechen die Herstellungskosten dem Nominalwert des Geldes. Die Aufwendungen, die zur Gewinnung der Geldstoffe gemacht werden, sind eine Realinvestition der Gesamtwirtschaft, die das Sozialprodukt erhöht. Das Ergebnis dieser Aufwendungen, das Geld, wird nicht verbraucht, sondern es bildet liquides Vermögen. Es erscheint als Kassenbestand auf der Aktivseite in den Bilanzen der Geldbesitzer. Die Liquidität, die das Geld repräsentiert, ist aus dem Sozialprodukt gleichsam ausgespart. Anders ausgedrückt: die dem Warengeld anhaftende Liquidität entsteht durch Verbrauchsverzicht ex ante. Damit ist von vornherein ein Gleichgewicht zwischen dem Strom des Geldes und dem Strom der anderen Güter gewährleistet.
Hier zeigt sich auch für die geschlossene Wirtschaft ein Gegensatz zum Zeichengeld. Entsteht Geld ohne Produktionskosten oder hat, genauer gesagt, die Herstellung des Geldes weniger Aufwendungen verursacht, als der Nominalwert des Geldes verkörpert, so trifft der zusätzliche Geldstrom auf einen insoweit unverminderten Güterstrom. Soll das Geld seine Tauschfunktion ausüben, so muß der Güterstrom verengt werden. Mit anderen Worten: es wird ein Verbrauchsverzicht ex post erzwungen – die Preise steigen oder Waren verschwinden vom Markt. Nur diejenigen können ihren Verbrauch aufrechterhalten, die als erste in den Besitz des Geldes gelangen. In der Praxis ist dies der Staat, der Zeichengeld ausgibt, oder es sind die Unternehmer, die Bankkredit erhalten.
Muß also in diesem einzigen theoretisch relevanten Punkt zwischen Warengeld und Zeichengeld unterschieden werden, so liegen beide doch näher beieinan-

der, als meist angenommen wird, und der Unterschied liegt auf ganz anderer Ebene. Er läßt sich zurückführen auf die Trennung von Verbrauchsverzicht ex ante und ex post. Nicht allein endet damit die theoretische Überlegung an einem Punkt, der die Problematik des Geldes mit der Gesamttheorie verknüpft; sondern im wesentlichen ist jener Gegensatz überwunden, der die Lehre vom Geld lange genug belastet hat: der Gegensatz von physei und nomo. Diese uralte Antithese ist unproblematisch, wenn zwischen Substanztheorien und Anweisungstheorien des Geldes nicht der früher angenommene diametrale Unterschied besteht.

THEODOR W. ADORNO
OLET

In Europa hatte die vorbürgerliche Vergangenheit überlebt in der Scham, für persönliche Leistungen oder Gefälligkeiten sich bezahlen zu lassen. Davon weiß der neue Kontinent nichts mehr. Auch auf dem alten tat keiner etwas umsonst, aber das gerade ward als Wunde gespürt. Wohl ist Vornehmheit, die selber von nichts Besserem stammt als dem Bodenmonopol, Ideologie. Aber sie war doch in die Charaktere tief genug eingedrungen, um ihnen den Nacken gegen den Markt zu stärken. Die deutsche herrschende Schicht hat Geld anders als durch Privilegien oder Kontrolle über die Produktion zu verdienen bis tief ins zwanzigste Jahrhundert hinein verpönt. Was an den Künstlern oder Gelehrten für anrüchig galt, war, wogegen diese selber am meisten rebellierten, die Remuneration, und der Hofmeister Hölderlin so gut wie noch der Pianist Liszt haben daran eben jene Erfahrungen gemacht, die sich dann in ihren Gegensatz zum herrschenden Bewußtsein umsetzten. Bis auf unsere Tage bestimmte krud über die Zugehörigkeit eines Menschen zur Ober- oder Unterklasse, ob er Geld nahm oder nicht. Zuweilen schlug der schlechte Hochmut in bewußte Kritik um. Jedes Kind der europäischen Oberschicht errötete über das Geldgeschenk, das ihm von Verwandten gemacht ward, und wenn auch die Vormacht der bürgerlichen Utilität solche Reaktionen brach und überkompensierte, so blieb doch der Zweifel wach, ob der Mensch bloß zum Tauschen geschaffen sei. Die Reste des Älteren waren im europäischen Bewußtsein Fermente des Neuen. In Amerika dagegen hat kein Kind selbst gutsituierter Eltern Hemmungen, durch Zeitungsaustragen ein paar Cents zu verdienen, und solche Bedenkenlosigkeit hat sich niedergeschlagen im Habitus der Erwachsenen. Darum erscheinen so leicht dem ununterrichteten Europäer die Amerikaner allesamt als Leute ohne Würde, bereit zu entlohnten Diensten, so wie umgekehrt jene ihn für einen Vagabunden und Prinzenimitator zu halten geneigt sind. Die Selbstverständlichkeit der Maxime, daß Arbeit nicht schändet, die arglose Absenz eines jeglichen Snobismus gegenüber dem im feudalen Sinne Entehrenden des Marktverhältnisses, die Demokratie des Erwerbsprinzips trägt bei zum Fortbestand des schlechthin Antidemokratischen, des ökonomischen Unrechts, der menschlichen Entwürdigung. Keinem fällt es ein, daß es irgend Leistungen geben könnte, die nicht im Tauschwert ausdrückbar wären.

JOHN DAVISON ROCKEFELLER
GABE GOTTES

Ich glaube, die Macht, Geld zu verdienen, ist eine Gabe Gottes ... die weiterentwickelt und nach unseren besten Möglichkeiten zum Wohl der Menschheit gebraucht werden soll. Ausgestattet mit der Gabe, die ich nun mal habe, glaube ich, daß es meine Pflicht ist, Geld zu verdienen und immer noch mehr Geld, und dieses Geld, das ich verdiene, zum Besten meiner Mitmenschen zu gebrauchen, entsprechend den Vorschriften, die mir mein Gewissen auferlegt.

NIKLAS LUHMANN
GELD UND DAS PROBLEM DER KNAPPHEIT

Im Vergleich zu anderen Medien hat es das Geld mit einem besonderen Problem zu tun, auf dessen Behandlung es spezialisiert ist, mit dem Problem der Knappheit. Wenn Knappheit entsteht oder zunimmt, entsteht ein sozialer Regelungsbedarf, und dem wird heute, nach langen evolutionären Experimenten mit anderen Formen, zum Beispiel Moral, durch das Medium Geld Rechnung getragen. Knappheit ist der soziale Katalysator, der unter geeigneten Umständen wie zum Beispiel Größe des Marktes und Ungleichheit der Eigentumsverteilung die Entstehung von Geld ermöglicht. Als Katalysator wirkt Knappheit auch insofern, als sie durch die Entstehung von Geld nicht verbraucht wird. Das Problem Knappheit wird durch Geld nicht gelöst in dem Sinne, daß es nicht mehr besteht, wenn Geld geschaffen wird; es wird nur in eine andere Form gebracht, die mit höherer Komplexität kompatibel ist: in die Form von Geldknappheit.

Das Problem der Knappheit ist ein zeitlich/sachlich/soziales Problem, wie man seit eh und je weiß. Unter welchen »natürlichen« Bedingungen immer: es entsteht, wenn jemand im Interesse der *eigenen Zukunft andere vom Zugriff auf Ressourcen ausschließt.* Die Frage ist: Wann und wie darf er das? Das hatte zu langwierigen naturrechtlichen Debatten Anlaß gegeben. Die Antwort, die das Kommunikationsmedium Geld ermöglicht, lautet: *wenn er zahlt.*

HANS MAGNUS
ENZENSBERGER
DAS GELD

Es ist ja nicht so, daß es sich bündeln,
mit rosigen Banderolen bändigen,
rollen ließe, in die Matratze stopfen
für immer; dergestalt, daß
du einfach einschlafen könntest
und davon träumen, wie du es erbst,
druckst, aus dem Fenster wirfst,
austeilst, vernichtest, hast;
wie du dastehst mit erhobenen Händen
und zitterst, und einer brüllt:
Zieh dich aus für zwölf Mark,
für zwölf Millionen, leg dich hin,
stirb entweder oder kämpfe darum,
bis es hell wird draußen;

nein, so ist es nicht; es ist
ja nicht so, als ob du es haben,
nicht haben, fassen, anfassen könntest;
es riecht ja nicht, knistert nicht,
hat kein Wesen; sondern es tropft
psychisch, fehlt, von selber, sammelt
sich innen, rinnt, gerinnt; dickflüssig
überschwemmt es beim letzten Fixing
alles was telephoniert;
und zwar dergestalt steigt es, daß
nur die Leichen nicht davon trinken;
doch dann fällt es wieder, fehlt,
verdunstet und tropft, von neuem,
wirtschaftlich, und von selber.

MILTON FRIEDMAN
INFLATION

Das Problem der Inflation ist ein monetäres Phänomen, das entsteht, wenn die Geldmenge schneller wächst als die Produktion. Eine der Ursachen dafür liegt im Anschwellen des Regierungsapparates und dem damit verbundenen rapiden Anstieg der Staatsausgaben. Immer dann, wenn die Ausgaben des Staates nicht mehr durch Steuern gedeckt werden können, greift die Regierung zum Mittel der »versteckten« Steuern, indem sie die Geldmenge erhöht, das heißt Zuflucht zur Inflation nimmt. Mit anderen Worten: Das Anschwellen des Regierungsapparates fördert nicht nur die Inflation, sondern verzögert oder mindert auch das wirtschaftliche Wachstum. Außerdem trägt das Vorhandensein der Inflation entscheidend dazu bei, daß gewisse Schichten ihre Ersparnisse lieber in Häuser, Gold, Diamanten und Juwelen, kurz: in Sachwerten, anlegen, anstatt sie irgendwo in der Güterproduktion zu investieren.
Die Inflation ist eine sehr spezifische Krankheit und erfordert eine sehr spezifische Kur, und diese Kur besteht allein darin, die Wachstumsrate der Geldmenge zu verlangsamen. Um das zu erreichen, ist es unerläßlich, die Staatsausgaben im Verhältnis zum Gesamteinkommen zu reduzieren. Ein Beispiel dafür bietet Japan: Dort betrug die Inflation 1973 nicht weniger als 25 Prozent. Darauf wurde das monetäre Wachstum fünf Jahre lang energisch gebremst; die ersten zwei Jahre blieb die Inflationsrate konstant, dann sank sie fast auf Null. Während dieser fünf Jahre konzentrierten sich die Japaner ausschließlich auf die Bekämpfung der Inflation und ließen alle anderen Probleme unberücksichtigt.
Oft werden Lohn- und Preiskontrollen als Mittel zur Bekämpfung der Inflation angesehen, obwohl das in der wirtschaftlichen Praxis nicht stimmt. Derartige Versuche einer Regulierung zerstören nur die Preis-

struktur und verzögern die Produktion. Deshalb betone ich noch einmal: Das einzige Mittel zur Bekämpfung der Inflation ist die Reduzierung des monetären Wachstums.

BOTHO STRAUSS
BITTE
ZAHLEN SIE

Die Verkäuferin hat sich die monotone Preisansage eines Automaten, wie man es aus U-Bahnhöfen und Parkgaragen im Ohr hat, angewöhnt. Ebenso freundlich und unbewegt sagt sie: »Bitte zahlen Sie sieben Mark und achtundzwanzig«, statt »Siebenachtundzwanzig!«, wie es unter Menschen üblich ist. Das Vorbild ihrer Höflichkeit ist ein Automat, ihn ahmt sie nach.

1967

Die Währung der DDR wird in »Mark der Deutschen Demokratischen Republik« (DDR-Mark) umgetauft. Drei Jahre zuvor ist aus der »Deutschen Mark« schon die »Mark der Deutschen Notenbank« (MDN) geworden. Die Namensveränderungen zeigen zugleich den schwindenden gesamtdeutschen Anspruch der ostdeutschen Kommunisten und das wachsende Selbstbewußtsein im deutschen Teilstaat.

1968

Vor den Vertretern der Bankenverbände und Banken aus 15 europäischen Ländern wird am 10. Mai 1968 der Grundstein für das erste europäische Zahlungsmittel, das Eurocheque-System gelegt. Dieses System beruht auf zwei Medien: einem papierenen Eurocheque und einer Kunststoffkarte. Der Eurocheque wird in den kommenden Jahrzehnten zu einer Art europäischer Banknote.

Mit Eurocheque-Karte und den Eurocheques beginnt ein Wandel im Umgang mit Bargeld.

1969

Aus Anlaß des zwanzigjährigen Bestehens der DDR ergänzt das Regime seine Kursmünzenserie mit zwei neuen Nominalen: einem Zwanzig-Pfennig-Stück aus Messing und einem Fünf-Mark-Stück aus einer Kupfer-Nickel-Legierung.

1970

Der massive Zufluß von Auslandskapital nach Deutschland verstärkt sich dramatisch. Binnen zwei Jahren erhöhen sich die deutschen Währungsreserven – trotz zeitweilig sehr hoher Devisenabflüsse – von 26,4 auf 74,4 Milliarden DM. Die Dollarbestände verzehnfachen sich auf 52,7 Milliarden DM. Dieser riesige Liquiditätszuwachs wirkt in Deutschland inflationär und kann von der Bundesbank nicht »abgesaugt« werden. Der unter der Leitung des luxemburgischen Ministerpräsidenten Werner stehende EWS-Sonderausschuß (»Werner-Ausschuß«) verabschiedet einen Stufenplan für eine Wirtschafts- und Währungsunion bis Ende der siebziger Jahre. Die Ziele: unauflösbare Konvertibilität der EWG-Währungen untereinander, völlige Freizügigkeit des Geld- und Kapitalverkehrs innerhalb der Gemeinschaft, unveränderliche Wechselkurse ohne Schwankungsbreiten, Zusammenlegung der Währungsreserven, zentralgesteuerte Kredit- und Währungspolitik.

1971

Mit Wirkung vom 10. Mai 1971 werden die Wechselkurse der D-Mark und des holländischen Guldens freigegeben. Im August gibt der amerikanische Präsident Nixon die Aufhebung der Gold-Konvertibilität des Dollars bekannt. Im Herbst einigen sich die zehn wichtigsten Industriestaaten auf der Washingtoner Währungskonferenz auf eine Rückkehr zu festen Wechselkursen, aber nunmehr mit einer auf plus/minus 2,25 Prozent erweiterten Bandbreite.

Inzwischen in die Geschichte eingegangen: die Geldscheine der ehemaligen DDR, Anfang der siebziger Jahre ausgegeben, hier nach Erscheinungsjahren geordnet. Die Köpfe: Friedrich Engels, Clara Zetkin, Karl Marx, Johann Wolfgang Goethe und Thomas Müntzer.

BH 2989539
STAATSBANK DER DDR
HUNDERT
MARK
DER
DEUTSCHEN
DEMOKRATISCHEN
REPUBLIK
1975
100
100

100
HUNDERT MARK
DER DEUTSCHEN DEMOKRATISCHEN REPUBLIK
100

JL 0087334
STAATSBANK DER DDR
ZWANZIG
MARK
DER
DEUTSCHEN
DEMOKRATISCHEN
REPUBLIK
1975
20

NI 583912
STAATSBANK DER DDR
FÜNF
MARK
DER
DEUTSCHEN
DEMOKRATISCHEN
REPUBLIK
1975
5
5

1972

Im März 1972 beschließt der EWG-Ministerrat, die Schwankungsbreiten der EWG-Währungen untereinander auf 2,25 Prozent zu begrenzen. Die Notenbanken vereinbaren zur Sicherung diesen Zieles Marktinterventionen. Damit ist die »Europäische Währungsschlange« geboren. Als nach 1973 die Phase frei schwankender (»floatender«) Wechselkurse beginnt, erzwingt die Währungsschlange das sogenannte »Gruppenfloaten«.

1973

Die Vereinbarungen der Washingtoner Währungskonferenz haben nicht lange Bestand. Die Flucht aus dem Dollar hält an, so daß selbst massive Devisenmarktinterventionen (in der ersten Februarwoche kauft die Bundesbank für 18 Milliarden DM Dollar) und neue Dollar-Abwertungen (auf 2,90 DM je Dollar) nichts helfen. Im März zerbricht dann das Bretton-Woods-System fester Wechselkurse. An den internationalen Devisenbörsen beginnt die Ära frei schwankender Wechselkurse. Eine im September 1973 nach Nairobi einberufene Weltwährungskonferenz scheitert mit dem Versuch, zu einem System fester Wechselkurse zurückzufinden. Das Marktprinzip setzt sich bei der Feststellung der Währungsrelationen endgültig durch.

1973

Die D-Mark wird 25 Jahre alt. Anstatt Lobeshymnen schreiben die großen deutschen Tageszeitungen Klagelieder auf die Inflation (fast acht Prozent). In der Frankfurter Allgemeinen Zeitung lautet das Geburtstagsrésumée: »Dieser Tag bietet keinen Anlaß zur Freude, sondern nur zu ernster Sorge.« Die Ölkrise, die Hausse der Rohstoffpreise, der Ausbruch einer Weltrezession und erhebliche Verwerfungen bei den internationalen Zahlungsbilanzsalden hinterlassen auch im Finanzsystem erhebliche Spuren. Der sogenannte »Euromarkt« (Kreditmarkt gebietsfremder Gelder) wächst rapide und mit ihm seine Finanzzentren in der

Karibik und Europa, Petro-Dollars arabischer Ölförderländer tauchen auf, der IWF schafft mit neuen »Fazilitäten« neue Kreditgelder und verändert seine Rolle, der Kursverfall des Dollar geht weiter, die Bundesbank beginnt mit der Definition von Geldmengenzielen.

1974

Die traditionsreiche Berliner Münze (Münzbuchstabe »A«) wird von der DDR-Regierung in »VEB Münze der Deutschen Demokratischen Republik« umgewandelt. Das Regime entdeckt zugleich die Herstellung und den Verkauf von Gedenkmünzen als Devisenquelle und forciert deren Produktion.

1975

Der steigende Silberpreis führt dazu, daß mit dem Fünfmarkstück die letzte Silbermünze in Deutschland aus dem Verkehr gezogen werden muß, um Hortungen oder Einschmelzungen zu verhindern. Eine Jahrtausend alte Silbermünz-Tradition geht damit zu Ende. Von den 264 Millionen alten Fünfmarksilberlingen wird allerdings nur ein Bruchteil gegen die neuen Magnimat-Münzen eingetauscht, da die Bevölkerung die wertvollen Silberlinge als Sammlerstücke einbehält. Die neue Münze ist gleichzeitig gezielt für die Automatennutzung ausgelegt. Silbermünzen werden in Deutschland seitdem nur noch als Gedenkstücke neu geprägt.

1975

Der Ecu (European Currency Unit) wird als Kunstwährung aus der Taufe gehoben. Als Korbwährung definiert, setzt sich der Ecu aus den nationalen Währungen der zwölf EG-Mitgliedsstaaten zusammen. Die Gewichtungen dieser Währungen im Korb sind Ausdruck der relativen Bedeutung der Volkswirtschaften und Währungen der Mitgliedsländer. Obwohl der Ecu anfangs nur als politisches Symbol der europäischen Unitaristen belächelt wird, arriviert er in den achtziger Jahren zu einem sehr wichtigen Reservemedium,

Seit 1975 werden die neuen Fünf-Mark-Stücke geprägt. Allein für das erste Jahr erteilte die Bundesregierung den staatlichen Münzen einen Prägeauftrag für über 220 Millionen 5-DM-Stücke.
Rechts: *Ausgewogener Umgang mit Geld: Eine Geldwaage in der Bayerischen Münze.*

zur Anleihe-Währung und zu einem internationalen Zahlungsmittel.

1976

In Deutschland beginnt der einheitliche Aufbau eines sogenannten Datensatzes zum beleglosen Datenträgeraustausch im Finanzverkehr. Darauf haben sich die Spitzenverbände der Kreditwirtschaft und die Bundesbank geeinigt. Die Daten können künftig computergespeichert, Zahlungen über Datenfernübertragungen geleistet und später mit dem Bildschirmverfahren auch papierlos übermittelt werden. Damit ist ein wichtiger Durchbruch zum Zeitalter des elektronischen Geldes in Deutschland geschafft.

1979

Auf Initiative des französischen Präsidenten Giscard d'Estaing und Bundeskanzler Helmut Schmidt wird das Europäische Währungssystem (EWS) gegründet. Der Europäische Rat beschließt am 12. März 1979, das EWS am folgenden Tag in Kraft zu setzen. Zwischen den Mitgliedswährungen sind feste, aber anpassungsfähige Wechselkurse mit einer Schwankungsbreite von plus/minus 2,25 Prozent einzuhalten, die gegenüber der neuen Europäischen Währungseinheit (Ecu) festgelegt sind. Während die Mitgliedswährungen also mit einer Bandbreite an den Ecu gebunden sind, schwankt dieser frei gegenüber dem Dollar und anderen Währungen.

1980

Erste Geldautomaten zur Vereinfachung von Barauszahlungen werden in deutschen Großstädten eingerichtet. Mit der Eurocheque-Karte und einer Code-Nummer kann von diesen Automaten jederzeit Bargeld abgehoben werden.

1981

Die Umlaufrendite deutscher Anleihen erreicht mit 12,4 Prozent einen historischen Höchststand. Die amerikanische Primerate klettert sogar auf 20,5 Prozent.

1984

Argentinien erzielt eine vorläufige Vereinbarung mit den internationalen Gläubigerbanken über die Umschuldung von mehr als 13 Milliarden Dollar Auslandsverbindlichkeiten und über 4,2 Milliarden Dollar neue Kredite. Sie ermöglicht die Freigabe weiterer Kredite des IWF in Höhe von 1,2 Milliarden Dollar. Die heiße Phase der internationalen Schuldenkrise scheint damit abgekühlt. Der Schuldenstand der zehn am meisten verschuldeten Staaten beträgt allerdings rund 500 Milliarden Dollar. Viele der Entwicklungs- und Schwellenländer haben größte Mühe, die vereinbarten Zinsen zu zahlen und Tilgungen zu leisten. Einige von ihnen erklären gar die Zahlungsunfähigkeit. Da das Volumen derartig groß geworden ist, droht dem Weltfinanzsystem schwerer Schaden. Die größten Schuldnerstaaten sind Brasilien, Mexiko und Argentinien.

Aus Anlaß der 30. Wiederkehr des Gründungstages der Europäischen Gemeinschaft bringt Belgien 1987 erstmals Ecu-Münzen auf den Markt. Die Münzen werden in Belgien als gesetzliches Zahlungsmittel anerkannt. Auf der Münzvorderseite ist Kaiser Karl V. zu sehen.

1985

Die Kommission der Europäischen Gemeinschaft definiert in einem Weißbuch das Ziel, unwiderrufliche Schritte zur Schaffung eines einheitlichen Binnenmarktes einzuleiten. Davon ganz besonders betroffen ist der Finanz- und Währungsbereich. Der Integrationsprozeß beschleunigt sich nach der Verabschiedung der Einheitlichen Europäischen Aktie 1987 schneller als erwartet. So dürfen künftig alle EG-Bürger unter gleichen Bedingungen Konten eröffnen, Aktien kaufen und Darlehen aufnehmen. Im Jahr 1989 legt die Delors-Kommission ihren Abschlußbericht vor. Er sieht einen Dreistufenplan vor. Zunächst sollen die Wirtschafts- und Währungspolitiken der einzelnen Mitgliedsländer stärker koordiniert werden, ehe eine Europäische Zentralbank in Gründung geht. Erst in einer abschließenden dritten Phase soll dann eine Gemeinschaftswährung an die Stelle der nationalen Währungen treten.

1986

Mit dem sogenannten »Big Bang« beginnt für die Londoner Börse eine neue Ära liberaler Rahmenbedingungen. Zu den wichtigsten Neuerungen zählen die Aufhebung der Trennung zwischen Eigenhändlern und Brokern, die Freigabe der Provisionen im Wertpapiergeschäft sowie die Einführung eines umfassenden Computersystems. Der Londoner Big Bang steht symptomatisch für eine Liberalisierungswelle, die in den achtziger Jahren viele Finanzmärkte in aller Welt erfaßt. Überall fallen Handelsrestriktionen, Devisenvorschriften und Finanzverkehrsklauseln. Dadurch entfalten sich allenthalben neue Kräfte in den boomenden Geschäften rund um das Geld, die Internationalisierung und die Geschwindigkeit der Prozesse nehmen drastisch zu.

1987

Am 19. Oktober (»Schwarzer Montag«) erleben die Weltbörsen die größten Kurskräche seit sechs Jahrzehnten. Amerikanische Aktien büßen im Verlauf der Börsensitzung 23 Prozent ihres Wertes ein. Der Dow Jones Index stürzt an einem Tag um 508 auf 1738 Punkte. Schlagartig beweist sich, wie eng inzwischen die nationalen Kapitalmärkte international verflochten sind. So hat sich das deutsche Brutto-Auslandsvermögen binnen fünf Jahren mehr als verdoppelt, die japanischen Auslandsaktiva haben sich gar verfünffacht. Die rapide »Globalisierung« internationaler Finanzmärkte wird durch den Trend der »Securitisation« begleitet, das heißt wertpapierunterlegte Kreditbeziehungen ersetzen zunehmend die traditionellen Bankkredite.

1988

Der bargeldlose Zahlungsverkehr erreicht in Deutschland knapp 20 Billionen DM. Gegenüber dem Vorjahr bedeutet dies eine Steigerung um 11 Prozent, seit 1980 einen Anstieg um zwei Drittel. 1960 betrug das Volumen des bargeldlosen Zahlungsverkehrs gerade erst 1,3 Billionen DM, das heißt er hat sich seitdem verfünfzehnfacht.

Andrang allerorten: Vor der Kurstafel der Frankfurter Aktienbörse und an der Maklerschranke.

Geschafft!
Mit Geld umzugehen, kann schweißtreibende Auswirkungen haben.

1988

Das Geldvermögen (nichtfinanzieller Sektoren) erreicht allein in der Bundesrepublik das Niveau von 3500 (1980: 2000) Milliarden DM. Kaum ein Sektor der Volkswirtschaft wächst derart rasch wie das Finanzgewerbe. Das Schlagwort von der »Monetarisierung aller Lebensbereiche« macht die Runde.

1989

Die Geldmenge M3 (Bargeldumlauf, Sichteinlagen, Termingelder unter vier Jahren und Spareinlagen mit gesetzlicher Kündigungsfrist) überschreitet die Marke von 1200 Milliarden DM. Drei Jahre später liegt der Wert bereits bei 1500 Milliarden DM, nachdem die deutsche Wiedervereinigung das Währungsgebiet erweitert hat.

1990

Am 1. Juli beginnt die deutsch-deutsche Währungsunion. Auf dem Gebiet der DDR wird die D-Mark eingeführt, die Teilung Deutschlands in zwei Währungsgebiete ist nach 42 Jahren beendet. Für bestehende Forderungen und Verbindlichkeiten wird ein Umtauschkurs von zwei Ost-Mark zu einer D-Mark zugrunde gelegt. Ersparnisse der ehemaligen DDR-Bürger werden bis zu einer Obergrenze von 2000 Mark (bis Lebensalter 14 Jahre), 4000 DM (bis 59 Jahre) und 6000 DM (für über Sechzigjährige) im Verhältnis eins zu eins umgetauscht.

1990

Die Deutsche Bundesbank gibt neue, angeblich fälschungssichere Geldscheine heraus. Darunter ist erstmals auch eine Note zu 200 DM. Erstmals sind auf den Scheinen weibliche und männliche Kopfbilder in gleicher Zahl vertreten.

1991

Die Zahl der ausgegebenen Kreditkarten überschreitet in Deutschland 6 Millionen Stück. Dazu kommen mehr als 25 Millionen Besitzer der Eurocheque-Karte, die immer häufiger über das »electronic cash«-System bargeldlose Zahlungen leisten, die unmittelbar auf den Girokonten der Banken abgebucht werden. Insgesamt kursieren in Deutschland mittlerweile mehrere hundert Millionen Kunststoff-Zahlungskarten aller Art.

1992

Die zwölf Staaten der Europäischen Gemeinschaft unterzeichnen nach langen Verhandlungen ein Abkommen, wonach bis 1999 eine einheitliche europäische Währung – wahrscheinlich Ecu genannt – eingeführt werden soll. Die Einzelstaaten erklären sich damit bereit, ihre währungspolitische Souveränität aufzugeben und eine gemeinsame europäische Zentralbank zu schaffen. Das Ende der Mark rückt in greifbare Nähe.

Alte Köpfe auf neuen Markscheinen – die Porträts bedeutender Persönlichkeiten aus der Kulturgeschichte des 18. und 19. Jahrhunderts: Bettina von Arnim auf dem 5-Mark-Schein, Friedrich Gauß auf dem 10-Mark-Schein, Annette von Droste-Hülshoff auf dem 20-Mark-Schein, Balthasar Neumann auf dem 50-Mark-Schein, Clara Schumann auf dem 100-Mark-Schein, Paul Ehrlich auf dem 200-Mark-Schein, Maria Sibylla Merian auf dem 500-Mark-Schein sowie Jacob und Wilhelm Grimm auf dem 1000-Mark-Schein.

1990 auf dem Weg zur deutschen Wirtschafts- und Währungsunion. Auch hier ist die Geschichte schon auf der Überholspur: Die Europäische Wirtschafts- und Währungsunion ist im Begriff sich zu bewähren.

Quellenverzeichnis

Theodor W. Adorno, Olet, S. 246, aus: Minima Moralia, Suhrkamp Verlag, Frankfurt am Main 1983

Aristoteles, Die zwei Arten der Erwerbskunst – Das Zinsverbot, S. 42, aus: Politik und Staat der Athener, übersetzt von O. Gigon, Artemis und Winkler Verlag, Zürich/Stuttgart 1955

Aristophanes, Geldentwertung, S. 41, aus: Günter Wermusch, Falschgeldaffären, Fritz Knapp Verlag GmbH, Frankfurt am Main 1988

Äsop, Huhn und Eier, S. 38, aus: Uralte Weisheit – Fabeln aus aller Welt, Bonn 1955

Friedrich Bendixen, Das Wesen des Geldes, S. 228, aus: Das Wesen des Geldes, München und Leipzig 1926

Jeremy Bentham, Geldverbesserer, S. 167, aus: Proposal for the circulation of a species of paper currency under the name of Government Bonds (1795), übersetzt von Hans H. Lechner, Geld und Kredit, Koehler-Verlag, Stuttgart 1970

Bertolt Brecht, Niedrig gilt das Geld, S. 244, aus: Gesammelte Werke in 20 Bänden, Band 3, Suhrkamp Verlag, Frankfurt am Main 1967

Cicero, Über den Staat, S. 56, aus: Über den Staat, übersetzt von Walther Sontheimer, Reclams Universal-Bibliothek, Stuttgart 1987

Damen-Conversationslexikon 1846, S. 170, aus: Commerzbank AG, Frankfurt, Fremdes Geld, Ausstellung, Katalog

Daniel Defoe, Robinson findet Geld, S. 136, aus: Robinson Crusoe, Leipzig 1721

Julius von Eckardt, Gründerzeit, S. 190, aus: Julius von Eckardt, Lebenserinnerungen, Band 1, Leipzig 1910

Epiktet, Bescheidenheit, S. 36, aus: Robert Kant und Lothar Schmidt, Geld, Hamburg 1990

Hans Magnus Enzensberger, Das Geld, S. 249, aus: Die Furie des Verschwindens. Gedichte, Suhrkamp Verlag Frankfurt am Main 1980

Milton Friedman, Inflation, S. 250, aus: Deutsches Allgemeines Sonntagsblatt, 23. November 1980

Sigmund Freud, Geldinteresse und Defäkation, S. 190, aus: Charakter und Analerotik, Studienausgabe, Band VII, S. Fischer Verlag, Frankfurt am Main 1973

Silvio Gesell, Tauschmittel, S. 193, aus: Die natürliche Wirtschaftsordnung durch Freiland und Freigeld, Berlin/Bern 1924

Johann Wolfgang Goethe, Faust, S. 147, aus: Faust – Zweiter Teil, Insel Verlag, Frankfurt am Main 1975

L. Albert Hahn, Geld- und Kreditvermehrung, S. 244, aus: Wirtschaftswissenschaft des gesunden Menschenverstandes, Fritz Knapp-Verlag, Frankfurt am Main 1954

Georg Wilhelm Friedrich Hegel, Geldsch-r, S. 168, aus: Werke 2, Suhrkamp Verlag, Frankfurt am Main 1970

Herodot, Solon und Krösus im Gespräch, S. 37, aus: Historien, Kröner Verlag, Stuttgart 1971

Thomas Hobbes, Das bequemste Mittel, S. 150, aus: Leviathan, herausgegeben von J. P. Mayer, Zürich/Leipzig 1936

Horaz, Oden, S. 55, aus: Oden und Epoden, übersetzt von Bernhard Kytzler, Reclams Universal-Bibliothek, Stuttgart 1988

David Hume, Schuldscheine, S. 138, aus: David Hume's politische Versuche, übersetzt von Christian Jacob Kraus, Königsberg 1800

William Stanley Jevons, Geld und Geldverkehr, S. 171, aus: Geld und Geldverkehr, Leipzig 1876

Johann Heinrich Gottlieb von Justi, Staatswirtschaft, S. 141, aus: Staatswirtschaft oder Systematische Abhandlung aller Oekonomischen und Cameralwissenschaften ..., Verlag Bernhard Christoph Breitkopf, Leipzig 1758

Karl Kaiser, Arbeiteridylle, S. 192, aus: Carl Otto Conrady (Hrsg.) Das große deutsche Gedichtbuch, Athenäum Verlag, Königstein 1977

Immanuel Kant, Eine Theorie des Geldes, S. 143, aus: Die drei Kritiken, Kröner-Verlag, Stuttgart 1949

John Maynard Keynes, Liebe zu Geld, S. 196, aus: Finanzierungsprozesse, Investition und Instabilität des Kapitalismus. Metropolis Verlag 1990

Klosterreform Lamperti Monarchi Hersfeldensis Annales, S. 89, aus: Walter Arend, Geschichte in Quellen, Band 2, München 1965

Georg Friedrich Knapp, Ein Geschöpf des Rechts, S. 194, aus: Die rechtshistorischen Grundlagen des Geldwesens, in: Schmollers Jahrbuch für Gesetzgebung, Verwaltung und Volkswirtschaft, Band 30 (1906)

Konzil zu Chalzedon, S. 91, aus: F. Keutgen, Urkunden zur städtischen Verfassungsgeschichte, Berlin 1901

Johann G. Koopmans, Neutrales Geld, S. 227, aus: Zum Problem des Neutralen Geldes, in: Friedrich A. Hayek, Beiträge zur Geldtheorie, Wien 1933

Nikolaus Kopernikus, Münzzerrüttung, S. 96, aus: Robert Eisler, Das Geld, München 1924

Bartolomé de Las Casas, Goldschürfen, S. 122, aus: Kurzgefaßter Bericht von der Verwüstung der Westindischen Länder, Insel Verlag, Frankfurt am Main 1981

Jean de La Fontaine, Der Schäfer am Meer, S. 140, aus: Uralte Weisheit – Fabeln aus aller Welt, Sparkassen- und Giroverband, Bonn 1955

John Law, Geld, S. 136-138, aus: Money and Trade Considered, with a Proposal for Supplying the Nation with Money, Edinburgh 1705, übersetzt von Hans H. Lechner, Geld und Kredit, K. F. Koehler-Verlag, Stuttgart 1970

Fanny Lewald-Stahr, Luxus im Bürgertum, S. 190, aus: R. Göhler, Großherzog Carl Alexander und Fanny Lewald-Stahr in ihren Briefen 1848–1889, Band 2, Berlin 1932

Gotthold Ephraim Lessing, Nathan der Weise, S. 127, aus: Dramen, Insel Verlag, Frankfurt am Main 1984

Lex Salica, Bestimmungen über verschiedene Gewaltverbrechen, S. 90, aus: Karl August Eckhardt, Pactus Legis Salicae, Weimar 1953

John Locke, Geld, die beständige Sache, S. 125, aus: Zwei Abhandlungen über die Regierung, herausgegeben von Walter Suehner, Suhrkamp Verlag, Frankfurt am Main 1972

Niklas Luhmann, Geld und das Problem der Knappheit, S. 248, aus: Die Wirtschaft der Gesellschaft, Suhrkamp Verlag, Frankfurt am Main 1988

Martin Luther, Wenn das Geld im Kasten klingt, S. 121; *Ein Sermon von dem Wucherer,* S. 120, aus: Ausgewählte Schriften, herausgegeben von Karl Bornkamm und Gerhard Ebeling, Band VI (Briefe), Frankfurt 1982

James Madison, Eine Zentralbank in den Vereinigten Staaten, S. 149, aus: Robert W. Kent und Lothar Schmidt, Geld, Königsteiner Wirtschaftsverlag GmbH, Königstein 1988

Thomas Robert Malthus, Grundsätze der politischen Ökonomie, S. 166, aus: Grundsätze der politischen Ökonomie mit Rücksicht auf ihre praktische Anwendung, übersetzt von V. Marinoff, Prager-Verlag, Berlin 1910

Thomas Mann, Heckgeld nehmen, S. 92, aus: Der Erwählte, S. Fischer Verlag, Frankfurt am Main 1983

Karl Marx, Weltgeld, S. 173, aus: Das Kapital, 1. Band, in: Karl Marx und Friedrich Engels, Werke, Band 23, Dietz-Verlag, Berlin

Conrad Ferdinand Meyer, Fülle, S. 175, aus: Sämtliche Werke, herausgegeben von H. Zeller und A. Zäch, Benteli Verlag, Bern 1963

John Stuart Mill, Die Aufgaben des Kredits, S. 172, aus: Grundsätze der politischen Ökonomie, nebst einigen Anwendungen auf die Gesellschaftswissenschaft, übersetzt von Adolf Soerbeer, Leipzig 1869

Ludwig von Mises, Die Stellung des Geldes, S. 229, aus: Die Stellung des Geldes im Kreise der wirtschaftlichen Güter, in: Hans Mayer, Die Wirtschaftstheorie der Gegenwart, Wien 1932

Charles Secondat de Montesquieu, Eingebildetes Geld, S. 142, aus: Robert Eisler, Das Geld, München 1924

Thomas Morus, Utopia, S. 96, aus: Utopia, herausgegeben von Jürgen Teller, Reclam-Verlag, Leipzig 1976

Robert Musil, Geld ist das Maß aller Dinge, S. 225, aus: Prosa und Stücke, herausgegeben von

Adolf Frisé, Reinbek bei Hamburg 1978

Ovid, Verwandlungen, S. 33, aus: Verwandlungen, bearbeitet von Wilhelm Plankl, Reclams Universal-Bibliothek, Stuttgart 1987

Platon, Gesetze, S. 39, aus: Sämtliche Werke, Band 3, Hegner Verlag, Köln 1967

Plutarch, Der Gelderwerb Catos, S. 55, aus: Walter Arend, Geschichte in Quellen, Band 1, München 1965

François Quesnay, Grundsätze wirtschaftlicher Regierung, S. 128, aus: Allgemeine Grundsätze der wirtschaftlichen Regierung eines ackerbautreibenden Reiches, herausgegeben von Heinrich Waentig, Verlag Gustav Fischer, Jena 1921

David Ricardo, Der Wechselkurs, S. 166, aus: Der hohe Preis der Edelmetalle, ein Beweis für die Entwertung der Banknoten, zitiert nach: Vom Gelde, Ausgewählte Lesestücke zum Studium der politischen Ökonomie, herausgegeben von K. Diehl und P. Mombert, Karlsruhe 1923

Rainer Maria Rilke, Sonette an Orpheus, S. 191, aus: Sämtliche Werke in zwölf Bänden, Band 2, Insel Verlag, Frankfurt am Main 1976

John Davison Rockefeller, Gabe Gottes, S. 247, aus: Robert W. Kent und Lothar Schmidt, Geld, Königsteiner Wirtschaftsverlag GmbH, Königstein 1988

Jean-Jacques Rousseau, Vom dinglichen Besitz, S. 146, aus: Gesellschaftsvertrag, Reclams Universal-Bibliothek, Stuttgart 1986

Sallust, Gegen Wucher, S. 57, aus: Die Verschwörung des Catalina, Reclams Universal-Bibliothek, Stuttgart 1967

Günter Schmölders, Psychologie des Geldes, S. 230, aus: Psychologie des Geldes, Rowohlt Verlag, Hamburg 1966

Arthur Schopenhauer, Parerga und Paralipomena, S. 168, aus: Parerga und Paralipomena, Suhrkamp Verlag, Frankfurt am Main 1986

Joseph Schumpeter, Geldwert, S. 224, aus: Das Sozialprodukt und die Rechenpfennige, in: Archiv für Sozialwissenschaft und Sozialpolitik, Band 44 (1917/18)

Seneca, Brief an Lucilius, S. 59, aus: Briefe an Lucilius über Ethik, Erstes Buch, übersetzt von Franz Lorello, Reclams Universal-Bibliothek, Stuttgart 1987

N. W. Senior, Der Wert des Geldes, S. 169, aus: Drei Vorlesungen über den Wert des Geldes, gehalten an der Universität Oxford im Jahre 1829, übertragen von K. Diehl und P. Mombert, Vom Geld, Verlag Gustav Fischer, Jena 1923

William Shakespeare, Das stärkste Gift, S. 123, aus: Timon von Athen, Insel-Verlag, Leipzig 1927

George Bernard Shaw, Das Allerwichtigste, S. 226, aus: Vorrede zu Major Barbara, Tauschnitz 1920

Georg Simmel, Geld – die absolute Bewegung, S. 193, aus: Philosophie des Geldes, Suhrkamp

Verlag, Frankfurt/Main 1977

Adam Smith, Geld ist Anweisung, S. 143, aus: Robert Eisler, Das Geld, München 1924

Sophokles, Antigone, S. 38, aus: Antigone, übersetzt von Wilhelm Kuchenmüller, Reclams Universal-Bibliothek, Stuttgart 1987

Stadtrecht von Straßburg, S. 93, aus: F. Keutgen, Urkunden zur städtischen Verfassungsdichte, Berlin 1901

Getrude Stein, Geld ist sehr komisch, S. 224, aus: Robert Kant und Lothar Schmidt, Geld, Rowohlt Verlag, Reinbek 1990

Botho Strauß, Bitte zahlen Sie, S. 251, aus: Paare, Passanten, Carl Hanser Verlag, München, Wien 1982

Tacitus, Germania, S. 54, aus: Germania, bearbeitet von Manfred Fuhrmann, Reclams Universal-Bibliothek, Stuttgart 1986

Thomas von Aquin, Ist die Zinsnahme für geliehenes Geld Sünde?, S. 94, aus: Summe der Theologie, 3. Band, Kröner-Verlag, Stuttgart 1985

Sébastien le Prestre de Vauban, Das Kapital der Könige, S. 145, aus: Walter Arend, Geschichte in Quellen, Band 3, München 1965

Otto Veith, Warengeld und Zeichengeld, S. 245, aus: Scheinprobleme der Geldtheorie, in: Zeitschrift für die gesamte Staatswissenschaft, Band 107 (1951), Tübingen

Verleihung des Münzrechtes an den Bischof von Utrecht, S. 88, aus: Walter Arend, Geschichte in Quellen, München 1965

Volkslied, Goldmühle, S. 97, aus: Das große Handbuch deutscher Dichtung, Athenäum, Königstein/Taunus 1982

Walther von der Vogelweide, Königshände, S. 95, aus: Peter Wapnewski, Walther von der Vogelweide – Gedichte, mittelhochdeutscher Text und Übertragung, S. Fischer Verlag, Frankfurt am Main 1962

Xenophon, Eindringen des Goldes in Sparta, S. 36, aus: Walter Arend, Geschichte in Quellen, Band 1, München 1965, S. 274

Hans Zeissler, Münzmeister, S. 128, aus: Edition Deutsche Bank, Geld, Battenberg Verlag, München 1987

Jakob Zetl, Chronik der Stadt Speyer, S. 124, aus: Robert Eisler, Das Geld, München 1924

BILDNACHWEIS

Archiv für Kunst und Geschichte, Berlin: Schutzumschlag o.; S. 25; 63 o., u.; 77 o.; 87 o.; 110 o., u.; 112 o.; 129; 133 o.; 146; 158; 182 o., u.; 199 o., u.; 200 o.; m.; 202 o., m., u.; 203 o., m., u.; 214 u.; 219; 254, 1–4; 255, 1-4; Farbtafel [8], [11 o.], [12/13], [18, 2-3], [19, 1-3]

Bibliothèque Municipale, Rouen: S. 81 o.

Bibliothèque Nationale, Paris: S. 70; 77 u.; 81 u., 101; 133 u.; 162

Bilderberg, Hamburg: Farbtafel [17], [24]

Bilderdienst Süddeutscher Verlag: S. 122

British Museum, London: S. 77 m.

Deutsche Bank, Frankfurt am Main. Aus: Geld. Herausgegeben von Hans Joachim Funck. Mit Beiträgen unter fachlicher Beratung von Siegfried Otto und Ludwig Devrient, München. Idee, Organisation und Gestaltung: Hans Joachim Funk und Dr. Ernst Battenberg. Deutsche Bank AG, Frankfurt am Main/Battenberg Verlag München, 1987: S. 26; 27; 28; 29; 31; 44; 45; 46; 47; 48; 49; 53; 62; 64 o., u.; 69 u.; 71 o., u.; 72 o., u.; 73; 75 o., u.; 116 o.; 117; 134; 198; Farbtafeln [1]; [2]; [6]; [20, 1-4]; [21, 1-3]

Deutsche Bundesbank, Frankfurt am Main: S. 264, 1-5; 265, 1-3

Deutsche Presse-Agentur, Frankfurt am Main: S. 181 o.

Deutscher Sparkassen Verlag, Stuttgart: S. 214 o.

The Estate and Foundation of Andy Warhol, New York: Farbtafel [22]; [23]

Frankfurter Allgemeine Zeitung, Bildarchiv: S. 69 u.: K. Rudzinski; 86 o.; 87 u.; 107 o., u.: D. Schirg; 158; 178; 188 o., u.: GFN; 189 o., u.: GFN; 200 u.: Institut für Auslandsbeziehungen; 221: GFN; 263 o.: L. Kleinhans; 263 m.: M. Kaufhold; 263 u.: M. v. Graffenried

Gemäldegalerie Alte Meister, Dresden: S. 86 u.; Farbtafel [14]

Germanisches Nationalmuseum Nürnberg: S. 83 o.; Tafel [9]

Gerstenberg Verlag, Hildesheim: S. 105; Farbtafel [4/5]; [15 o.]

Regine Göllner: S. 261

Historisches Museum, Frankfurt am Main: S. 108 u.

Keystone, Hamburg: S. 210/211

Kommunalkreditinstitute, Frankfurt am Main: Farbtafel [16 u.]

Kunsthaus Heylshof, Worms: Farbtafel [15 u.]

Dr. Lippens, Frankfurt am Main: S. 130

Musée Condé, Chantilly: S. 83 u.

Museo Pio Cristiano, Vatikanstadt: Farbtafel [7]

Museum der schönen Künste, Budapest: Farbtafel [10]

Museum Wiesbaden: S. 116 u.

National Gallery, London: Farbtafel [16 o.]

National Gallery of Art, Washington: S. 108 o.

Poly-Press, Bonn: S. 232

Reuter: S. 266

Sven Simon, Bonn: S. 233 o., u.; 236/237; 258; 259

Staatliche Kunsthalle, Karlsruhe: S. 112 u.

Staatliche Kunstsammlungen, Kassel: Farbtafel [11 u.]

Stadtmuseum Aschaffenburg: S. 51

Stadtmuseum, Dresden: S. 98

Teutopress, Bielefeld: S. 253

Uni-Dia-Verlag, München: Farbtafel [3]

VG Bild-Kunst, Bonn, 1992: S. 197

Wilhelm Busch Museum, Sammlung Kritische Graphik, Hannover: S. 243

Württembergisches Landesmuseum, Stuttgart: S. 65 o., u.